Aini Teufel
Ich und die Stadt

Nordmann

Der Druck dieses Buches wurde freundlich unterstützt vom Förderverein Sachsen/Mitteleuropa e. V.

Aini Teufel

Ich und die Stadt

Kindertagebuch 1944–45

Mit besten Wünschen

Aini Teufel

THELEM

Die Namen einiger Personen wurden geändert.
Die Autorin dankt Axel Friedrich für das gründliche Lektorat sowie Eckhard Heinicke und Eva Sturm vom Thelem Verlag für die freundliche Betreuung.

Bibliografische Information der Deutschen Nationalbibliothek
Die Deutsche Nationalbibliothek verzeichnet diese Publikation in der Deutschen Nationalbibliografie; detaillierte bibliografische Daten sind im Internet über http://dnb.d-nb.de abrufbar.

Bibliographic information published by the Deutsche Nationalbibliothek
The Deutsche Nationalbibliothek lists this publication in the Deutsche Nationalbibliografie; detailed bibliographic data are available in the Internet at http://dnb.d-nb.de.

ISBN 978-3-937672-86-1

© 2011 w.e.b. Universitätsverlag und Buchhandel
Eckhard Richter & Co. OHG
Bergstr. 70 | 01069 Dresden
Alle Rechte vorbehalten. All rights reserved.
Thelem ist ein Imprint von w.e.b.
Umschlag unter Verwendung von Fotos aus dem Privatarchiv Aini Teufels
Druck und Bindung: xPrint, s.r.o. Příbram.
Made in EU.

Mögt ihr Wolken?
Ich mochte Wolken eigentlich auch nicht besonders. Doch Wolken haben mein Leben gerettet. Viele Jahre wußte ich das gar nicht. Aber eines Tages, als ich selbst schon zwei Töchter hatte, kam meine jüngere Tochter Mirjam aufgeregt aus der Schule und fragte mich: »Wo warst du am 13. Februar 1945 mittags?«
Ich antwortete: »In der Schule. Wir hatten ab mittags Schule.«
»Und wo stand deine Schule?« wollte Mirjam wissen.
»Im Stadtzentrum von Dresden, am Georgplatz.«
Mirjam sah mich lange an und sagte dann: »Eigentlich müßtest du tot sein!«
Und Mirjam erzählte, daß der Luftangriff auf Dresden für den Mittag des 13. Februar 1945 geplant war. Die anglo-amerikanischen Bomberverbände sollten um 9 Uhr vormittags von Flugplätzen in England aus hochsteigen und um 12 Uhr mittags beginnen, ihre Bomben auf unsere Stadt Dresden abzuwerfen. Doch am Morgen dieses 13. Februar 1945 lag eine so dicke Wolkendecke über Mitteleuropa, daß der Bombenangriff auf den Abend verschoben wurde. Der englische Wetterdienst hatte vorausgesagt, am Abend werde der Himmel über Dresden für einige Stunden wolkenlos sein. Deshalb starteten die Bomber in England erst gegen 17 Uhr 30 Minuten abends und nicht 9 Uhr morgens.
Und deshalb lebe ich. Wegen der Wolkendecke.
»Wenn du nun als Kind gestorben wärst«, fragte Mirjam. »Wo wäre dann ich?«

I.

EIN SOMMER, IN DEM MAN DEN KRIEG BEINAHE VERGESSEN KANN

HEUTE SOLL ICH ANFANGEN, EINE WASSERRATTE ZU WERDEN

August 1944

EIN SONNENTAG IN DER HEIDE MIT LUFTSCHUTZALARM

Auch noch August 1944

TANTE MILLIS GEBURTSTAGSÜBERRASCHUNG

Immer noch August 1944

HEUTE SOLL ICH ANFANGEN, EINE WASSERRATTE ZU WERDEN
August 1944

Heute ist Mutti-Elisabeths erster Ferientag. Wir treffen uns mit Tante Luisa und den Kindern Hans-Martin und der kleinen Janni im Prohliser Bad. Tante Luisa ist die Frau von Muttis Bruder Franz, Hans-Martin ist mein jüngerer Cousin, Günter mein älterer. Günter kann nicht mitkommen, denn er erholt sich in Bad Tölz von seinem Asthma.

Mutti-Elisabeth freut sich besonders auf das Schwimmen im großen Becken. Früher ist sie mit Freundinnen und Freunden über die Elbe geschwommen. Sie ist eine Wasserratte, wie Großmama sagt. Auch ich soll in diesem Sommer eine werden.

»So ein Reinfall! Da ist ja gar kein Wasser im Becken!« ruft Mutti aus, als wir das Prohliser Bad betreten haben.

Jemand hat das Becken gesäubert, und nun gluckert es erst ganz langsam wieder voll Wasser.

»Das dauert ja mindestens drei Tage, bis es wieder vollgelaufen ist!« meint Mutti enttäuscht.

In einigen Ecken des Beckens ist das Wasser so tief, daß es mir bis an die Knie geht. Mir reicht das zum Herumhopsen und Spritzen. Klar, Mutti ist auch ein wenig enttäuscht von mir, weil ich eine Landratte bin. Aber wenn sie mich im Wasser halten will, damit ich das Schwimmen lerne, habe ich das Gefühl, sie hebt meinen Bauch viel, viel höher als meinen Kopf. Ein gräßliches Gefühl! Außerdem kann ich vielleicht gar nichts dafür, daß ich Angst vor dem Wasser habe! Als ich Baby war, hat Mutti mich lange Zeit zu heiß gebadet. Das hat mir Großmama erzählt, heimlich. Ich hätte geschrieen wie am Spieß, wenn Mutti mich ins Wasser tunken wollte, hat sie gesagt. Krebsrot wären meine Beine geworden, hätte Mutti es trotz meines Geschreis getan. Vielleicht gehe das Thermometer nicht richtig, hat Großmama damals zu Mutti gesagt. Ach was! hat Mutti gemeint. Trotzdem hat sie das Badethermometer in der Apotheke nachprüfen lassen. Es zeigte wirklich die Grade falsch an.

Überall in den Ecken des Beckens, wo das Wasser zusammenläuft, planschen Kinder herum. Kommen Erwachsene in die Nähe der Wasserpfützen, werden sie von den Kindern naßgespritzt. Die Kinder johlen und kreischen dabei.

Mutti läuft über die Wiese heran und fragt mich: »Wie ist es, wollen wir nicht in dem niedrigen Wasser das Schwimmen üben? Zum Üben würde es doch ausreichen!«

Aber auf einmal steht Mutti wie unter einem Wolkenbruch. Und dann kommt der Wolkenbruch über uns alle. Wasserrattennaß sind wir! So kann ich Wasser leiden!

Nachdem wir uns abgetrocknet und umgezogen haben, gehen wir mit zu Tante Luisa nach Nickern. Nickern liegt gleich neben Prohlis. Hier haben Onkel Franz und Tante Luisa ein kleines Haus und einen Garten. Wir wollen den Beutel mit Hans-Martins Schlafanzug holen, denn mein Cousin soll mit Mutti und mir nach Leuben kommen. In Leuben wohnen wir mit Großmama.

Morgen wollen wir alle zusammen in die Heide gehen. Mutti und ich haben gestern Abend an der Elbe ein Ferienprogramm aufgeschrieben. Jeden Tag unternehmen wir etwas anderes. Hauptsache, uns überrascht unterwegs kein Fliegeralarm! Manchmal heulen die Sirenen am Tage, und das klingt schauerlich. Noch schauerlicher klingt es in der Nacht. Aber einen richtigen Luftangriff wie andere deutsche Städte hatten wir in Dresden noch nicht. Leipzig hatte einen, vor über einem Jahr. Damals bekamen alle Dresdner Schulkinder einen Zettel mit nach Hause. An die Eltern schulpflichtiger Großstadtkinder! stand als Überschrift

darauf. Die Dresdner Schulkinder sollten evakuiert werden. Evakuiert, das bedeutet: fortgebracht, woandershin, wo keine Bomben fallen.

Die Eltern mußten aufschreiben, ob sie ihre Kinder bei Verwandten oder Bekannten unterbringen wollten. Die meisten wollten das, auch Mutti und Tante Luisa und Onkel Franz. Wohin sie uns aber bringen sollten, das wußten sie selbst nicht. Vielleicht zu Großmamas Bruder aufs Dorf? Aber die Leute kennen uns eigentlich gar nicht, und ich kenne die nicht. Ich habe überlegt, ob ich lieber zu den Leuten evakuiert werden möchte, die ich nicht kenne, oder mit meiner Schulklasse. Am liebsten möchte ich hierbleiben, habe ich in mein Tagebuch geschrieben, damals. Aber unser lustiger Rechenlehrer, der Herr Rappel, hat gesagt, wie gern er mit unserer Klasse zusammen aus Dresden fortgehen würde. Nur Mutterkindchen würden zuhause bleiben. Mutterkindchen sind solche Kinder, die sich nicht fort trauen vom Rockzipfel der Mutter. Die anderen aber, lauter lustige, tüchtige Kerls, gehen fort von Muttern. Sie wohnen zu zweit oder zu dritt bei Bauern und haben in der

An die Eltern schulpflichtiger Großstadtkinder!

Es besteht die Gefahr, daß der Feind seinen Luftterror nach seinem Angriff auf Leipzig nunmehr auch auf andere Städte unserer sächsischen Heimat ausdehnt. Um die Verluste so gering wie möglich zu halten, ist geplant, die Schulkinder aus den gefährdetsten Teilen der Großstädte in weniger bedrohte Orte Sachsens zu verlegen. Die Verlegung soll schulweise erfolgen, jedoch empfehle ich allen Eltern, die die Möglichkeit haben, ihre Kinder bei Verwandten oder guten Bekannten unterzubringen, die Übersiedelung ihrer Kinder sofort selbständig von sich aus durchzuführen.

Dresden, den 7. 12. 1943

Martin Mutschmann
Reichsverteidigungskommissar für den RV.-Bezirk Sachsen

Kenntnis genommen 9. 12. 43. *E. Schäfer.*

Dorfschule Unterricht. Sie machen Wanderungen gemeinsam, und sie bilden eine richtige Bande. Und werden überall bekannt, denn sie ziehen singend im Dorf aus und ein. Von den Bauern, bei denen sie wohnen, bekommen sie Eier und Speck und viel Milch. Sie sehen sich das Viehzeug genau an und lernen ihre Laute, so daß sie brüllen können wie Kühe, meckern wie Ziegen, bellen wie Hunde, miauen wie Katzen und schnattern wie die Gänse.

Muttis, die Fahrräder haben, dürfen diese Kinder, die keine Mutterkindchen sind, an den Sonntagen besuchen. Die Kinder erzählen ihnen dann, wie herrlich es sich auf dem Lande lebt. Das können die Kinder auch den Vatis, die im Krieg sind, schreiben. Und die Kinder machen den Muttis die Tierlaute vor, daß die von einem Staunen ins andre fallen. So hatte es uns Herr Rappel vorerzählt. Wir waren alle begeistert und wollten uns mit Herrn Rappel evakuieren lassen. Ich auch. Noch vor Weihnachten sollte es losgehen. Dann konnten wir Weihnachten aber doch noch zu Hause verbringen. Darüber waren wir eigentlich sehr froh.

Inzwischen ist Sommer geworden, und niemand redet mehr davon, daß wir evakuiert werden sollen. Dresden heißt bei den Leuten wieder Dresden und nicht mehr »Zittertal im Warte-Gau«. Die Leute glauben, Dresden wird nicht bombardiert. Aber nicht, weil es eine der schönsten Städte der ganzen Welt ist, nein. Weil eine Tante vom englischen Sir Churchill, das ist der Führer Englands, in Dresden auf dem Weißen Hirsch wohnen soll. Das sagen die Leute, leise. Denn es ist etwas Geheimes. Es gibt viel Geheimes, worüber man nicht sprechen darf. Am geheimsten ist die Geheime Staatspolizei. Vor der haben alle Angst, auch die Erwachsenen. Warum sie Angst haben, das ist so geheim, daß man es nicht einmal in ein Tagebuch schreiben darf. Auch nicht in mein Kindertagebuch, das ich seit dem vorigen Sommer habe. Es war in meinem Geburtstagspaket aus Weißstein in Schlesien. Mutti-Elisabeth hat früher dort gearbeitet. Als ich noch nicht da war. Dort wohnen Bekannte von Mutti. Wir haben sie einmal zu Weihnachten besucht. Weißstein war wirklich weiß. Vor Schnee. Und ich bin mit den großen Kindern von Muttis Bekannten Schlitten gefahren. Und abends haben die Kinder Lieder gesungen, die ihr Vater selbst

geschrieben hat. Ich habe von diesem Onkel ein Lied, ganz für mich allein und auf Notenpapier geschrieben, geschenkt bekommen. Ich war vier Jahre alt, damals.

Manchmal probiere ich auch, ein Lied zu erfinden. Seit dem ersten Schuljahr gehe ich zum Klavierunterricht. Als ich meiner Klavierlehrerin mein Lied zeigte, sagte sie, es hätte keinen richtigen Takt. Und dann machte sie aus meinem Lied eines mit Takt. Aber das war dann nicht mehr meins. Da dichte ich lieber. Gedichte brauchen keinen Takt. Sie müssen sich nur reimen. Über einen Regentag habe ich eine Geschichte geschrieben und Bilder dazu gemalt. Ein richtiges Bilderbuch habe ich erfunden. Und ich will noch ein neues erfinden. Das ist auch noch geheim. Vielleicht erzähle ich heute Abend im Bett Hans-Martin davon. Er malt so gern wie ich. Aber noch lieber baut er etwas oder klettert auf Bäume oder fängt Frösche in der Lehmgrube. Hans-Martin hat sehr helle Haare auf seinem runden Kopf. Seine Augen sind blau. Mutti-Elisabeth sagt, er hat strahlende Augen.

Wir haben uns immer viel zu erzählen, Hans-Martin und ich. Früher, als wir noch klein waren, wohnten wir mit Mutti und Großmama zusammen bei Onkel Franz und Tante Luisa in Nickern. Das war, als Mutti arbeitslos war. Nachdem Mutti im Kühlhaus Dresden wieder Arbeit bekam, sind wir mit Großmama nach Leuben gezogen.

»Na, kannst du schon schwimmen?« fragt Großmama, als wir in Leuben auf dem Heckenweg ankommen. Sie blinzelt mir zu. Großmama kann auch nicht schwimmen. Wer weiß, wer sie immer so komisch untergetunkt hat wie Mutti mich.

»Ich kann schwimmen!« erzählt Hans-Martin meiner Großmama, die ja auch seine Großmama ist. »Ich kann Euch alle retten, wenn Ihr ins Wasser fallt!« Großmama drückt ihn. Hans-Martin haben alle gern.

»Na, wie ist es, wollen wir morgen vielleicht doch lieber ins Bad gehen und nicht in die Heide?« fragt Mutti, als sie Hans-Martin und mir Gute Nacht sagen kommt. »Vielleicht ist morgen schon ein bißchen mehr Wasser im Becken?«

»Willst du ins Bad?« fragt mich Hans-Martin.

Ich schüttle den Kopf.

»Ich auch nicht«, meint Hans-Martin.

»Und ich dachte, du bist wenigstens eine Wasserratte!« sagt Mutti.

»Eine Wasserratte hat auch mal Appetit auf Heidelbeeren!« verteidige ich Hans-Martin, der in meinem Bett liegt. Ich liege im Bett von Mutti. Mutti wird in der Küche auf der Chaiselonge schlafen. Ein komisches Wort, klingt fast wie ein anderes.

EIN SONNENTAG IN DER HEIDE MIT LUFTSCHUTZALARM
Auch noch August 1944

Am nächsten Tag fahren wir zur Heide. Schon in der Straßenbahn haben wir Spaß. Eine dicke Frau, die Mutti gegenüber auf der Holzbank sitzt, fragt, wo wir hinwollen. Hans-Martin antwortet: »Zur Schokoladenstraße!« Und wo wir wohnen, will die Frau wissen. »In der Makkaronifabrik!« erfindet Hans-Martin. Und dann erfinden wir immer mehr und mehr. Sogar der Schaffner spielt mit. Als die dicke Tante ihn nach der Schokoladenstraße fragt, sagt er: »Ich glaube, die muß in Reick liegen!«

In der Heide angekommen, fangen wir gleich an, nach Heidelbeeren zu suchen. Wir haben jeder einen kleinen Henkeltopf in der Hand, Hans-Martin, unsere Großmama und ich, Mutti-Elisabeth einen Milchkrug. Aber es sind nur wenige blaue Beeren an den Sträuchern, die meisten sind noch grün. Es gehen eben zu viele Leute in die Heidelbeeren.

Genau zu Mittag, als der Krug beinahe voll ist, beginnt auf einmal die Sirene zu heulen. Mitten im Sommerwald die Sirene! Das ist, als wird die Sonne blaß, und alles wird fern und fremd. Fliegeralarm, und wir mitten in der Heide! Wenn hier eine Bombe fällt und die Bäume anfangen zu brennen! Prasseldürr sind die von den vielen Sonnentagen! Und wenn die Flieger nun Bomben abwerfen auf unser Haus! Dann können wir gar nichts retten! Eigentlich ist das zum Angstkriegen. Aber weil Mutti und Großmama so ängstlich aussehen, sagen Hans-Martin und ich, wir hätten keine Angst. Doch unheimlich ist er schon, dieser Heulton, auf und ab und auf und ab. Da fängt ganz im Inneren was zu zittern an. Auch wenn man's nicht will, daß es zittert. Das ist Vollalarm. Kein Voralarm. Den Voralarm müssen wir überhört haben in unserer Heide.

Wir gehen ein Stück weiter den Weg entlang, ich an der einen Muttihand, Hans-Martin an der andern. In der Ferne hören wir Grollen und Krachen, wie von starkem Gewitter. Unsere kleine Großmama tapst mit dem Heidelbeerkrug still hinter uns her. Sie sieht noch kleiner aus als sonst.

»Die Detonationen müssen in Richtung Freital oder Tharandter Wald sein«, vermutet Mutti. »Auf alle Fälle nicht in Leuben oder Nickern.«

Lange laufen wir so durch die Heide. Mutti möchte nicht, daß wir uns irgendwo hinsetzen. Dann kommt die Entwarnung. Komisch, eigentlich müßte die Heide wieder uns gehören. Das ist nicht so. Die Sonne bleibt ein bißchen blaß, ein bißchen fern. Auch wenn Mutti und Großmama wie vorher nach Heidelbeeren suchen. Großmama möchte lieber gleich nach Hause. Mutti glaubt, immer wieder eine Sirene zu hören. Immer wieder hat sie sich glücklicherweise verhört.

Hans-Martin hat einen toten Käfer gefunden. Wir spielen, er ist beim Bombenangriff getötet worden. Nun braucht er ein Grab. Wir schleppen große Steine heran. Um den Grabstein herum wollen wir einen Garten bauen. Wir pflanzen Blumen und Gräser und stecken Zweige in die Erde. Mutti und Großmama sitzen schon lange auf dem Waldboden. Großmama schaut uns zu, wie wir arbeiten. Mutti schreibt in ihr Tagebuch. Ich habe meines auch mit. Aber Arbeit ist schöner. Als das Käfergrab fertig ist, suchen Hans-Martin und ich nach anderen toten Käfern. Bei Bombenangriffen gibt es meist viele Tote. Dann könnten wir noch ein Käfergrab bauen. Ich finde keinen. Hans-Martin bringt zwei, aber

die sind nur halbtot. Halbtot können wir sie nicht beerdigen. Doch halbtot können die Käfer auch nicht leben.

»Soll ich die tot machen, Großmama?« fragt Hans-Martin.

»Was sein muß, muß sein, sie quälen sich sonst unnötig«, antwortet sie.

Am nächsten Vormittag gehen wir mit Mutti an die Elbe, während Großmama Mittagessen kocht. Hans-Martin und ich bauen Dämme und Bäche am Ufer. Wieder ist richtiger warmer Sommer. Wir stehen fast bis zum Bauch im Wasser. Solches Wasser mag ich auch.

Nachmittags laufen wir in Pillnitz an den Hängen der Weinberge entlang. Als es zu warm wird, setzen wir uns in den Wald.

Hans-Martin baut ein kleines Gärtnerhaus und davor Beete mit Bohnenstangen. Für meine kleinste Puppenstubenmutter und ihr Kind. Ich lege einen Blumengarten an, der mir aber nicht richtig gefällt. Ich habe keine Lust zum Gartenbauen. Immer wieder muß ich Hans-Martin anschauen. Da, wo seine hellen Stoppelhaare anfangen, glitzern

Schweißtröpfchen. Morgen bin ich wieder allein mit Mutti und Großmama.

Ich hätte gern einen Bruder wie Hans-Martin oder Günter, der ein Jahr älter ist als ich. Oder eine kleine Schwester wie Janni. Aber wir haben keinen Vati für so etwas. Und auch kein Geld. Und außerdem ist die Zeit nicht kinderfreundlich, sagen die Leute und wollen keine kleinen Kinder mehr haben, jetzt. Weil man nicht weiß, wie alles weiter geht. Das mit dem Krieg. Und das nach dem Krieg. Wenn wir den Krieg vielleicht doch nicht gewinnen. Aber darüber darf man nicht sprechen oder schreiben. Das ist geheim, daß wir ihn vielleicht doch nicht gewinnen.

Nach dem Abendbrot bringen wir Hans-Martin ein Stück nach Hause. In der Mitte des Nachhauseweges, auf der Windmühlenstraße, treffen wir uns mit seinem Vati und Janni. Sie stürzt sich in die Arme ihres Bruders. Hans-Martin hebt sie auf seine Schultern hoch. Er ist zwar ein Jahr jünger als ich, erst zehn Jahre alt, und ich bin elf, aber er kann mich schon tragen. Sogar Großmama kann er tragen.

TANTE MILLIS GEBURTSTAGSÜBERRASCHUNG
Immer noch August 1944

Anfang August hat meine Tante Milli Geburtstag. Tante Milli ist die jüngere Cousine von Mutti und Onkel Franz. Ihre Mutter ist die Schwester meiner Großmama. Wir haben uns vorgenommen, Tante Millis Geburtstag einmal ganz besonders zu feiern. Wir wollen mit dem Autobus ins Erzgebirge fahren.

Wir sind zeitiger als Tante Milli und ihre Mutter, meine Tante Berthel, am Busbahnhof. Mutti stellt sich mit mir nach Fahrkarten an. Da kommt Tante Milli, heute ganz vornehm im Seidenkleid und mit Hut, und flüstert Mutti zu, sie solle eine Fahrkarte mehr kaufen. Für wen, das verrät sie nicht.

Als wir aus dem Busbahnhof kommen, sehen wir es: Onkel Heinz steht draußen neben Tante Berthel. Onkel Heinz ist der Mann von Tante Milli. Er ist Soldat an der Westfront und ist auf Urlaub gekommen. Onkel Heinz ist mein Lieblingsonkel, denn er macht immer Spaß mit mir. Er hat so herrliche Dummheiten im Kopf wie ein kleiner Junge. Als wir dann im Erzgebirge zusammen einen Wiesenabhang hinunterkollern, entdeckt Tante Milli auf seinem neuen hellgrauen Anzug auf einmal viele grüne Grasflecke. Und sie schimpft mächtig mit ihm! Doch ich weiß: als Kind hat

Tante Milli selbst viele Dummheiten gemacht. Von denen sie gern erzählt.

Ich nehme Onkel Heinz an der Hand, und wir hüpfen davon und lachen.

»Mädel! Deine Arme und Beine! Du siehst ja wie ein beschundener Raubritter aus!« ruft mir Großmama nach, die ihre Schwester Berthel am Arm genommen hat und mit ihr hinter uns her hüpft.

»Na und?« sage ich. »Die paar Dreckflecke und Kratzer! Unsere Soldaten im Krieg, die sehen ganz anders aus, stimmts, Onkel Heinz?«

»O Gott«, sagt Onkel Heinz erschrocken, »reden wir nicht davon!«

»Ist das geheim?« frage ich.

Onkel Heinz legt den Finger auf meinen Mund.

Tante Milli und Mutti sind weit hinter uns zurückgeblieben. Sicher fragt Mutti Tante Milli wieder nach Tante Millis Bruder Gert. Mutti und mein Onkel Gert haben sich immer Briefe geschrieben, schon seit sie Kinder waren. Sie sind Cousin und Cousine wie Hans-Martin und ich. Vielleicht wollten sie sich auch heiraten, wie Hans-Martin und ich. Jetzt ist lange kein Brief von Onkel Gert gekommen. Den letzten Brief habe ich bekommen. Einmal hat mir Onkel Gert mit bunten Tintenstiften einen Blumenstrauß gemalt. Ich hatte ihm vorher mit Muttis Brief ein Bild geschickt. Das Bild hat er sich aufgestellt, da wo er ist, in Rußland. Er ist nicht so fröhlich wie Onkel Heinz. Aber ich mag ihn auch gern. Schade, daß sie alle so weit fort sind, Onkel Heinz an der Westfront, Onkel Gert an der Ostfront. Und mein Onkel Paul ist ganz fort. Nicht einmal fragen darf ich nach ihm. Alles wegen des Krieges. Den wir führen müssen gegen die blöden Feinde, die Deutschland vernichten wollen. Was denken sich diese Feinde eigentlich? Und warum siegen wir auf einmal nicht mehr? Ich weiß, das darf man nicht laut fragen. Ich frage ja auch nur so, im Tagebuch.

Zuhause im Briefkasten liegt ein Brief, auf den Mutti, Großmama und ich schon lange warten. Nicht von Onkel Gert. Von der Clara-Schumann-Schule, einer höheren Mädchenschule, für die mich Mutti anmeldete. Bei der ich im Juni eine Aufnahmeprüfung machen mußte und noch nicht weiß, ob ich sie bestanden habe. Das steht jetzt in dem Brief, den Mutti in ihren Händen hält.

Mit meiner Freundin Christa-Maria, die auch die Aufnahmeprüfung gemacht hat, habe ich mir ausgedacht: wenn der Brief da ist, rennen wir gleich zum Klo. Steht etwas Gutes darin, müssen uns die Muttis rufen. Rufen sie nicht, rutschen wir hinein ins Klo, und weg sind wir!

Jetzt aber, als Mutti den Brief öffnet, renne ich nicht aufs Klo. Ich bin viel zu neugierig. Und Mutti sagt auch gleich: »Bestanden!« Und nimmt mich beim Kopf. Dann sagt sie: »Nun sollst du eine Belohnung haben!« Und sie bringt die Belohnung zu mir: zwei Eier, zwei Äpfel, ein buntes Döschen mit Knöpfen für Puppensachen und einen Gutschein für eine Armbanduhr. Die Uhr bekomme ich, wenn man wieder Armbanduhren kaufen kann. Jetzt kann man das nicht. Wahrscheinlich sind Armbanduhren nicht kriegswichtig. Jetzt werden nur kriegswichtige Sachen gebaut.

Ich will gleich mit dem Brief zu Christa-Maria laufen, aber Mutti erlaubt es nicht. Es sei schon spät abends, außerdem sähe ich zu dreckig aus, meint sie.

»Na und?« erwidere ich. »Hauptsache: bestanden!«

»Da hat das Mädel recht«, meint Großmama.

Zu Christa-Maria darf ich trotzdem nicht.

2.

DIE NEUE SCHULE

DIE CLARA-SCHUMANN-SCHULE
September 1944

DIE ENGLISCH-STUNDEN IN DER NEUEN SCHULE UND GROSSMAMAS GEBURTSTAGSKUCHEN
Auch noch September 44

DER ERSTE LUFTANGRIFF AUF DRESDEN
Oktober 1944

DIE NUMMER 120 ZAUBERT SICH TRÄUME
Noch Oktober 1944

ZU HAUSE BEI MUTTI UND GROSSMAMA
Derselbe Abend

DIE CLARA-SCHUMANN-SCHULE
September 1944

Meine neue Schule heißt »Clara-Schumann-Schule« nach der berühmten Klavierspielerin Clara Schumann, die mit dem berühmten Komponisten Robert Schumann verheiratet war. Sie sind schon lange tot, beide. Clara Schumann starb 1896. Da war Großmama zweiundzwanzig Jahre alt.

Die Clara-Schumann-Schule ist eine Staatliche Oberschule für Mädchen und steht in der Stadt Dresden. In der Nähe vom Stübelplatz, auf der Marschnerstraße. Sie gefällt mir ganz gut von außen und innen. Am besten gefällt mir der große helle Turnsaal. Auch daß ich mit Christa-Maria in einer Klasse bin, ist schön. Zusammen sitzen dürfen wir nicht, weil das unsere neue Lehrerin, Fräulein Engelmann, nicht möchte. Wir sollen uns neue Freundinnen suchen. Freunde können wir nicht suchen, denn in der neuen Schule gibt es keine Jungen.

Wir müssen nun jeden Tag mit der Straßenbahn zur Schule fahren. In der Straßenbahn erleben wir immer viel. Manche Schaffner können uns nicht leiden. Bei denen machen wir alles verkehrt. Bleiben wir stehen, sollen wir uns auf die Holzbänke setzen. Setzen wir uns, schimpfen die Fahrgäste, weil Kinder sich nicht zu setzen hätten. Behalten wir den Schulranzen auf dem Rücken, verlangt der Schaffner, daß wir ihn abnehmen. Haben wir ihn abgenommen und auf den Fußboden der Straßenbahn gestellt, schimpfen die Leute, weil sie sich in den Ranzenriemen verfitzen. Stehen wir auf dem Peron, sollen wir in den Wagen treten. Im Wagen sind wir aber im Wege, wenn die Leute aussteigen wollen. Manchmal zanken sich die Leute auch untereinander um die Sitzplätze. Oder einfach um irgendwelchen Quatsch. Dann müssen wir lachen, wenn wir die bösen Gesichter sehen. Aber einige Schaffner sind freundlich zu uns, und wir unterhalten uns gern mit ihnen. Manche Straßenbahn-Mitfahrer nehmen sogar unsere Ranzen auf ihren Schoß. Lustig ist, wo früher zwei Personen auf einer Holzbank saßen, sitzen jetzt immer drei. So dünn sind die Leute geworden durch den Krieg!

Einmal ist meine Monatskarte hinter das Heizungsgitter der Straßenbahn gefallen. Ich bin furchtbar erschrocken und habe versucht, hinter das Gitter zu greifen. Aber das Gitter war eng und scharf wie ein Messer. Dahinter bin ich schon gekommen mit meiner Hand, doch nicht so tief, daß ich meine Karte anfassen konnte. Da habe ich vor Verzweiflung geweint. Christa-Maria hat später gesagt, es sei das einzige Mal gewesen, daß sie mich hat weinen sehen. Klar, ich bin kein Heuler! Die Karte so nah, und doch so weit von mir fort! Schrecklich! Der Schaffner kam und sah sich an, wo die Karte hingefallen war und wo meine Hand feststeckte. Er hat gesagt, meine Mutti soll sich morgen die Monatskarte im Dresdner Verkehrshochhaus abholen. Er würde sie nach seinem Dienst herausholen lassen und dort abgeben. Und

jetzt sollte ich versuchen, meine Hand wieder aus dem Gitter herauszuziehen. Mein Handgelenk hat geblutet, das Gitter hatte es aufgeschlitzt. Christa-Maria band mein Taschentuch um mein Handgelenk. Ich wollte das erst nicht, denn es war beinahe mein schönstes Taschentuch.

Mutti wusch es zu Hause mit kaltem Wasser und machte mir einen ordentlichen Verband. Mutti hat das gelernt, früher, als sie noch in Weißstein Fürsorgerin war. Jetzt arbeitet sie in einem Büro im Kühlhaus Dresden. Und am nächsten Abend hatte ich auch meine liebe Monatskarte wieder.

Komisch, die anderen haben gedacht, ich weine wegen des aufgeschlitzten Handgelenkes. Das hatte ich erst gar nicht gemerkt, denn es hat nicht besonders weh getan. Aber daß meine Karte nicht mehr bei mir war, das schon!

Manchmal, wenn ich an Bombenangriffe denke, die aus Häusern Schutthaufen machen, wird mir ganz heiß vor Angst. Dann ist nicht nur meine Karte weg, dann ist auch mein Bett fort, mein Tisch, die Chaiselonge, auf der ich so schön kullern kann, meine Malstifte, meine Puppen und Bären! Vielleicht sogar Mutti und Großmama. Aber vielleicht

bin ich dann auch fort? Auch Schutt? Wo ist man, wenn man fort ist? Niemand antwortet, wenn ich das frage. Eigentlich will ich nicht an die Bomben denken, doch es denkt einfach in mir, manchmal. Ich schimpfe dann mit mir und hole mir meinen Lieblingstraum. Wie der ist?

Ich fahre meine Puppe Janni im Puppenwagen durch die Heide. Und das Sonnenmuster, das sonst auf den Wegen liegt, das liegt jetzt im Puppenwagen auf dem weißen Spitzenkissen und auf dem Gesicht von Janni. Ich habe ein ganz besonderes Gefühl, wenn ich das Sonnenmuster im Puppenwagen spazieren fahre. Vielleicht ist das Glück? Immer, wenn ich davon träume, kommt es. Ich kann es mir herzaubern.

DIE ENGLISCH-STUNDEN IN DER NEUEN SCHULE UND GROSSMAMAS GEBURTSTAGSKUCHEN
Auch noch September 1944

Die Englisch-Stunden sind meine Lieblingsstunden in der neuen Schule. Wir dürfen sogar unsere Teddybären mitbringen. Weil Teddy ein englisches Wort ist. Und weil wir unsere ersten englischen Worte zusammen mit den Bewegungen unserer Teddybären lernen sollen. Teddy sitzt, Teddy geht, Teddy schläft. Teddy turnt.

Mein Teddy hat helles weiches Fell, eine spitzige Nase, wie Großmama sagt, und schwarze Knopfaugen. Er heißt Fiffi und ist mein Lieblingsbär. Mein anderer Bär heißt Drolli und hat braunes Lockenfell. Drolli kann sogar brummen, Fiffi nicht. Drolli ist größer als Fiffi. Ihn kann ich nicht mitnehmen in die Schule. Auch sonntags kann ich ihn nicht mitnehmen wie Fiffi, der in einer Tasche sitzt, wenn wir spazierengehen. Mutti meint zwar, ich sei schon zu groß, um einen Bären spazieren zu tragen. Und es sei doch dumm von mir, den ganzen Tag die Tasche zu schleppen. Deshalb muß ich mir immer etwas ausdenken, um die Erlaubnis zu bekommen, daß ich Fiffi mitnehmen darf.

So sage ich am Sonntagmorgen am Frühstückstisch: »Heute früh hat mich Fiffi wieder gequält, er will durchaus mit uns spazieren gehen!«

Mutti erwidert: »Du hast ihm hoffentlich gesagt: Nein, Fiffi, daraus wird nichts, du bleibst heute hübsch zu Hause!«

Ich: »Nein! Ich habe gesagt: Nun, da gehst du eben mit!«

Dann müssen Mutti und Großmama lachen. Und Fiffi darf mit. Manchmal trägt sogar Großmama eine Weile die Tasche. Wenn ich Äpfel oder Birnen auflese oder mit einem Schirm hinter Zäunen nach blauen Pflaumen angle. Manchmal tragen Mutti und ich die Tasche voll Obst, und Großmama hält Fiffi im Arm.

Diesen Herbst haben wir schon viel Apfelmus eingekocht. Und für Großmamas 70. Geburtstag haben wir die besten Äpfel aufgehoben: Sie will einen Apfelkuchen backen.

Großmama hat einen Apfelkuchen und einen Pflaumenkuchen gebacken. Ja, auch einen Pflaumenkuchen. Dabei sind die Pflaumen bei Onkel Franz im Garten noch gar nicht reif. Aber in Pillnitz gibt es viele Gärten mit Pflaumenbäumen. Die Leute, denen die Gärten gehören, lesen ihre heruntergefallenen Pflaumen nicht einmal auf. Die schönen Pflaumen liegen auf dem Rasen rund um die Bäume. Manche auch in der Nähe der Zäune. Und damit Großmama einen Pflaumenkuchen backen konnte, sind Mutti, Tante Milli und ich an einem Sonntag losgezogen. Mit Tasche und Schirmen.

Die Leute auf der Fähre in Pillnitz haben uns erstaunt angesehen. Als wären wir blöd. Es hatte doch seit vielen Tagen

nicht geregnet. Und auch an diesem Sonntag sah es gar nicht nach Regen aus. Na und? Einfach ist so ein Mit-Schirm-Angeln nicht! Manchmal kommt ein Hund angekläfft. Dann muß man schnell den Schirm zurückziehen oder die Hand. Manchmal fressen Bienen oder Wespen an den Pflaumen. Und manchmal liegt eine Pflaume nur ganz, ganz wenig entfernt von der Schirmspitze. Um sie zu bekommen, quetsche ich meine Hand, die den Schirm hält, fest und immer fester ans Drahtgitter, bis es sich ein bißchen biegt. Manchmal kriege ich die Pflaume, manchmal nicht. Den anderen geht es ebenso. Ich kann auch einige Pflaumen gleich mit der Hand greifen, denn meine Hand ist kleiner als Muttis oder Tante Millis Hand, die geht durchs Gitter.

Auf einmal ruft mich Tante Milli. Ich denke, ich soll eine Pflaume mit der Hand herausangeln. Von wegen! Tante Milli hat eine Pflaume unbedingt haben wollen und den Schirm immer weiter durch die Zaunlücke geschoben. So weit, bis er ihr aus der Hand gefallen ist. Nun liegt der Schirm im fremden Garten!

»Ein Glück, daß du so schmale Hände hast!«, sagt Tante

Milli, als ich ihr den Schirm zurückgebe. »Ohne dich hätte ich jetzt keinen Schirm mehr!«

Zu Großmamas Geburtstag kommen viele Gäste. Die meisten erst spät am Nachmittag. Weil sie ja arbeiten müssen wie Onkel Franz und Tante Milli und Mutti. Zeitig ist Tante Luisa mit Janni, Hans-Martin und Günter gekommen. Auch Tante Berthel. Und eine Frau mit ihrem Mann aus dem Haus auf der Ermelstraße, in dem Großmama früher mit ihrem Mann und ihren Kindern Elisabeth und Franz gewohnt hat. Der Apfelkuchen ist fast aufgegessen, als Mutti, Tante Milli und Onkel Franz endlich da sind.

Mit Großmama und Hans-Martin bringen wir die Leute aus ihrem früherem Haus später zur Straßenbahn. Die Leute haben mich die ganze Zeit immer so komisch angesehen. Dann sagt die Frau leise zu Großmama: »Das Mädel sieht aber der Elisabeth gar nicht ähnlich!«

Großmama flüstert, aber Hans-Martin und ich hören es trotzdem: »Das Mädel ist ja auch nicht von Elisabeth! Eine Freundin hat es ihr dagelassen, als sie nach Palästina ausgewandert ist! Eine Jüdin!«

Hans-Martin stößt mich an.

»Quatsch!« sage ich.

»Großmama, warum hast du denn geschwindelt?« fragt Hans-Martin, als die Leute mit der Straßenbahn fortgefahren sind.

»Die brauchen nicht alles zu wissen«, meint sie.

»Mutti, hast du eine Freundin, die ausgewandert ist?« frage ich Mutti, als sie mir Gutenacht sagen will.

»Ja«, antwortet Mutti. Mein Herz fängt an zu klopfen.

»Und hat die ein Kind?« Ich höre mein Herz richtig hämmern.

»Du hast wohl die Fotos in meinem Tagebuch angesehen?

Hast wieder gestöbert? Du weißt, ich mag das nicht!« Muttis Gesicht sieht ärgerlich aus.

»Ja«, schwindle ich. »Darf ich mir das Foto noch einmal mit dir zusammen ansehen?«

»Morgen«, entscheidet Mutti.

»Bittebitte, heute«, quäle ich.

Mutti holt das Tagebuch mit dem braunen Lederumschlag, das sie über mein Leben geschrieben hat. Das zuzuschließen geht, was meines nicht geht. Zum Glück vergißt Mutti manchmal, es abzuschließen und wegzuräumen. Ich verstehe nicht, warum ich nicht in dem Tagebuch lesen darf, wenn es doch über mein Leben berichtet! In dem Tagebuch, das Mutti über ihr Leben schreibt, will ich ja gar nicht lesen!

Mutti blättert im Buch ganz zum Anfang zurück. Das erste Foto von mir, gräßlich. Die ersten Worte, die Hebamme zu mir gesagt hat, liest Mutti vor: »Kleines, guck mich nicht so keß an!« Und dann hat Mutti das Foto mit ihrer Freundin gefunden. Mutti und ihre Freundin Maria sitzen nebeneinander auf einer niedrigen Mauer. Die Freundin hat ebenso dunkles Haar wie Mutti, sie trägt eine Brille wie

Mutti. Aber sie ist nicht so hübsch wie Mutti. Ich bin auch nicht so hübsch wie Mutti. Ob diese Maria vielleicht meine richtige Mutti ist?

»Hatte deine Freundin Maria ein Kind?«

Mutti schüttelt den Kopf. »Wie kommst du denn darauf?«

Ich weiß nicht, was ich antworten soll. Ich kann Großmama doch nicht verpetzen. Und Mutti nicht fragen: Bist du meine richtige Mutti oder ist es die Maria? »Wo seid ihr denn hier fotografiert? Komische Gegend!« sage ich.

»Vor dem Kaiserin-Augusta-Victoria-Krankenhaus«, antwortet Mutti. »Wir waren eben bei dir. Du hattest eine Erkältung und eine Ernährungsstörung. Du sahst ganz elend aus. Aber wer hat dir denn gesagt, daß Maria nach Palästina ausgewandert ist?« fragt Mutti.

»Großmama«, antworte ich. »Deine Freundin und du, habt ihr euch gezankt?«

»Gezankt, wieso?« wundert sich Mutti.

»Und warum schreibt ihr euch nicht mehr?«

»Du mußt nicht alles wissen!« sagt Mutti schnell.

Klar, sie haben sich gezankt. Vielleicht wegen mir? Und warum ist die Freundin so weit fortgefahren? Auch wegen mir? Andere Freundinnen von Mutti sind in Deutschland geblieben! Wie Muttis Schulfreundin, Tante Gretel, die Bäckersfrau. Und Tante Gertraude. Eine sehr komische Freundin, meine Tante Gertraude. Großmama läßt sie nicht in die Wohnung, wenn Mutti nicht da ist.

»Versprich mir, daß du nicht mehr in diesem Tagebuch stöberst!« fordert Mutti.

Na gut. Kommt Zeit, kommt Rat, sagt Großmama immer. Sicher läßt Mutti das Tagebuch wieder einmal nicht abgeschlossen herumliegen! Wie ich meines. Und Mutti hat mir dann gesagt, ich wäre eine Plappertasche, ich käme vom Hundertsten ins Tausendste in meinem Tagebuch, aber man schriebe nur Wichtiges auf. Na und? Wenn mir das Hundertste und Tausendste wichtig ist!

DER ERSTE LUFTANGRIFF AUF DRESDEN
Oktober 1944

Der 7. Oktober 1944 ist ein Sonnabend. Ich bin mit Großmama zu Hause, Mutti arbeitet noch in der Stadt. Da geht auf einmal die Sirene: Voralarm! Voralarme hat es jetzt oft gegeben. Und irgendwann später kam die Entwarnung. Die Flugzeuge sind zu einer anderen Stadt geflogen und haben dort ihre Bomben abgeworfen. Dieses Mal heulen aber nach dem Voralarm die Sirenen Vollalarm. Das bedeutet: Feindflugzeuge fliegen mit ihren Bomben auf Dresden zu.

Komisch: wir haben alle gedacht, die Flugzeuge aus England kommen nicht zu uns nach Dresden! Wegen der Tante von dem dicken Sir Churchill. Vielleicht ist die inzwischen gestorben oder nach England zurückgefahren?

Mit Großmama und den anderen Hausbewohnern sitze ich im Luftschutzkeller. Da ist Frau Bohne mit meinem Freund Jürgen, der zwei Jahre jünger ist als ich. Da ist Familie Sommer mit der großen Lotti und mit Helmut, der ein paar Jahre älter ist als ich. Frau Mühle mit ihren drei großen Mädchen und dem Baby Heidi. Der alte Vater Nitsche mit der schönen Agata, der Frau seines Enkelsohnes Rolf, die in Hamburg ausgebombt ist. Und Großmama und ich. Wir sitzen auf den Bänken und Stühlen. Wir haben unsere Rucksäcke und Taschen neben uns stehen. Und Jürgen, Lotti und Helmut, Sonja und Elvira von Frau Mühle und ich haben die Schulranzen oder Schultaschen mit.

Diesmal fallen Bomben auf unsere Stadt. Man hört, wie sie herabheulen und wie sie aufkrachen. Wie Donner, ganz schlimmer Donner, so ein Krachen! Alle haben Angst und denken: Hoffentlich trifft unser Haus keine Bombe! Und

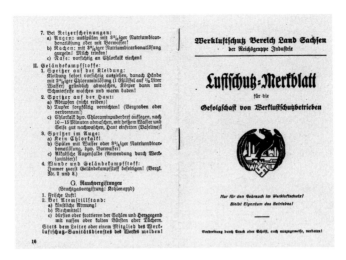

hoffentlich trifft keine Bombe das Kühlhaus, in dem Mutti arbeitet, und das Telegrafenamt, in dem Jürgens Schwester Ria telefoniert, und die Tischlerei, in der Herr Sommer Möbel und Särge baut, und den Rüstungsbetrieb, in dem Frau Mühles Thea deutsche Bomben baut!

Wir haben Glück. Keine Bombe ist auf unser Haus gefallen! Wir sitzen nach der Entwarnung vorm Haus auf der Stange, an die man die Fahrräder lehnen kann. Jürgen, Sonja und Elvira, Lotti und Helmut, und warten. Ich auf Mutti, Jürgen auf Ria, Lotti und Helmut auf Herrn Sommer. Auf seinen Vater wartet Jürgen nicht. Der ist bei der Geheimen Staatspolizei und ist wenig zu Hause. Die haben viel zu tun, viel Geheimes.

Mutti kommt als erste, als es schon fast Abend ist. Sie ist immer noch ganz aufgeregt.

»Das Kühlhaus lag genau mitten drin, wo die Flugzeuge ihre Bomben abwarfen«, berichtet sie. »Auch im Kühlhaus haben Bomben eingeschlagen. Kleinere. Es ist nur wenig kaputt«, erzählt Mutti.

Aber als sie nach Hause gelaufen ist, da hat sie zerstörte und brennende Häuser gesehen. Sie sagt, die Luft sei nach dem Angriff voller Kalk und Staub gewesen. Und in der Ostra-Allee hätten die Bäume gebrannt wie Fackeln, und überall wären Balken und Mauern brennend zusammengestürzt. Die Menschen wären vollkommen verstört gewesen. In ihren Augen wäre Entsetzen gewesen.

»Überall hat man die Nähe des Todes gespürt«, sagt Mutti. »Ja, wir Dresdner haben uns sicher geglaubt in unserer Stadt. Und nun? Wird Dresden am Ende doch noch zerstört?«

Später kommen Onkel Franz und Günter mit ihren Fahrrädern vorbei. Sie wollen wissen, wie es uns geht nach dem ersten Bombenangriff. Ob wir noch leben. Sie leben noch alle. Und sie waren schon bei Tante Milli und Tante Berthel in Dresden-Seidnitz. Die lassen uns grüßen, sie leben auch noch. Zum Glück. Trotzdem hätten Tante Berthel und Tante Milli verweint ausgesehen, erzählt Onkel Franz. Da sei ein Brief gekommen. Onkel Gert sei vermißt. Vermißt: das ist, wenn niemand weiß, wo der ist, den man vermißt. Das ist wie ein bißchen tot. Jetzt fühle ich das auch: die Nähe des Todes.

Mutti fragt mich: »Erinnerst du dich noch an Großmamas 69. Geburtstag, als Onkel Gert plötzlich da war?«

Klar, erinnere ich mich! Er kam mit Tante Berthel, die seine Mutter ist und mit seiner Schwester, meiner Tante Milli. Onkel Gert hat erzählt und erzählt! Er war ganz anders als sonst, viel fröhlicher! Und ich wollte nicht ins Bett gehen, sondern immer weiter zuhören. Ich habe auch zugehört, heimlich, im Bett. Und als sie sich dann alle verabschiedeten, ganz spät schon, da bin ich wieder aus dem Bett gekrochen und habe noch einmal alle umarmt. Mutti hatte damals gesagt, Onkel Gert hätte überhaupt nicht fortgehen wollen, aber Großmama und Tante Berthel wären so müde gewesen.

Ich habe Onkel Gert heimlich Postkarten geschickt, danach. Die Feldpostnummer wußte ich, klar. Und auf Feldpostkarten braucht man keine Briefmarken zu kleben. Feldpost ist umsonst. Ob Onkel Gert meine Karten bekommen hat? Die Karten waren ziemlich alt und braun. Großmama bewahrt viele solche Karten in einem Karton auf. Ihr Mann, mein Großpapa Fritz, hat sie gedruckt. Er war Drucker. Ich kenne Großpapa Fritz nicht, denn ein Vierteljahr, bevor ich geboren bin, ist er gestorben. Ob Onkel Gert auch gestorben ist in Rußland?

»Komm, Günter!« ruft Onkel Franz dann. Günter hat mein Klavier aufgeklappt und zu spielen angefangen. Günter kann ein bißchen Klavierspielen, obwohl er es nicht gelernt hat wie ich. Aber Günter hat gelernt, auf der Geige zu spielen. »Wir müssen nach Hause, Mutti macht sich sonst Sorgen!«

DIE NUMMER 120 ZAUBERT SICH TRÄUME
Noch Oktober 1944

Nach dem ersten Luftangriff auf Dresden haben wir Schülerinnen der Clara-Schumann-Schule Erkennungsmarken bekommen. Das sind ovale Anhänger aus Metall mit einer Nummer darauf. Ich bin die Nummer 120, Christa-Maria die Nummer 111. In einer Brusttasche aus Leder müssen wir sie um den Hals tragen, immer. Das ist, falls wir verschüttet werden oder verbrennen. Damit man dann weiß, wer wir waren. Außerdem müssen wir eine Schutzbrille stets bei uns haben, ein Mundschutztuch und eine eiserne Ration: zwei Zwiebäcke. Falls wir verschüttet werden und noch leben, damit wir nicht verhungern.

Und noch außerdem haben wir am 21. Oktober 1944 in einer Feierstunde Halstuch und Knoten bekommen. Eigentlich sollten wir erst im nächsten Jahr, am 20. April 1945, zu Adolf Hitlers Geburtstag, als Jungmädchen aufgenommen werden. Zu Hitlers Geburtstag werden jedes Jahr Mädchen als Jungmädchen in die Hitlerjugend aufgenommen und bekommen Halstuch und Knoten. Natürlich nur, wenn sie die Jungmädchenprüfung bestanden haben. Wir haben sie alle bestanden. Wir könnten nun stolz sein, daß wir früher als alle anderen richtige Jungmädchen geworden sind, hat unsere Jungmädchenführerin gesagt. Jungmädchen, das sind die kleineren Mädchen in der Hitlerjugend. Die großen Mädchen kommen in den BDM. Das ist der Bund Deutscher Mädchen. Solche BDM-Mädchen haben wir als Führerinnen. Manche können wir nicht leiden. Sie wollen uns herumkommandieren, als wären wir Soldaten. Andere sind leise und nett und sehen hübsch aus. Sie riechen beinahe wie Frauen.

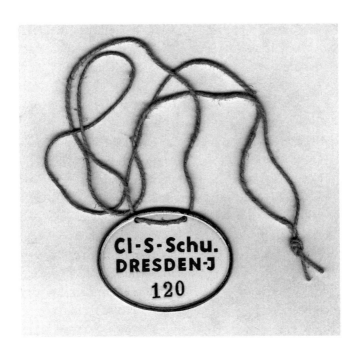

Wir haben jetzt in unsere Clara-Schumann-Schule die AHM, die Altstädter Höhere Mädchenschule, mit hineinbekommen. Das gefällt uns nicht, aber es ist nicht zu ändern. In der Schule der AHM wohnen die Ausgebombten. Das sind die, deren Häuser beim Angriff durch Sprengbomben zerstört wurden oder durch Brandbomben verbrannten. Den Ausgebombten gefällt es sicher auch nicht, in einer Schule zu wohnen. Aber wir müssen alle Opfer bringen, hat uns der Direktor erklärt. Beim letzten Bombenangriff auf Dresden sind über 400 Menschen getötet worden. Frauen, Kinder und ältere Leute. Damals im August, als wir in der Heide waren, ungefähr 250 Menschen aus Freital bei Dresden. Es sind beim letzten Angriff auch viele verwundet worden, hat in der Zeitung gestanden. Wir können froh sein, daß wir nicht tot oder verwundet sind.

Wegen unseres Opfers gehen wir jetzt oft erst nachmittags zum Unterricht in die Schule. Manchmal ist das interessant, so im Dunkeln mit der Straßenbahn nach Hause zu fahren! Da sind die Bahnen noch voller als am Tage, und wir kommen nicht gleich mit der ersten Bahn mit. Und wenn wir uns dann in eine Bahn hineindrängt haben, quetschen wir zwischen den Rücken der Erwachsenen. Das ist nicht gerade gemütlich. Doch oft haben wir auch Spaß!

Nicht schön ist, wenn es draußen schon finster ist und wir in der Schule sitzen und die Sirenen heulen. Dann brennt in den Gängen nur ein Notlicht, und es gibt Gedränge und Geschubse auf den Treppen hinunter zum Keller, da kann einem richtig Angst werden. Einmal habe ich dabei meinen Handschuh verloren. Großmama hatte mir die hübschen Handschuhe gestrickt. Ich wollte mich bücken, um den Handschuh aufzuheben, da fielen die andern fast über mich. Und weil es so dunkel war, habe ich den Handschuh nicht mehr gesehen. Vielleicht auch, weil ich sowieso schlecht sehe. Aber das ist mein Geheimnis und das von Christa-Maria, neben der ich jetzt sitzen darf, seit die AHM in unserer Schule ist. Und die mich abschreiben läßt, was an der Tafel steht. Die mir auch sagt, welche Nummer die Straßenbahn hat, die gerade zur Haltestelle gefahren kommt. Bin ich allein, erkenne ich das erst, wenn die Bahn steht.

An dem Abend, als wir nach der Entwarnung gleich nach Hause gehen dürfen, verliere ich Christa-Maria im Gedränge. Ich bin noch mal die Treppe hinaufgelaufen, um den Handschuh zu suchen, aber ich habe ihn nicht gefunden.

Allein, ohne Christa-Maria, merke ich erst, wie nachtdunkel alle Straßen sind. Als ich klein war und wir einmal zu Weihnachten in der Stadt einkaufen waren, da leuchteten überall die Fenster, und die Stadt sah aus wie ein riesiger Adventskalender. Das war aber noch vor dem Krieg. Jetzt, im Krieg, mußten wir alle schwarze Rollos für unsere Fenster kaufen. Ehe wir im Zimmer das Licht anknipsen oder Kerzen anbrennen, müssen wir die Rollos herunterziehen. Und gut aufpassen dabei, daß das Rollo glatt an der Fensterscheibe anliegt. Damit kein Lichtstrahl auf die Straße fällt.

Es ist ein bißchen gruslig und ein bißchen schön, allein in so einem Dunkel zu laufen. Wenn ich das Dunkel male, brauche ich viel Schwarz. Und Grün, wenig Grün. Die Scheiben der Gaslaternen sind bis auf einen kleinen Rand unten schwarz zugestrichen worden. Dieser Rand unten leuchtet grün. Und auf dem Fußweg hat die Laterne dann einen runden grünen Schein. Der sieht aber hübsch aus. Wie ein Mond, der vom Himmel gefallen ist. Und da sind auch noch viele kleine Monde, die im Dunkel herumzittern. Die Leute haben die Zittermonde anstecken, ich auch. Das sind grüne Leuchtplaketten. Die müssen wir an Mänteln oder Jacken haben. Damit wir nicht zusammenrennen im Dunkel.

An der Straßenbahnhaltestelle zittern besonders viele kleine grüne Monde. Sie sehen aus, als schwebten sie hin und her. So stelle ich mir Irrlichter vor. Gesehen habe ich noch keine.

Immer unruhiger bewegen sich die Mondsicheln. Da weiß ich: eine Straßenbahn wird gleich kommen. Als die dunkle Bahn heranfährt, kneife ich die Augen zusammen, so kann ich ein bißchen besser sehen. Die Leute schubsen mich irgendwohin. Jetzt kann ich die Nummer der Bahn lesen: es ist die Nummer 25! Meine Bahn! Wo die Eingänge zum Einsteigen sind, schieben und drängeln Massen von Leuten. Auf den Trittbrettern stehen schon die Menschen, keiner geht mehr hinein in die Bahn. Dann klingelt der Fahrer ab. Meine Bahn fährt ins Dunkle davon. Jetzt muß ich warten, bis die nächste 25 kommt. Mich friert. Was wird Großmama sagen, wenn ich den Handschuh verloren habe?

Langweilig ist es ohne Christa-Maria. Am besten, ich zaubere mir wieder meinen Sommertraum her. Ich fahre meine Puppe Janni im Puppenwagen durch die Heide. Und das Sonnenmuster, das sonst auf den Wegen liegt, das liegt jetzt im Puppenwagen. Das Sonnenmuster, das Sonnenmuster – es kommt nicht in den Puppenwagen, das Sonnenmuster! Mist! Vielleicht ist es dem Sommertraum zu kalt? Na gut, hole ich mir eben meinen Winter-Weihnachtstraum. Wie der ist? Ich träume, meine Bären Fiffi und Drolli sind lebendig, und ich fahre mit ihnen in der Straßenbahn. Sie haben schwarze Samtanzüge an, Fiffi und Drolli, denn wir gehen heute in die Oper und sehen uns das Märchen »Hänsel und Gretel« an. Gut, daß ich die Oper kenne! Fiffi und Drolli verstehen nicht, was Hänsel und Gretel singen! Da muß ich ihnen das Märchen erzählen. Leise, damit wir niemanden stören. Durch das Opernglas wollen Fiffi und Drolli schauen. »Die sehen aber gar nicht wie Kinder aus!« ruft Fiffi. »Hänsel und Gretel haben ja eine Brust!« »Sei still!« flüstere ich. »Und Hänsel und Gretel haben doch, doch, doch …«

Auch ein bißchen langweilig, der Traum.

Aus dem Dunkel dröhnt eine Bahn heran. Meine 25! Dieses Mal habe ich Glück! Ich hänge zwischen den Beinen der Leute. Meinen Ranzen brauche ich nicht zu tragen. Der hängt auch. Ich beginne, die Haltestellen zu zählen. Erste, zweite, dritte – Zwinglistraße, fünfte – Rennplatzstraße. Auch langweilig, muß doch erst an der elften aussteigen! Werde schon hören, wenn sie der Schaffner ausruft.

Ich weiß etwas anderes: Ich erfinde mir einen neuen Traum, schon seit ein paar Tagen. Ganz fertig ist er noch nicht. Der ist so: ich komme aus der Schule, im Dunkel, so wie heute. Ich steige aus der Straßenbahn und sehe: Flugzeuge haben Bomben abgeworfen auf das Haus, in dem ich wohne. Das Haus brennt. Ich renne, so schnell ich kann, die Treppe hinunter in den Luftschutzkeller und rette Großmama und alle Hausbewohner und meine Puppen und Bären! Danach sause ich die Treppe hinauf zu unserer Wohnung, reiße meine Kleider aus dem Schrank, Großmamas weichen Plüschmantel, Muttis karierte Jacke, hole aus der Küche das Brot, die Kartoffeln und rase die Treppe wieder hinab. Jetzt habe ich viel gerettet. Wo soll ich es aber hinlegen? Ich beginne meinen Traum von vorn.

Jemand stupst mich an. Der Schaffner: »Wo mußt du denn raus?«

»Heckenweg!«, antworte ich.

»Die Nächste Heckenweg!« ruft der Schaffner aus.

ZU HAUSE BEI MUTTI UND GROSSMAMA
Derselbe Abend im Oktober 1944

Im Dunklen laufe ich den Heckenweg entlang zu dem Haus, in dem ich wohne. Ich wohne in der Nummer 16, im ersten Stockwerk, links. Ich taste mich an der Steinmauer entlang, hinter der die Hecken wachsen. Überall an den Fenstern der Häuser sind die Rollos fest angedrückt. Kein Lichtschein blitzt. Gut so! Wenn der Ortsgruppenführer abends herumgeht und sieht einen Lichtschein, dann meldet er die Leute bei der Polizei. Und dann kommen die Leute ins Zuchthaus.

Ich höre ein Schnaufen. Mein Herz klopft bis in meinen Bauch. Ich sehe nichts, aber ich weiß: Das ist die Bulldogge von Ortsgruppenführer Müller! Ich habe Angst vor dem Hund. Und vor dem Mann. Alle haben vor dem Angst. Er hat schon Leute ins Zuchthaus gebracht.

Das Schnaufen kommt näher. Es hechelt jetzt fast neben mir. Ich hebe meinen rechten Arm hoch und grüße: »Heil Hitler!«

»Heiiitler!« grüßt es aus dem Dunkel zurück.

Ich gehe ganz nahe an der Steinmauer, halte mich an den Hecken an. Dann wird das Hecheln undeutlicher. Die Steinmauer hört auf. Ich biege in den Hauseingang ein und fühle die Haustür. Ich stoße sie auf und drücke den Lichtschalter. Eine blasse grüne Birne leuchtet auf. Ich renne die Treppe hinauf und klingle.

Großmama-Lina öffnet die Tür.

Großmama ist nicht größer als ich, nur ein bißchen dicker. Sie trägt ein braunes selbstgenähtes Kleid mit einem weißen selbstgehäkelten Kragen. Sie hat viele braune Kleider. »Braun

steht zu meinen Augen«, sagt sie immer. Ein Fremder hat einmal zu Großmama gesagt: »Sie haben aber schöne Augen!« Früher hatte sie braune Augen. Doch mit den Jahren sind ihre dunklen Augen immer heller geworden. Jetzt sind sie ein wenig wässerig und fast blau. Wie das kommt, versteht Großmama auch nicht. Vielleicht hat sie zu viel geweint, damals, als ihr Mann, mein Großpapa Fritz, gestorben ist? Oder früher, als ihr jüngstes Kind Willi an Diphtherie gestorben ist? Vielleicht hat sie die Farbe herausgeweint?

Ich fühle, daß Großmama hinter mir steht, als ich zu malen anfange. Sie hängt mir die Strickjacke über die Schultern.

»Mir ist nicht kalt!« sage ich.

»Dir nicht?« fragt Großmama. Sie lehnt an meinem Stuhl. Ich weiß, sie würde lieber zum Ofen gehen und ihren Rheumarücken anlehnen. Aber Großmama ist fast so neugierig wie ich. Sie will immer sehen, was ich male.

»Du malst ja so viel Schwarz!« wundert sie sich.

»Es ist doch Abend!« erkläre ich. »Aber warte nur, gleich wird es heller! Siehst du?«

»Aber das sind ja Flammen!« ruft Großmama erschrocken.

»Das Haus brennt ja auch!«

»Kannst du nichts Schöneres malen?« Großmamas Stimme klingt ärgerlich. »Warum malst du nicht meine Alpenveilchen? Die blühen seit Sonntag! Das hast du wohl noch gar nicht bemerkt?«

Ich male. Ich kann nicht immer Fragen beantworten, wenn ich male. Malen ist auch Arbeit. Großmama weiß das. Sie erzählt eben dann ein bißchen für sich. Komisch, immer wenn ich male, kommen ihr so viele Gedanken. Dann muß sie erzählen. Außerdem hat sie den ganzen Nachmittag geschwiegen. Ich war ja in der Schule und Mutti-Elisabeth war in ihrem Betrieb, dem Kühlhaus Dresden, wo sie als Stenotypistin arbeitet.

»Gärtnerin wäre ich gern geworden«, erzählt Großmama, »oder Blumenbinderin. Aber ich konnte ja nichts lernen. Mit acht Jahren haben mich die Eltern fortgegeben. Da kamen Verwandte meiner Eltern und wollten ein Kind. Vater und Mutter hatten vierzehn Kinder. Wir mußten uns alle in einer Reihe aufstellen, und die Leute haben eines herausgesucht. Mich. Ja, Gärtnerin wäre ich gern geworden oder Blumenbinderin oder …«

»Jaja, Großmama«, murmle ich, denn ich habe die Geschichte schon hundertmal gehört. Ich weiß schon, wie sie weitergeht: »Du mußtest immer arbeiten für andere Leute. Bis dann der Fritz kam und dich geheiratet hat!«

»Horch mal«, sagt Großmama.

Wir hören Schritte auf der Treppe. Es klingt, als käme ein Soldat. Das sind die Eisen auf Mutti-Elisabeths Winterschuhen. Durch Eisen schont man Gummisohlen und Absätze. Ich renne zur Tür.

Muttis Wangen sind vom Frost ganz rot. Sie zerrt den Schal vom Kopf. Andere Frauen tragen Kopftücher. Mutti wickelt sich einen Schal um den Kopf und bindet ihn oben zu einem Knoten. Mutti ist immer ein bißchen anders als andere Frauen. Sie hat keinen Mann geheiratet wie andere

Frauen, der ihnen das Geld zum Leben gibt. Mutti verdient das Geld zum Leben selbst. Mir gefällt meine Mutti-Elisabeth. Nur manchmal hat sie einen Ton, wie Großmama sagt, einen Ton, den Großmama und ich nicht mögen. Einen Befehlston. »Du ißt etwas!« befiehlt sie Großmama. »Du räumst heute deinen Schrank auf!« befiehlt sie mir.

»Räume den Tisch ab!« befiehlt sie jetzt. »Wir essen gleich!«

»Gefällt dir mein Bild?« frage ich.

Mutti kommt zum Tisch. Ihr Gesicht sieht ratlos aus.

»Was du immer so malst, so was Trauriges«, meint sie, »male doch mal etwas Fröhliches!«

»Das Bild ist ja noch gar nicht fertig!« erkläre ich. »Außerdem: das Haus brennt, und Großmama und alle Hausbewohner sind gerettet! Soll das etwa traurig sein?«

»Sei nicht so schnippisch zu deiner lieben Mutti!« tadelt mich Großmama.

»Du malst und malst«, tadelt mich Mutti. »Hast du Großmama wenigstens die Kohlen hoch geholt?«

Ich erschrecke.

»Ich habe noch Kohlen oben«, sagt Großmama.

»Da hast du heute wieder den ganzen Tag gefroren!« Zwischen Muttis dunklen Augenbrauen sind auf einmal zwei richtige Falten.

»Ich habe doch meine Pelzweste«, sagt Großmama, und zärtlich streichen ihre Rheumahände über das bemalte Leder der Außenseite. Innen hat die Weste Fell. Sie hat die Weste von ihrem Sohn, meinem Onkel Franz, dem Vati von Hans-Martin, Günter und Janni, geschenkt bekommen.

»Übrigens«, sagt Mutti, »werde ich morgen einige Sachen von Herrn Sternberg mitbringen. Bücher und Fotoalben. Er möchte sie auslagern. Du«, sagt Mutti zu mir, »du kannst morgen zu mir ins Kühlhaus kommen und mir helfen, die Bücher zu tragen.«

»Das Kind soll allein in die Stadt fahren?« fragt Großmama.

»Aber Großmama!« erwidere ich. »Ich fahre doch jeden Tag allein in die Stadt! Und da fahre ich eben morgen Mittag nach der Schule nicht nach Hause, sondern zu Mutti!«

»Hast du denn morgen am Vormittag Schule, nicht am Nachmittag?« fragt sie.

»Klar, Großmama! Immer abwechselnd!«

»Und warum bringt dieser Herr die Bücher nicht selbst zu uns?« will Großmama wissen.

Mutti tut, als habe sie die Frage nicht gehört.

»Lagern wir auch unsere Bücher aus?« frage ich Mutti.

»Ach was«, meint sie. »Wir wohnen doch nicht in der Innenstadt!«

»Wird die Innenstadt beim nächsten Bombenangriff zerstört?« frage ich.

»Ach was«, antwortet Mutti. »Nur Herr Sternberg glaubt, es könnte geschehen.«

»Daß Dresden zerstört wird?« frage ich ungläubig. Ich kenne Herrn Sternberg nicht. Ich weiß nur, er ist Ingenieur in Muttis Betrieb. Und er ist der Sohn des Generaldirektors aller Kühlhäuser Deutschlands. Er hat keine Frau. Und seine Freundin hat ihn verlassen. Deshalb bringt Mutti manchmal Strümpfe von ihm mit nach Hause. Die sie wäscht und stopft. Sonst wäscht und stopft Mutti keine Strümpfe. Ihre nicht und meine nicht und Großmamas nicht. Die Strümpfe von Herrn Sternberg hat früher seine Mutter gewaschen und gestopft. Die ist jetzt irgendwohin fort, wo sie wahrscheinlich nicht waschen und stopfen kann.

Am nächsten Tag nach der Schule fahre ich zum Kühlhaus. Mutti arbeitet im Erdgeschoß. Ich war schon einige Male mit Mutti dort. Heute gehen Mutti und ich hoch ins erste Stockwerk. Manchmal, wenn ich Menschen ansehe, muß ich überlegen, ob sie schön sind oder nicht. Bei Herrn Sternberg weiß ich es gleich. Er hat ein Gesicht, das sehr ernst ist und sehr jung. Und er sieht mich lange an und sagt nichts. Ich sage auch nichts. Er geht zu seinem Schreibtisch und nimmt ein kleines Buch heraus, das zugebunden ist. Er schenkt es mir.

Als ich es aufbinde, sehe ich Zeichnungen, Bleistiftzeichnungen. »Skizzenbuch von Caspar David Friedrich« lese ich. Ich bin vor Freude ganz still. Aber auch Mutti ist still, als wir heimfahren.

»Es war sein Lieblingsbuch«, sagt sie.

»Warum verschenkt er es dann?« frage ich.

»Er hat gesagt, er brauche es nicht mehr. Er glaubt, daß er nicht mehr lange leben wird.«

Komisch, nun kann ich mich nicht mehr richtig freuen. Trotzdem: wie will der das wissen? Sowas weiß doch niemand!

Abends im Bett hole ich mir meinen neuen Traum. Er ist jetzt fertig und geht so: Ich komme aus der Schule, im Dunkeln, und sehe: das Haus, in dem ich wohne, brennt. Ich renne, so schnell ich kann, in den Luftschutzkeller und rette Großmama und alle Hausbewohner und meine Puppen und Bären! Dann steige ich zum Kohlenkeller hinab und trage meinen alten Kinderwagen und den Puppenwagen nach oben! Jetzt kann ich im Haus die Treppe hoch rennen und die Kleider retten, das Brot, die Stifte, meine Bücher und das neue zum Aufbinden! Alles Gerettete lege ich in Kinderwagen und Puppenwagen hinein! Am liebsten möchte ich noch einmal nach oben rennen und die Bücher von Herrn Sternberg holen! Aber die Flammen sind schon zu hoch, Großmama läßt mich nicht wieder fort. Als Mutti von der Arbeit nach Hause kommt, stehe ich mit Großmama und den Hausbewohnern auf der Straße. Wir sehen, wie Flammen unser Haus fressen. Wir sind alle traurig. Doch Mutti sagt: »Du bist ein tüchtiges Mädchen, du hast alle gerettet!« Und die anderen sagen das auch.

3.

DAS SECHSTE WEIHNACHTEN IM KRIEG

DER WEIHNACHTSABEND
24. Dezember 1944

WEIHNACHTSFEIERTAGE
Dezember 1944

WINTERFERIEN
Januar 1945

DER WEIHNACHTSABEND
24. Dezember 1944

»Das sechste Weihnachten im Krieg«, seufzt Großmama. Sie denkt an vieles, wenn sie seufzt. An die vielen Menschen, die im Krieg schon starben. Und sie bangt, daß noch mehr sterben oder vermißt werden wie Onkel Gert. Großmama sagt, sie versteht Gott nicht mehr. »Wie kann Gott das zulassen?« fragt sie immer wieder. Aber niemand antwortet ihr. Auch ihr Gott nicht.

Dabei sind Großmama und ich am Weihnachtsabend in die kalte Kirche gegangen, während Mutti den Weihnachtsbaum schmückte und die Geschenke für uns zurechtmachte. Sicher haben die Leute in der Kirche wie Großmama gehofft, der Gott erklärt wenigstens am Heiligen Abend, was er sich denkt, wenn er so viele Menschen sterben läßt. Irgendwas muß er sich doch denken, wenn es ihn gibt! Mutti glaubt nicht, daß es ihn gibt. Ich auch nicht. Darüber ist Großmama traurig. Sie fürchtet, daß Gott uns bestraft, weil wir nicht an ihn glauben.

Viele Leute sind nicht in die Kirche gekommen. Als sie singen, ist es, als wenn die Lieder in dem hohen Kirchenschiff erfrieren. Sie zittern irgendwohin fort wie die Stimme des Pastors. Der vom Jesuskind spricht und von Maria und Josef. Josef ist nicht der richtige Vater vom Jesuskind. Das ist Gott. Wenn es ihn gibt. Jesus hatte auf der Erde auch keinen Vater, wie ich. Einen, der ihn beschützt hätte, als böse Menschen ihn umbringen wollten. Und dann umgebracht haben. Wenn es Großmamas Gott gäbe, so hätte der doch wenigstens vom Himmel aus seinem Sohn helfen müssen! Vielleicht haben sich die Menschen diesen Gott

nur ausgedacht. Weil sie einen Vater auf der Erde und einen im Himmel haben wollten. Dann hätten sie zwei Väter, die sie beschützen könnten. Ich habe weder auf der Erde noch im Himmel einen Vater, der mich beschützt. Aber ich habe Mutti. Die ist anders als die Mutter von Jesus, die Maria! Sie würde nicht zulassen, daß andere mich töten oder an so ein Kreuz nageln wie den armen Jesus! Aber vielleicht haben sich die Menschen diesen Jesus auch nur ausgedacht. Hoffentlich.

Weihnachten. Ein schönes Wort. Es klingt so feierlich. Auch im sechsten Kriegsweihnachten klingt es so. Viele Kinder haben in diesem Jahr keinen Lichterbaum. Ich habe einen mit Kerzen und sogar Geschenke darunter: eine Strickjacke, eine dunkelblaue Jungmädchenjacke, die Mutti auf Bezugschein kaufen konnte, eine Schale mit selbstgekochten Bonbons, zwei Äpfel und einen Zeichenblock! Keine Karte fürs Weihnachtsmärchen wie im vorigen Jahr, als wir dann

mit Hans-Martin, Günter und Janni in der Märchenoper waren. Großmama hatte uns die Karten zu Weihnachten geschenkt. Ein ganzes Jahr hatte sie darauf gespart! Sie bekommt doch nur 23 Mark Rente im Monat! (Deshalb will sie auch manchmal nichts essen. Weil Mutti das Essen bezahlt.) Jetzt aber sind alle Theater in Deutschland geschlossen, denn sie sind keine kriegswichtigen Betriebe.

Nachdem wir die Geschenke ausgepackt haben, singen wir Weihnachtslieder. Ich begleite uns auf dem Klavier. Das Notenheft mit den Weihnachtsliedern habe ich auf das kleine Brettchen vom Klavier gestellt, aber ich spiele nicht nach Noten. Ich kann die Lieder auswendig. So merken Mutti und Oma nicht, daß ich die Noten nicht erkenne. Ganz weit vorbeugen muß ich mich immer, wenn ich übe. Aber ich möchte keine Brille tragen. Dann sagen die Jungen vielleicht »Brillenschlange« zu mir wie zu anderen Kindern, die Brillen tragen müssen. Jetzt rufen sie mich manchmal »Rotfuchs«. »Rotfuchs, halt dich!« haben sie bei unserer Jung-

mädchenprüfung gerufen, als ich bei mehreren Wettrennen hintereinander immer die Erste gewesen war. Gewonnen habe ich trotzdem nicht. Aber die Jungmädchenprüfung bestanden.

Für Mutti habe ich als Weihnachtsgeschenk eine Laterne gebastelt, die man aufstellen oder aufhängen kann. Für Großmama habe ich eine Geschichte geschrieben und gemalt. Sie heißt: »Das Mädchen mit den Brötchen«.

Großmamas helle Augen schimmern, als sie die Geschichte liest.

»Das hast du für mich gemalt?« fragt sie, als könnte sie es nicht glauben. »Ja, ja, das bin ich! Kalt war das manchmal, besonders im Winter! Um vier Uhr früh mußte ich losgehen! Wenn die Leute aufwachten, hingen die warmen Brötchen in Leinensäckchen an ihren Türen! Aber was klebt denn da vorn an meiner Brust?«

»Na, das ist doch dein Schulranzen!« erkläre ich.

»Ich weiß nicht, ich weiß nicht«, überlegt Großmama, »ich glaube, ich hatte gar keinen Schulranzen! Ach!« ruft sie plötzlich, »da habe ich doch wie immer etwas vergessen!«

Sie geht in ihr Kämmerchen.

Es klirrt. Sie hat wieder kein Licht gemacht, da ist ihr etwas heruntergefallen. Mit einem großen Bleistift kommt sie zurück. Der ist für mich. Herrlich! Ich habe in den letzten Tagen so viel gezeichnet, daß mein Bleistift ganz klein geworden ist!

»Was hat denn so geklirrt?« will Mutti wissen.

»Ach, nichts weiter! Meine Flasche mit Herzgold ist heruntergefallen.«

»Großmama, bitte, einen Schluck!« bettle ich. »Darf ich die Flasche holen?«

»Pst!« macht sie, denn sie weiß, was ich meine. Onkel Franz schenkt ihr manchmal eine Flasche mit Herzgold. Ihr schmeckt dieses Herzgold so gut, daß sie mich in die Apotheke schickt, um eine neue Flasche zu holen. Sie selbst schämt sich, Herzgold zu kaufen. Großmama hat doch kein krankes Herz. Und die Frau in der Apotheke könnte sie nach ihrem kranken Herzen fragen. Dann müßte sie schwindeln. Das kann Großmama sehr schlecht. Deshalb schickt sie mich. Dafür bekomme ich ab und zu einen Schluck. Mutti weiß nichts davon.

Als ich die Flasche anbringe, wundert sich Mutti: »Die reicht aber diesmal lange bei dir!« sagt sie zu Großmama.

Die verschluckt sich vor Schreck. Mutti klopft ihr den Rücken.

Ich genehmige mir einen großen Weihnachtsschluck. Mutti möchte keinen.

»Wollen wir nicht endlich Abendbrot essen?« fragt sie. »Ich habe einen Mordshunger! Und außerdem noch eine Überraschung!«

Mutti bringt aus der Schlafkammer eine Wurst, eine richtige Wurst zum Warmmachen! Die teilen wir uns zum Kartoffelsalat. Ein herrliches Weihnachtsessen!

WEIHNACHTSFEIERTAGE
25. und 26. und 31. Dezember 1944

Dann ist der erste Weihnachtsfeiertag. Gleich nach dem Mittagessen gehe ich mit Mutti und Großmama zu Onkel Franz und Tante Luisa und Hans-Martin und Günter und Janni nach Nickern. Zwischen Gärten und Feldern laufen wir über weichen weißen Schnee. Eigentlich sieht er ein bißchen bläulich aus, vom blauen Himmel sicher.

Auf den Feldern hocken schwarze Krähen, und über den Schnee läuft eine weißbraune Katze. Daß sie nicht an die Pfoten friert? Ich friere nicht, denn ich habe meine neue Strickjacke unter den Mantel gezogen! Ich springe im Schnee herum und werfe Schneebälle in die Luft und nach Oma. Nach Mutti darf ich sie nicht werfen. Wegen ihrer Brille. Weil es keinen Brillenersatz gibt, jetzt im Krieg.

In Nickern schenken mir Onkel Franz und Tante Luisa ausgesägte Holztiere zum Aufstellen. Hans-Martin schenkt mir ein Holzkästchen, das er selbst bemalt hat. Großmama bekommt vier Flaschen Herzgold von Onkel Franz.

»Da können wir wieder leben!« flüstere ich ihr zu.

»Pst!« macht Großmama.

Wir spielen mit dem neuen Kaufmannsladen, den die Kinder bekommen haben. Ich bin die Mutter, Hans-Martin mein Mann, Janni ist unser Kind und Günter der Verkäufer. Großmama bleibt Großmama. Sie kocht Essen aus dem, was wir eingekauft haben.

Als es dunkel wird, zieht Tante Luisa die schwarzen Rollos herab. Onkel Franz und Janni zünden die Kerzen an. Günter spielt Weihnachtslieder auf der Geige. Wir singen alle mit.

Onkel Franz begleitet uns auf der Gitarre und spielt wie immer etwas falsch. Das gibt uns Spaß.

Viel zu früh sagt Mutti zu mir: »Komm, wir müssen jetzt nach Hause gehen! Ich möchte nicht, daß wir bei Fliegeralarm noch auf der Straße sind! Du weißt, jetzt war fast jeden Abend öffentliche Luftwarnung oder Alarm!«

Hans-Martin, Günter und Janni stehen betrübt um mich herum, als ich mich anziehe.

Großmama sagt: »Vielleicht ist nächstes Weihnachten der Krieg zu Ende! Dann könnt ihr so lange zusammen spielen, wie ihr wollt!«

»So lange, bis morgen früh?« fragt die kleine Janni.

»Bis morgen früh!« verspricht Großmama.

Durch den Schnee, der jetzt dunkelblau schimmert, ist das Nachtdunkel ein bißchen hell. Als Großmama ausrutscht, nehmen Mutti und ich sie in unsere Mitte. Auf einmal hört Mutti von fern eine Sirene. Ich gebe mir Mühe, sie auch zu hören. Doch weder Großmama noch ich können sie hören. Klar, da heult gar keine.

Wir laufen dann die Prohliser Straße entlang zur Straßenbahn. Erst hören wir es von fern, dann immer näher und deutlicher. Ein Singen. Wunderwunderschön! Hinter einem Haus mit spitzigem Dach, wie Großmama sagt (obwohl es das Wort spitzig ja eigentlich nicht gibt), da steht ein kleineres Haus mit flachem Dach. Aus den offenen dunklen Fenstern dieses Hauses kommt das Singen von Männerstimmen. Es klingt traurig-schön, so in der Nacht! Obwohl ich die Worte nicht verstehe, kommt ein Freuen in mich. Ich möchte stehenbleiben und weiterhören, aber Mutti und Großmama zerren mich fort.

»Bist du von allen guten Geistern verlassen!« flüstert Großmama.

»Man darf nicht zuhören, wenn Fremdarbeiter singen«,

erklärt mir Mutti. »Man wird bestraft, ja, man kann sogar ins Zuchthaus kommen deswegen!« Mutti weiß das, denn sie haben ja auch Fremdarbeiter im Kühlhaus.

»Singen eure Fremdarbeiter auch so schön?« frage ich.

»Sie arbeiten am Tage, da singen sie nicht!« antwortet Mutti.

»Sind das auch Franzosen wie bei euch, die hier singen?« möchte ich wissen. Bei Mutti im Betrieb arbeiten Engländer und Franzosen. Daß es keine Engländer sind, die hier singen, weiß ich. Ein bißchen verstehe ich schon die englische Sprache.

»Das sind wahrscheinlich Russen«, vermutet Mutti.

»Russen?« staune ich. »Können die auch singen?«

»Still jetzt!« befiehlt Mutti. »Da kommt jemand!«

Da kommt natürlich niemand.

Am zweiten Weihnachtsfeiertag hat Mutti im Kühlhaus Wache. Wir essen zeitig zu Mittag, denn Mutti muß schon um 14 Uhr im Betrieb sein. An Tagen, an denen im Kühlhaus nicht gearbeitet wird, müssen jetzt immer Leute wachen. Was die da bewachen, weiß ich nicht. Das sagt Mutti auch nicht, ist sicher geheim.

Ich würde gern mitgehen. Vielleicht ist Herr Sternberg auch da. Warum denkt er, daß er jung sterben wird, wenn er nicht krank ist? Mutti hat ihm ein Paket mit frischgewaschenen und gestopften Socken mitgenommen. Komisches Weihnachtsgeschenk! Vielleicht waren auch gar nicht die Socken in dem Paket mit dem Weihnachtspapier.

Als Mutti abends zurückkommt, bringt sie eine Mappe mit. Darin sind große Fotos von Herrn Sternberg und seinem Hund. Einem süßen Fox, den er in Wiesbaden bei seinem Vater gelassen hat. Der steht auf zwei Beinen vor Herrn Sternberg, der sich zu dem Hund herabbeugt. In einem Garten sind sie vor einem Haus, wie ich noch keines gesehen habe. Prächtig! Das Foto ist zweimal da.

Ich frage Mutti, ob ich eins bekommen kann. Mutti erlaubt es nicht. »Sie gehören uns nicht! Wir sollen sie nur aufbewahren!« sagt sie.

Am 31. Dezember gehen wir zu Tante Milli und Tante Berthel. Wir feiern mit ihnen Silvester. Sogar eine Weihnachtsbescherung gibt es, obwohl Weihnachten ja schon vorbei ist. Meine liebe, liebe Tante Berthel hat einen Hund für mich! Keinen lebendigen und auch keinen Fox! Einen ganz schwarzen, den man aufziehen kann und der dann läuft!

Tante Milli hat eine kleine Puppe für mich genäht. Mutti bekommt zwei Glasschalen und Großmama ein Scheuertuch und einen Schneemann, auch selbstgenäht von Tante Milli, die in einer Firma für Künstlerpuppen arbeitet.

Unsere Geschenke für Tante Milli sind: zwei Käse und zwei Würstchen.

Wir machen einige Spiele, dann schauen wir uns alte Fotos an. Alte Fotos gefallen mir ebenso gut wie Geschichten von früher, als ich noch nicht da war. Als Großmama und Tante Berthel noch junge Frauen waren. Und als die beiden Schwestern in der Kleinen Klostergasse (es gibt noch eine

Große Klostergasse in Dresden) ein Verkaufslädchen aufgemacht haben. Wie sie ihren Spaß mit den Kunden hatten, besonders mit den kleinen Kunden, den Kindern. Und einem ganz besonderen Kunden, einem Pferd.

Der Kutscher, zu dem das Pferd gehörte, konnte es kaum halten, wenn er in die Kleine Klostergasse einfuhr. Denn das Pferd wußte, es bekam von Tante Berthel immer etwas zum Schleckern. Und so steckte es gleich, nachdem der Kutscher angehalten hatte, seinen großen Kopf durchs offene Fenster in den Kramsladen hinein.

Es war der Kutscher von einem Herrn von Seydlitz, der bei dem Mann von Tante Berthel Bilder bestellte, denn der Mann von Tante Berthel war ein Kunstmaler. Das passierte zu der Zeit, als Tante Berthel den Laden schon allein besorgen mußte, weil Großmama ihren Fritz geheiratet hatte, der vorher eigentlich Tante Berthels Fritz gewesen war. Aber Tante Berthel heiratete ja später auch, diesen Maler mit Schnurrbart, den Hermann Hübner. Auch der ist längst tot. Auch den habe ich nie gekannt. Schade.

Tante Milli war der Liebling von diesem Schnurrbartonkel und nicht sein Sohn, mein lieber Onkel Gert, der jetzt vermißt ist. Trotzdem hat er Tante Milli nie gesagt, wer sein eigener Vater war.

Der Hermann Hübner ist, wie Tante Berthel sagt, mit einem Bruder zusammen in einem Waisenhaus aufgewachsen. Kinder im Waisenhaus haben keine Eltern oder kennen ihre Eltern nicht. Tante Millis Vater aber kannte seinen Vater. Und sicher hat dieser Vater ihm auch das Studium an der Dresdner Kunstakademie bezahlt!

Aus einem dicken Buch über Malerei weiß Tante Milli, daß es einen berühmten Maler mit dem gleichen Namen Hermann Hübner gab. Eigentlich sogar zwei berühmte Maler, die Hübner hießen. Der eine hatte noch früher gelebt als der andere. Der könnte vielleicht der Vater von Tante Millis Vater sein. Einer der Hübner-Maler war auch der erste Direktor der Dresdner Sempergalerie. Der soll sogar auf dem Dresdner Fürstenzug zu sehen sein.

Wenn ich einmal wieder mit Mutti oder Großmama in

die Stadt fahren darf, dann suchen wir den Maler Hübner auf dem Fürstenzug! Der Fürstenzug ist an eine Wand vom Dresdner Schloß gemalt. Oder sind es Steinchen, die wie ein gemaltes Bild aussehen? Ich darf nicht vergessen, das Opernglas mitzunehmen.

Ich könnte stundenlang zuhören, wenn Tante Berthel oder Tante Milli erzählen. Vor allem, wenn Tante Milli von den Streichen erzählt, die sie mit ihrer Freundin Tossi gemacht hat, da könnte ich mich krummlachen! Sogar Großmama und Tante Berthel müssen lachen, daß ihnen die Augen tränen. Obwohl Onkel Gert immer noch vermißt ist und Onkel Gerts Sohn Wilfried verwundet wurde am Kopf und irgendwo in einem anderen Land im Krankenhaus liegt. Und Onkel Heinz keinen Urlaub bekam zum Weihnachtsfest.

Ja, ich würde gern noch bei Tante Milli und Tante Berthel bleiben, aber Mutti sagt: »Komm, wir müssen jetzt nach Hause gehen! Ich möchte nicht, daß wir bei Fliegeralarm noch auf der Straße sind!«

WINTERFERIEN
Januar 1945

Weihnachtsferien. Winterferien. Herrlicher Schnee! Zu dumm, daß meine hohen Schuhe beim Schuster sind! Aber wir können sie nur in den Ferien zum Schuster bringen, weil ich keine anderen Schuhe habe. Und wenn am 15. Januar die Schule wieder losgeht, brauche ich Schuhe ohne Löcher in den Sohlen.

Meine Sommerhalbschuhe anzuziehen im Schnee, erlaubt Großmama nicht. Ich probiere trotzdem, mit dicken Socken hineinzukommen. Doch meine Füße passen kaum noch ohne Socken in die Schuhe! Mutti muß sehen, daß sie einen Bezugschein für Sommerschuhe für mich bekommt! Ich überlege und überlege. Ich habe keine Lust zum Malen oder Spielen, wenn draußen der weiße Schnee liegt! Dann habe ich eine Idee.

Ich frage Großmama: »Darf ich den Schuhschrank aufräumen?«

»Du willst was aufräumen?« wundert die sich. »Bist du vielleicht krank geworden?« Sie kichert.

Ich finde Muttis Schistiefel. Die man eigentlich nur zum Schneeschuhfahren anzieht. Ich stelle sie beiseite. Da sind ja Großmamas alte Schuhe! Nichts für mich, weil sie Fußballen hat und ich nicht. Außerdem sind sie größer und breiter als Muttis Schuhe. Meine Sommersandalen passen auch nicht mehr, und Muttis Sandalen sind zu groß. Mist! Aber vielleicht Muttis Haferlschuhe?

Warum sie Haferlschuhe heißen, weiß ich nicht. Ich weiß nur, daß sie Mutti anhatte, als sie ein Vierteljahr durch Deutschland wanderte. Als ich noch nicht da war. Die sind älter als ich, dafür sehen sie aber noch ziemlich gut aus! Als ich sie geputzt habe, sehen sie noch besser aus! Ob Mutti sie mir vielleicht schenkt? Auch Muttis Schistiefel creme ich ein und poliere sie blank. Vier Paar Strümpfe muß ich anziehen, dann passen sie fast.

Großmama sagt, ich muß Mutti erst fragen, ob ich mit ihren Schuhen auf die Straße darf. Weil es Schistiefel sind, an die man Schneeschuhe schnallt, und auf denen man nicht läuft.

Ich sage: »Ich hole Mutti von der Straßenbahn ab! Da werde ich Mutti fragen! Und ich schnalle meine Schneeschuhe an die Schuhe, damit ich die Sohlen nicht ablaufe!«

»Aber es dauert noch Stunden, bis Mutti kommt«, meint Großmama.

»Ich fahre an der Haltestelle auf und ab«, sage ich. »Hauptsache, ich kann raus!«

Mutti staunt, als sie mich sieht, und lacht. »Du siehst ja wie der gestiefelter Kater aus!« sagt sie. Den ganzen Tag habe sie an mich denken müssen, erzählt sie dann. Daß ich bei dem schönen Winterwetter im Zimmer bleiben mußte, das hätte ihr furchtbar leid getan, sagt sie. »Du bist wirklich erfinderisch!« lobt sie mich.

Die Haferlschuhe bekomme ich nicht, die will Mutti selbst wieder anziehen. Aber Mutti hat auf dem Boden noch ein Paar alte Lederhalbschuhe! Vielleicht passen die mir!

Klar, die passen! So schön glänzen sie zwar nicht wie die Haferlschuhe. Macht nichts. Hauptsache: Schuhe.

Und ich bin nun an den Wintertagen von früh bis abends draußen. Fahre Schlitten mit Christa-Maria und anderen Kindern, und fahre auf Schneeschuhen mit den Jungen Günter und Helmut und Hansi. Wir üben auf den Hochmuth-Wiesen das Kurvenfahren. Und manchmal gehen Christa-Maria und ich auch mit unseren Puppenschlitten spazieren. Viel zu schnell sind die Ferien vorbei.

4.

FASCHING

ICH ÄRGERE MICH
13. Februar 1945

DER ERSTE BOMBENANGRIFF
Immer noch der 13. Februar

DER ZWEITE BOMBENANGRIFF
14. Februar 1945

DER TAG DANACH
Auch 14. Februar 1945

IST UNSERE STADT NUN GESTORBEN?
17. Februar 1945

Die Haltestelle Georgplatz um 1906. Ein Zug mit dem Beiwagen 41 steht in Fahrtrichtung Norden. Unmittelbar vor ihm verzweigen sich die Gleise in den Maximiliansring nach links und gerade in die Johannesstraße.

Slg. Lauffer

ICH ÄRGERE MICH
13. Februar 1945

Ich ärgere mich. Heute ist Fasching, und ich muß nachmittags zur Schule! Meine Puppen und Bären sitzen so lustig angeputzt auf dem Sofa! Wenn ich keine Schule hätte, könnte ich mit ihnen hinaus auf die Straße gehen!

Wir haben unsere Clara-Schumann-Schule verlassen müssen. Sie ist Lazarett geworden, ein Krankenhaus für Soldaten. Es gibt nicht genug Krankenhäuser, denn zu viele Soldaten kommen krank und verwundet aus dem Krieg zurück. Ich weiß, daß jeder helfen muß, damit unsere Soldaten wieder gesund werden. Alle müssen helfen, auch wir. Und so gehen wir Clara-Schumann-Schülerinnen jetzt in der Innenstadt zur Schule. In eine Schule am Georgplatz.

Die Erwachsenen sagen, es sei gefährlich, in der Innenstadt zur Schule zu gehen. Fast jeden Tag heulen über unserer Stadt die Sirenen. Aber wir Kinder sind tapfer.

Wir haben nicht halb so viel Angst wie unsere Muttis und Großmamas und Tanten. Wir sind tapfer wie unsere Vatis, die im Krieg gegen die bösen Feinde kämpfen und sie besiegen. Ich habe zwar keinen Vati, der im Krieg ist. Ich habe überhaupt keinen Vati. Warum eigentlich nicht? Und warum ist eigentlich Krieg? Als ich klein war, gab es keinen Krieg. Die Lehrer sagen: Die deutschen Soldaten werden den Krieg gewinnen. Sie werden die bösen Feinde besiegen, die Engländer, die Franzosen, die Russen und Amerikaner. Ich weiß gar nicht, wie ich mir die Feinde vorstellen soll. Wenn sie so böse sind, können sie doch unmöglich aussehen wie richtige Menschen!

Ich bin immer so neugierig. Aber ich weiß schon, daß man nicht alles fragen darf. Manchmal, wenn ich frage, erschrecken die Erwachsenen und sagen: Der Führer wird schon wissen, warum er das tut! Der Führer, das ist Adolf Hitler. Der alles weiß, aber niemandem etwas erklärt. Nicht einmal die Erwachsenen wissen Antworten! Einmal habe ich zu Großmama gesagt: »Der Kerl weiß alles, und uns erklärt er es nicht! Gehört sich so etwas etwa?« Großmama gab mir gleich eine Backpfeife. Bitterböse sah sie aus, mein gutes Großmamachen. »Daß du nie wieder so etwas sagst!« sprach sie ernst. »Wenn das jemand hört, kommen wir alle ins Zuchthaus!«

Ich verstehe schon, daß man nicht alles fragen darf. Der Führer will, daß wir an ihn glauben. Wie Großmama an ihren lieben Gott, der auch nichts erklärt. Trotzdem möchte ich gern wissen, warum eigentlich Krieg ist und wie die Feinde aussehen, gegen die unsere Soldaten kämpfen müssen.

»Darf ich mich zu Hause ein bißchen anputzen?« frage ich Großmama. Es ist Vormittag, und ich habe erst am Nachmittag Schule. An vier Tagen in der Woche haben wir drei

Stunden Schule. Eigentlich ist das keine richtige Schule mehr. Was »Schule« heißt, das ist: Schularbeiten in der Schule abgeben und neue holen.

Großmama sitzt im Lehnstuhl und hat ihre Brille auf der Nase. Sie ist ihr bis zur Nasenspitze vorgerutscht. Sie stopft etwas.

»Wegen mir«, meint sie.

Als ich Mutti-Elisabeths Bluse und Rock anhabe und mir ihren Sommerhut aufsetze, prustet Großmama los. Dabei verliert sie die Nadel mit dem Faden. Sie fingert an dem Strumpf herum. »Du siehst ja wie eine Vogelscheuche aus!« sagt sie lachend.

»Darf ich mal so vor die Tür gehen?«

»Untersteh dich!« Großmama hebt den Zeigefinger. »Du hast wohl gar keinen Ernst! Sich in diesen Zeiten anzuputzen und sich noch vor den Leuten zu zeigen!«

»Bitte, heute ist doch Fasching!« bettle ich.

»Nichts gibts! Du bleibst oben!« bestimmt Großmama.

»Und warum?«

»Das weißt du genau: es ist Krieg! Im Krieg gibts keinen Fasching!«

»Und warum ist dieser Krieg? Brauchst du ihn vielleicht? Ich nicht!«

»Der Führer wird schon wissen, warum der Krieg ist«, meint Großmama. »Hole jetzt die Fußbank und setze dich zu mir! Ich will deine Zöpfe flechten!«

»Darf ich wenigstens heute, weil Fasching ist, die Haare offen lassen ? Bitte, Großmamachen!«

»Ach, Mädel«, seufzt Großmama, »Es ist Krieg. Stell dir vor, ein Luftangriff in unserer Stadt! Heute mußt du wieder mitten in die Innenstadt! Verantwortungslos, was die mit euch machen! Und stell dir vor: du willst dich aus einem brennenden Hause retten! Und dann die langen Haare! Du brennst wie eine Fackel, Kind!«

Als ich von der Schule zurück bin, laufe ich mit Bär Fiffi im Puppenschlitten auf dem Heckenweg auf und ab. Ich warte auf Christa-Maria. Bei ihr klingeln darf ich nicht. Klingeln ist aufdringlich, sagt Großmama. Wenn Christa-Maria kommen will, kommt sie schon. Sie kommt nicht. Dabei sieht Fiffi zum Lachen aus im Puppenkleid und dem Papierhut auf dem Kopf!

Finster ist es auf der Straße. Kein Lichtschein, kein klitzekleiner, fällt aus den Fenstern zu mir auf die Straße. Die schwarzen Rollos liegen am Fenster an, so wie sie anliegen sollen. Doch der Mond kommt zwischen den Wolken heraus und leuchtet mir. Immer wieder teilen Wolkenstreifen sein helles Gesicht. Ich kann den Mond gut leiden. Ich unterhalte mich oft mit ihm. Das habe ich schon als kleines Kind getan, sagt Mutti. Und immer heller strahlt mein lieber Mond. Da geht knarrend ein Fenster auf. Großmama ruft.

Nachts wache ich auf. Es ist ganz still. Nur der Wecker tickt. Es ist kurz vor halb zehn. Ich wache jetzt oft mitten in der Nacht auf. Obwohl alles still ist, fühle ich sie schon: die Sirene. Gleich wird sie kommen, gleich!

Wir springen aus den Betten, als die Sirenen zu heulen beginnen. Ein schauerliches Geheul! Wir ziehen Schuhe und Mäntel über, greifen nach den Taschen im Korridor, die immer dort bereit stehen.

Im Haus wird der Gong geschlagen. Wir eilen in den Luftschutzkeller.

Fast jede Nacht treffen wir Hausbewohner uns jetzt im Keller. Familie Sommer mit Lotti und Helmut, Frau Bohne und Jürgen, Frau Mühle mit ihren drei großen Mädchen und dem Baby Heidi. Der alte Vater Nitsche mit seiner Schwieger-Enkelin, der schönen Agata. Und ich mit Mutti und Großmama.

Draußen dröhnt es wie von tausend Motoren.

»Das sind Flugzeuge«, sagt Großmama leise und sieht ängstlich aus.

Herr Sommer, unser Luftschutzwart, widerspricht: »Das sind keine Flugzeuge! Das sind nur Autos!« Niemand glaubt es ihm.

Ich gehe mit Mutti-Elisabeth, Herrn Sommer und Helmut zur hinteren Kellertür. Es dröhnt immer lauter. Und auf einmal sinken vom schwarzen Himmel unzählige leuchtende Christbäume. Der Himmel wird heller und heller. Nie habe ich etwas Schöneres gesehen! Mein Spielplatz im silbernen Licht! Die Vogelbeerbäume wie verzaubert! Ich möchte schauen und schauen.

Doch ein entsetzliches Krachen beginnt. Ich werde fortgerissen, alle stürzen in den Luftschutzkeller. Das elektrische Licht verlöscht. Jemand zündet die Notkerze an. Die Wände zittern, man denkt, sie werden jeden Augenblick über uns zusammenstürzen. Alle greifen nach ihren Rucksäcken und hucken sie auf. Ich umklammere meine Tasche mit den Puppen. Frau Mühle hält die kleine Heidi im Arm. Heidi ist ein liebes Baby. Nie weint es, wenn es nachts in den Luftschutzkeller getragen wird. Es freut sich, wenn ich mit ihm spiele. Und ein wenig freue ich mich auch über die Sirene, weil ich dann zu Heidi in den Keller kann. Mit aufgerissenen Augen schaut Heidi jetzt auf die Erwachsenen, die sich ihre Gasmasken über die Köpfe zerren. Wie gräßliche Rüsseltiere sehen sie aus! Heidi beginnt zu weinen. Ich bin ganz still vor Angst, ich streiche Heidi. Ich bin kein Rüsseltier. Ich besitze zwar eine Kindergasmaske, aber als ich sie aufprobieren mußte, habe ich mich vor mir selbst so gegraust, daß ich sie nie wieder aufsetzen will! Mutti sprach mit Herrn Sommer, dem Luftschutzwart. Er erlaubte mir, anstatt der Gasmaske ein Mundtuch mit nassem Lappen über Mund und Nase zu binden. Eigentlich ist es verboten, die Gasmaske nicht

aufzusetzen. Aber Herr Sommer ist ein netter Mann. Er kann Mutti und mich gut leiden. Muttis Hände, fein und weich, keine Rüsseltierhände, knoten das Mundtuch über meiner Mütze zu.

Wir sitzen. Keiner kann sprechen. Vielleicht will auch keiner sprechen, wenn die Bomben so krachen. Großmama hat ihre Rheumahände gefaltet. Sicher wird sie wieder denken: wie kann Gott das zulassen, so einen Krieg!

Über eine Stunde hocken wir im Keller. So stumm. Und warten. Und wünschen, daß es unser Haus nicht trifft. Doch die Einschläge kommen immer näher.

Dann wird es ruhiger draußen. Die Erwachsenen ziehen die Gasmasken von den Köpfen und sprechen wieder leise miteinander.

Da – die Sirene: Entwarnung!

Wir kriechen aus dem Keller. Froh, daß wir noch leben. Froh, daß unser Haus noch steht. Über die Dächer fegt der

Sturm. Am Himmel glüht ein roter Feuerball. Rauchwolken quellen über den Flammen empor. Die Stadt brennt.

Lange stehen die Menschen vor ihren Häusern. Ob es schon nach Mitternacht ist? Ich würde das gern wissen, denn morgen habe ich wieder vormittags Schule. Wenn Fliegeralarm vor Mitternacht kommt, müssen Schulkinder wie immer zur ersten Stunde in der Schule sein. Kommt der Alarm nach Mitternacht, beginnt die Schule eine Stunde später.

»Wie spät ist es?« frage ich Großmama. Obwohl Großmama keine Uhr hat, weiß sie fast immer, wie spät es ist. Heute weiß sie es nicht.

Ich frage Mutti, doch die hört nicht zu, die redet mit den anderen. So frage ich laut: »Muß ich morgen zur ersten Stunde in die Schule oder zur zweiten Stunde?«

Auf einmal sind die Erwachsenen still und sehen mich alle an.

Herr Sommer sagt: »Du brauchst überhaupt nicht mehr zur Schule zu gehen! Deine Schule ist kaputt!«

Ich lache. Ich denke, Herr Sommer macht Spaß. Er neckt sich oft mit mir. Doch an Muttis Gesicht sehe ich: es ist kein Spaß.

Die Wohnungen werden nach Blindgängern abgesucht. Das Absuchen machen die Luftschutzwarte der Häuser zusammen. Es dauert lange, bis sie den Boden und alle Wohnungen und Gänge in den Häusern durchgesucht haben. Dann aber kommt Herr Sommer die Kellertreppe hoch und sagt: »Ihr könnt jetzt in die Wohnungen zurück!«

Auf der Treppe wünschen sich alle Hausbewohner eine »Gute Nacht«, ehe sie in ihre Wohnungen zurückgehen.

Ich laufe in jedes Zimmer. Ich begrüße und streichle Tisch und Stühle, das Sofa, den Schrank, mein Bett, die Bilder an den Wänden. Mir ist, als hätte ich das alles ganz neu geschenkt bekommen. In Gedanken nehme ich jede Nacht Abschied von allem. Zum erstenmal seit langer, langer Zeit darf ich mich ausziehen, als ich ins Bett gehe. Pullover ausziehen, Strümpfe ausziehen, einen frischgewaschenen Schlafanzug anziehen. Ein herrliches Gefühl!

Mutti sagt: »Nach so einem Großangriff kommen die Flugzeuge kein zweites Mal!«

Großmama zieht sich trotzdem nicht aus.

DER ZWEITE BOMBENANGRIFF
14. Februar 1945

Drei Stunden später heulen wieder die Sirenen. Gleich Vollalarm. Schnell wie nie bin ich angezogen. Alles über den Schlafanzug. Als wir die Treppen hinunterrennen, krachen schon die Bomben.

Diesmal sind die Bombeneinschläge noch näher. Unser Haus bebt. Ich fühle das Beben überall in mir.

Großmama flüstert, ehe sie die Gasmaske überzieht: »Du hättest lieber den Schulranzen in den Keller mitnehmen sollen und nicht die Tasche mit Puppen! Wenn es nun unser Haus trifft, und du hast den Schulranzen nicht gerettet, dann werden wir am Ende noch bestraft!«

»Aber Großmama, würdest du deine Kinder oben lassen?« frage ich.

»Neinnein«, sagt Großmama schnell.

Lange, lange dauert dieser Bombenangriff. Stunden, sicher. Ich habe nicht gewußt, was man für schreckliche Angst haben kann!

Auch als es draußen stiller wird, ist die Angst noch da bei allen. Niemand wagt sich aus dem Keller. Nicht einmal Herr Sommer.

»Wer weiß, wie es draußen aussieht!« sagt Frau Sommer, als sie die Gasmaske vom Kopf gezogen hat.

Herr Sommer geht dann doch als erster. Nachsehen, ob die anderen Häuser unserer Siedlung zerstört sind. Sie sind es nicht. Trotzdem, aus dem Keller läßt Herr Sommer niemanden. Das haben die Luftschutzwarte der umliegenden Häuser beschlossen, als Herr Sommer draußen war. Drinnen sollen wir auf die Entwarnung warten. Wir warten lange, sehr, sehr lange.

Dann geht Herr Sommer wieder, um sich mit den anderen Luftschutzwarten zu besprechen. Als er zurückkommt, sagt er: »Es wird keine Entwarnung geben. Die Sirenen sind alle zerstört.«

Wieder stehen die Menschen mitten in der Nacht auf dem Hof. Auch die aus den Nachbarhäusern. Wenige Meter entfernt von uns brennt das Margarinewerk. Der Feuersturm peitscht Funken an unsere Häuserwände. Großmama stopft meine Zöpfe unter die Mütze.

Rauchwolken wachsen zu schwarzen Bergen über dem roten Himmel. Dazwischen zucken helle und orangene Flammen hoch. Der Rauch beißt in die Augen und den Hals. Immer noch kracht es fürchterlich.

»Zeitzünder«, sagt Mutti.

Wieder werden unsere Wohnungen nach Blindgängern abgesucht. Auch der Boden und die Wäschetrockenwiese. Die überall herumliegenden Stabbrandbomben werden gelöscht. In unserem Haus, genau auf unserem Boden findet Herr Sommer auch eine Stabbrandbombe. Einen Blindgänger. Zum Glück. Sonst hätte unser Haus gebrannt.

Herr Sommer zeigt uns den Blindgänger, nachdem er ihn entschärft hat. Die Bombe ist ganz klein.

»Sie kann aber Menschen töten und Häuser in Brand stecken!« erklärt er.

Aus dem Schlafen wird nichts mehr in dieser Nacht. Alle sind zu aufgeregt. Ich auch. So ein komisches Zittern in mir will gar nicht aufhören.

Nachdem die Menschen in ihre Wohnungen zurückgegangen sind, öffnen sie die Fenster. Sie unterhalten sich miteinander. Es ist so hell durch das Feuer, daß wir uns alle sehen können.

»Wie wird alles weitergehen?« fragen die Leute immer

wieder. Niemand weiß es. Manche erzählen von Verwandten und Freunden, die in der Innenstadt wohnen. »Ob die noch leben?«

»Es muß die Hölle los sein in der Stadt!« sagt Agata, die unter uns zum Fenster herausschaut. Ihre Stimme klingt anders als sonst, wenn sie zu Vater Nitsche spricht. Ich glaube, sie spricht das erstemal mit den Frauen aus unserem Haus.

Mutti fragt Frau Bohne, die über uns wohnt, nach ihrer großen Tochter Ria. Ria arbeitet als Telefonistin in der Stadt und hat oft Nachtdienst.

»Ria hat nach dem ersten Angriff angerufen«, antwortet Frau Bohne auf Muttis Frage. »Ria hatte um zehn Uhr Schluß und wollte sich auf den Heimweg machen. Vielleicht müßte sie nach Hause laufen, hat sie gesagt.« Bohnes besitzen als einzige in unserem Haus ein Telefon. Weil Herr Bohne bei der Geheimen Staatspolizei ist.

»Aus der Stadt nach Hause laufen?« wundere ich mich, weil ich mir das nicht vorstellen kann. Man braucht mit der Straßenbahn eine ganze Stunde bis zur Stadt! »Fährt keine Straßenbahn mehr?« frage ich Mutti.

Mutti schüttelt den Kopf.

»Hoffentlich kommt Ria bald«, meint Frau Bohne. »Ich gehe erst zu Bett, wenn das Mädel da ist!«

Dann erzählen sich die Leute wieder von Verwandten und Freunden. Wo werden die jetzt sein? Leben die noch? Werden sie zu uns kommen? Können wir sie in unseren Wohnungen unterbringen, wenn sie kommen?

Ich habe keine Verwandten in der Innenstadt. Alle wohnen ein bißchen am Rande der Stadt. Komisch, alle sprechen von Leuten, um die sie sich sorgen! Doch keiner geht los, um ihnen zu helfen! Muß man sie nicht retten aus der brennenden Stadt?

»Sei froh, daß du noch lebst«, antwortet Mutti, als ich ihr meine Gedanken sage. »Dort kann jetzt keiner hinein!«

Die Menschen verbrennen in der Stadt. Niemand kann sie retten. Das Feuer ist mächtiger als die Menschen, es frißt Häuser und Menschen auf. Und Träume. Nie mehr kann ich träumen, ich rette Großmama und die Hausbewohner. Man kann niemanden retten, keiner kann dort hinein.

DER TAG DANACH
Auch 14. Februar 1945

Auch nach dieser Nacht kommt ein Tag. Schaurig sieht die Sonne aus. Als hätte sie einen Trauerschleier vor ihr Gesicht gezogen. Ihre Strahlen können die Rauchwolken nicht durchdringen. Es gibt kein elektrisches Licht mehr, kein Wasser, kein Gas.

Menschen, so viele, daß man sie nie zählen kann, kommen unsere Königsallee entlang. Ihre Kleider und Haare sind versengt, schwarz von Ruß die Gesichter. Kinder und Greise sitzen auf Leiterwagen zwischen Betten, Koffern und Kochtöpfen. Sie sehen vor sich hin, sie weinen nicht. Manche noch in Schlafanzügen oder in eine Decke gehüllt. Uralte Omas in Kinderwagen.

Wir stehen am Straßenrand, stundenlang. Jürgen, Helmut, Lotti und ich.

Das sind die, die noch leben, denke ich. Fühle: ich lebe auch! Mir wird ganz warm.

Auf einmal sehe ich Christina aus meiner Klasse. Oder ist sie es nicht? Ein bißchen sieht sie fremd aus, so beschmiert! Sie läuft, als ob sie im Schlaf ginge. Ob sie aufwacht, wenn ich sie rufe? Ich laufe ein paar Schritte am Straßenrand mit. Christina schaut nicht auf, und ich kann sie auch nicht rufen. Warum, weiß ich nicht. Es geht einfach nicht.

Da kommt Frau Fuchs aus unserem Nebenhaus mit einem leeren Leiterwagen. Auch sie schaut nicht auf. Wo geht die denn hin? Sie läuft ja genau in die Richtung, aus der die anderen kommen! Will sie in die brennende Stadt?

Mutti kehrt mit dem Fahrrad aus Nickern zurück. Sie steigt ab und sagt: »Es hat ein Stück vom Dach abgedeckt in Nikkern. Aber alle leben. Ich war auch bei Berthel und Milli. Dort sind die Fensterscheiben kaputt. Aber sie leben auch. Sie wollen am liebsten fort von Dresden. Irgendwohin aufs Dorf türmen und uns mitnehmen!«

»Fortgehen von hier?« frage ich Mutti erschrocken.

»Neinnein«, tröstet mich Mutti. »Wir bleiben. Ich muß schließlich wieder zur Arbeit, wenn das Feuer erloschen ist. Ich kann nicht fort von Dresden!«

Auch Christa-Maria und ihre Mutti wollen nicht fort von Dresden. Sie kommen gerade aus Altleuben zurück. Mit ihrer Großmama. Ihre kleine Großmama ist noch kleiner als meine. Vielleicht, weil sie ein bißchen krumm geht. Sie haben ihre Großmama zu sich geholt, weil die Angst hat, allein. Ausgebombt ist sie nicht.

Plötzlich beginnen die Kirchenglocken zu läuten. Stürmisch. Das bedeutet Alarm! Wir rennen, so schnell wir können, von der Königsallee zum Heckenweg und gleich hinunter in den Luftschutzkeller. Zum Glück hat Großmama meine Tasche mit den Puppen und Bären mit heruntergebracht! Da beginnt das Krachen schon wieder! Und die Hauswände wackeln wie in der Nacht! Und das Zittern in mir ist wieder da. Und wieder sitzen alle Hausbewohner stumm auf den Stühlen und Bänken. Nicht alle.

Streng betrachtet Herr Sommer Agata, die Vater Nitsches Joppe übergezogen hat. Aus der Tasche schaut Vater Nitsches Pfeife heraus.

»Wo ist der Vater?« fragt Herr Sommer Agata.

»Vater schläft«, antwortet Agata und lächelt Herrn Sommer spöttisch an.

»Warum haben Sie den Vater nicht geweckt?« herrscht sie Herr Sommer an.

»Hab ich doch! Vater sagt: Er muß mal schlafen! Und wenn er nicht mehr aufwacht, ist's auch nicht schlimm!«

Agata sagt das so, als wollte sie Herrn Sommer ärgern. Dabei ist Herr Sommer heute besonders freundlich. Er hat nicht einmal befohlen, die Gasmasken aufzusetzen. Obwohl die Bomben ganz nah einschlagen. In Reick oder Dobritz oder Kleinzschachwitz, meint Herr Sommer. Hat er vergessen, es zu befehlen? Einige ziehen trotzdem ihre Gasmasken über.

Frau Bohne sitzt neben Großmama. Frau Bohne sieht ganz verwelkt aus.

»Ria wird schon noch kommen«, tröstet Großmama sie leise.

Plötzlich hören wir Schritte und Stimmen vor unserer Kellertür. Es klopft.

»Vielleicht ist sie das«, meint Großmama.

Herr Sommer öffnet die Tür. »Flüchtlinge aus der Stadt wollen sich unterstellen!« sagt er.

Da ruft Großmama aus: »Herrjeh, die Annel!«

Tante Annel ist Großmamas Nichte und Muttis ältere Cousine. Mein Großpapa Fritz und Tante Annels Vater waren, glaube ich, Cousins. Tante Annel und ihre adoptierte Tochter Erika sind auch unter den Flüchtlingen aus der Stadt. Gleich werden Stühle frei gemacht.

Tante Annel hat alles verloren. Sie ist nun ausgebombt

wie Agata in Hamburg. Schon beim ersten Angriff wurde Tante Annels Haus getroffen.

»Viele haben noch versucht, was rauszuholen und haben es auf den Gehweg getürmt«, erzählt Tante Annel. »Wo mögen die jetzt sein?«

Tante Annel ist mit Erika in den Großen Garten geflüchtet. Sie dachte, sie wären gerettet, da im Garten.

»Aber auch dort war die Hölle los«, erzählt Tante Annel. »Bomben und brennende Bäume, die umstürzten. Und dann kamen die Flugzeuge im Tiefflug und schossen aus Bordwaffen auf die fliehenden Menschen! Die Menschen rannten wie irrsinnig durch den Park! Und denkt mal, hinter uns her rannte eine Frau in einem braunen Pelzmantel! Immer rannte die hinter uns her! Warf ich mich zu Boden, tat sie es auch! In dem feinen Pelzmantel! Dann schlug neben uns eine Brandbombe ein. Da sah ich es: Das war gar keine Frau! Es war ein Bär aus dem Zoo! Die armen Tiere! Die verstehen doch nichts! Die Affen klammerten sich an die Menschen an, sie hatten alle Scheu verloren vor Angst! Es war, als wenn die Welt untergeht!«

Tante Annel weint. Erika streichelt sie. Großmama gibt Tante Annel ihr Taschentuch. Dabei brauchte sie es selbst, um sich die Tränen abzuwischen.

Wir möchten Tante Annel und Erika gleich dabehalten. Aber Tante Annel will zu einer Tante ihres Mannes aufs Dorf. Sie will nicht mehr in einer Stadt leben, nie mehr! Die Frau auf dem Dorf hat ein Haus mit Garten und wird Tante Annel aufnehmen. Das weiß Tante Annel.

Schade, daß Erika mit Tante Annel gehen muß! Erika ist schon vierzehn Jahre alt und sehr artig, wie Großmama und Mutti sagen. Ich soll mir immer ein Beispiel an Erika nehmen. Sicher hat Erika Angst, daß Tante Annel sie ins Heim zurückbringt, wenn sie nicht artig ist. Doch jetzt wird Tante Annel Erika nicht mehr zurückbringen wollen, denn Erika hat Tante Annel vor den Flammen gerettet.

»Ich hatte einen Herzanfall vor Schrecken«, flüstert Tante Annel Mutti zu. »Das Kind hat mich gestützt und aus dem Flammenmeer herausgeschleppt. Und dabei trug sie noch unsere Rucksäcke und Taschen!«

Ich bewundere Erika, die still neben mir sitzt und eigentlich nicht mehr wie ein Kind aussieht. Ob ihr trotzdem Kinderhandschuhe passen? Ihre Handschuhe konnte sie nicht retten.

»Du bist lieb«, sagt Erika, als ich ihr meine Handschuhe schenke.

Nachdem Tante Annel mit Erika und den anderen Flüchtlingen gegangen ist, hole ich mit Herrn Sommer und Helmut und Jürgen Wasser für unser Haus. Wir laden unsere große Holzwanne auf Sommers Leiterwagen und fahren zu den Schrebergärten. Die Holzwanne haben Mutti und Großmama sonst immer für die große Wäsche genommen. An der Pumpe der Schrebergärten stehen schon viele Leute mit Fässern, Eimern und Wannen an. Wir müssen lange warten. Dann ist es endlich so weit. Wir können unsere Waschwanne mit richtigem Wasser füllen. Da werde ich mich heute Abend ein bißchen waschen können. Heute früh hatte ich nur den feuchten Waschlappen. Mir ist, als ob alles an mir nach Rauch riecht, meine Hände und Arme, sogar meine Haare. Und alles ist so klebrig!

Vorsichtig fahren wir die Wanne mit dem Wasser bis vor unser Haus. Jürgen und ich springen die Treppe hoch und klopfen überall und rufen: »Das Wasser ist da!«

Nun kommen alle mit Eimern und großen Krügen. Helmut und Herr Sommer füllen sie.

Großmama spricht mit Frau Bohne. Ria ist immer noch nicht da. Und auch von ihrem Mann, Herrn Bohne, weiß sie nichts. Der hat sonst nach jedem Alarm bei ihr angerufen. Das kann er jetzt nicht mehr. Auch die Telefone sind kaputt.

Das Wasser reicht nicht aus. So gehen wir ein zweites Mal zur Pumpe und noch ein drittes Mal. Zwischendurch kommen immer wieder Alarme, und wir rennen in den Luftschutzkeller. Meine Tasche mit den Puppen und Bären habe ich gleich im Luftschutzkeller gelassen.

Jedes Mal müssen wir an der Pumpe länger anstehen. Alle Leute aus unserer Siedlung brauchen Wasser. Die Leute kommen auch von weiter her. Von Kleinzschachwitz und beinahe Niedersedlitz. Dort gibt es wahrscheinlich nur Schrebergärten ohne Pumpen.

Wir haben bis zum Abend zu tun.

Als ich mit Mutti und Großmama Abendbrot esse, rattert auf der Straße ein Leiterwagen vorbei. Ich renne zum Fenster, obwohl Großmama sagt: »Gehört sich das etwa, beim Essen aufzustehen?«

»Das ist Frau Fuchs mit dem Leiterwagen!« rufe ich aufgeregt.

»Setz dich jetzt an den Tisch und iß!« befiehlt Mutti.

»Großmama! In dem Leiterwagen sitzt eine Frau! Und die Frau hat ein Kissen im Arm! Und im Kissen, da ist etwas, etwas, das schreit!«

Komisch, ich bin glücklich, richtig glücklich!

Mutti meint: »Frau Fuchs hat doch gar keine Kinder!«

Großmama sagt: »Wer weiß, wer weiß.«

Und später, am Abend, als wir uns beim Flackerlicht einer Kerze ausziehen, klagt sie wieder: »Warum bestraft Gott die Unschuldigen? Frauen, Kinder und Alte? Was haben sie Gott getan? Die arme Ria!«

»Kommt Ria nicht mehr?« frage ich.

»Wer weiß«, meint Großmama.

Die Nacht, vor der es uns gruselte, ist still geblieben. Ohne Alarm. Nur am nächsten Tag kommt wieder ein Angriff auf

Gruna, Nickern und die Neustadt von Dresden. Es gibt kein Radio mehr und keine Zeitung, keinen Strom, kein Gas. Doch es gibt Gerüchte. Das sind Sachen, die man sich erzählt, obwohl man sie eigentlich nicht erzählen darf. Weil niemand weiß, ob sie wahr sind. Man kann bestraft werden für das Erzählen von Gerüchten. Ich weiß trotzdem ein paar. Von Helmut. Er weiß sie von seinem Vater, Herrn Sommer. Von abgesprungenen Fallschirmjägern. Von russischen Bolschewisten, die immer näher kommen und von einer Rede Adolf Hitlers, die er an das deutsche Volk gehalten hat. Gehalten haben soll. Kann sein, es sind keine Gerüchte. Trotzdem darf ich sie nicht weitererzählen. Nicht einmal Mutti oder Großmama. Besonders interessieren sie mich auch nicht, die Gerüchte. Wenn es am Ende vielleicht doch nicht stimmt!

Weil keine Sirene mehr geht, müssen die Erwachsenen jetzt nachts wachen. Abwechselnd. Sie müssen horchen, ob die Glocken läuten. Läuten sie Sturm, dann ist Alarm. Und läuten sie langsam und feierlich wie zu Weihnachten, so bedeutet das Entwarnung. Bei Sturmläuten müssen die Wachmänner oder Wachfrauen schnell und laut in den Häusern die Gongs schlagen.

Zur Arbeit geht niemand mehr, kein Erwachsener. Und kein Kind geht mehr zur Schule in Dresden. Weil die Stadt noch immer brennt.

IST UNSERE STADT NUN GESTORBEN?
17. Februar 1945

Drei Tage und drei Nächte brennt die Stadt. Drei Nächte ist der Himmel rot, und Zeitzünder explodieren. Dann wird es still, totenstill. Ist unsere Stadt nun gestorben?

Am dritten Tag nach dem Bombenangriff versucht Mutti, mit dem Fahrrad in ihren Betrieb zu gelangen. Spät am Abend kommt sie wieder. Die Reifen ihres Fahrrades sind kaputt. Das ist schlimm, denn es gibt keine neuen. Noch schlimmer ist, was Mutti erzählt:

»Die Stadt Dresden ist ein einziger kilometerlanger, rauchender Trümmerberg. Von der Liebstädter Straße an steht kaum noch ein Haus. In der Stübelallee hat es jede einzelne Villa getroffen. Bis auf eine. Die vom Gauleiter Mutschmann. Durch die Grunaer Straße ist kein Durchkommen,

da liegen die Schuttmassen meterhoch. Am schaurigsten sah es auf dem Zöllner Platz aus. Nur Fassaden. Jedes Haus ausgebrannt, und auf dem Platz lagen die Toten, so wie der Feuersturm sie hingeschleudert hatte. Entkleidet durch den Luftdruck, zum Teil auseinandergerissen, furchtbar anzusehen. Auch auf der Fürstenstraße lagen die Toten. Und die Menschen gingen schaudernd vorbei. Aus den Fensterhöhlen der ausgebrannten Villen auf der Stübelallee schauen Affen heraus, Affen aus dem Zoo. Und immer wieder Menschen, die über die rauchenden Trümmerberge kriechen und graben und schaufeln. Die nach ihren Angehörigen suchen.«

Muttis Arbeitskollege, Herr Altmann, hatte sich auch mit seinem Fahrrad zum Betrieb durchgekämpft. Von Klotzsche aus. Herr Altmann hat jetzt einen kleinen Jungen. Eigentlich ist er viel zu alt für einen kleinen Jungen. Es ist auch nicht sein richtiger. Ein Soldat hat den Jungen bei Herrn und Frau Altmann abgegeben. Das kam so: Unsere Stadt brannte noch. In der brennenden Stadt lief ein Soldat um-

her. Er hatte einen Tag Urlaub bekommen, um seine Frau zu suchen. Die Frau wohnte in der Innenstadt. Mit Mühe fand der Soldat das Haus wieder, wo sie gewohnt hatten. Denn es stand ja nicht mehr. Mit den Händen räumte der Soldat die Steinbrocken vom Kellereingang fort. Dann stieg er in den Keller. Dort sah er: alle im Luftschutzkeller waren tot. Auch seine Frau. Der Soldat konnte den Menschen nicht mehr helfen. Er wollte schon wieder gehen. Da sah er eine Kinderhand. Sie bewegte sich. Der Soldat hob das Kind hoch. Es war ein Junge. Und er war lebendig. Er schlief. Der Soldat kannte den Jungen nicht. Er gehörte niemandem im Haus. Vielleicht war er zu Besuch gewesen. Wer weiß. Der Junge wachte auf. Er legte seine Arme um den Hals des Soldaten und sagte: »Papa!«

Der Soldat nahm den Jungen mit. Er lief aus der bren-

nenden Stadt. Lief so weit, bis er Häuser und Menschen fand. Er mußte sich beeilen, denn er hatte nur bis zum Morgen Urlaub. Bis dahin mußte er das Kind abgegeben haben. Aber wo? Und mitten in der Nacht? Er klopfte an viele Türen. Niemand öffnete. Es dämmerte schon, als der Soldat an das Haus kam, in dem Herr und Frau Altmann wohnen. Der Soldat klopfte und rief. Herr Altmann öffnete die Tür und nahm dem Soldaten den schlafenden Jungen ab. Frau Altmann schmierte eine Stulle für den Soldaten. Der sagte: »Ich weiß nichts über das Kind. Wenn der Krieg zu Ende ist und ich lebe noch, dann komme ich und hole mir den Jungen! Ich habe niemanden mehr.«

Von diesem Tag an muß Mutti wieder zur Arbeit gehen. Im Kühlhaus hat es nur einen Dachstuhlbrand gegeben, der gelöscht werden konnte. Und das Verwaltungsgebäude hat eine Sprengbombe getroffen. Muttis Büro ist jetzt im Keller.

Wenn Mutti früh mit dem Fahrrad zur Arbeit fährt, renne ich immer ein Stückchen mit. Manche Leute lachen über

Muttis Rad. Es hat viele Verbände. Morgens sehen sie noch ganz gut aus. Aber kommt Mutti abends nach Hause, hängen sie in Fetzen herum. Trotzdem ist es ein liebes Fahrrad, denn jeden Abend bringt es Mutti wieder nach Hause.

5.

FRÜHLING IN DRESDEN

LUFTSCHUTZAUSRÜSTUNGEN
März 1945

OSTERWASSER HOLEN
April 1945

EIN TAGESANGRIFF AUF DRESDEN UND HITLERS GEBURTSTAG
17. und 20. April 1945

RUSSEN ODER AMERIKANER?
Immer noch April 1945

LUFTSCHUTZAUSRÜSTUNGEN
März 1945

Jetzt ist es März und schon richtig warm. Christa-Maria und ich sitzen jeden Tag auf Fußbänken vorm Haus. Christa-Marias Puppe Hans und mein Bär Fiffi sitzen auf Puppenstühlen neben uns in der Sonne. Wir haben viel Zeit. Wir gehen immer noch nicht zur Schule. In der Innenstadt sind alle Schulen kaputt. Und in den Schulen der Vororte wohnen die Ausgebombten.

Aus Wollresten haben wir Pullover für unsere Puppen und Bären gestrickt. Jetzt nähen wir Luftschutzausrüstungen. Christa-Maria für Hans, ich für Fiffi.

Vielleicht bringt der Frühling den Frieden, vielleicht. Großmama hat geträumt: Wenn die Birken vorm Haus grüne Blätter haben, wird Frieden sein! Das wäre herrlich! Dann dürften wir unsere Puppenwagen aus den Kellern holen und in den Straßen spazierenfahren! Bis in den Waldpark vielleicht oder nach Schloß Pillnitz! Noch lieber würde ich den Peter ausfahren, der bei Frau Fuchs wohnt. Peter kennt mich schon, obwohl er erst am 12. Februar geboren ist. Er blinzelt, wenn ich in seinen Wagen schaue.

Frau Krause aus Christa-Marias Haus hat auch wieder ein Mädchen. Ihr richtiges, die kleine Ingrid, ist im Winter an Ernährungsstörung gestorben. Frau Krause ist nach dem Bombenangriff in ein Heim gegangen und hat sich eine neue Ingrid geholt. Die ist ein bißchen größer als ihr richtiges Mädchen, aber sie hat genau so helle Locken. Viele Leute aus unserer Siedlung haben sich Kinder aus den Heimen geholt, in denen Kinder gesammelt wurden, Kinder, deren Eltern und Verwandten beim Bombenangriff gestorben sind.

Frau Martin hat jetzt eine Heidi, und Frau Lorenzen hat eine Heidi. Und Frau Dietrich hat sogar gleich zwei Jungen bekommen! Sicher, weil sie eine so große Wohnung hat.

Muttis Arbeitskollege, Herr Altmann und seine Frau, haben den kleinen Jungen auch noch. Abwechselnd mit einer jungen Frau, die bei Altmanns im Haus wohnt. Der kleine Junge sagt Mutti zu der jungen Frau und zu Frau Altmann Oma und zu Herrn Altmann Opa. Sie haben dem Jungen den Namen Andreas gegeben und einen Geburtstag. Sie denken, daß er jetzt ungefähr zwei Jahre alt ist.

Am 2. März ist wieder ein Angriff auf Dresden. Dabei wird Mutti-Elisabeths Betrieb, das Kühlhaus, eines der Bombenziele. Zwei Volltreffer bekommt der Betrieb ab. Die Schmalzböden brennen lichterloh, wie Mutti sagt. Lichterloh, das ist ein besonders großes Feuer. Fast eine Woche löschen Feuerwehren bei Tag und bei Nacht. So kann das Feuer auf den Schmalzboden eingegrenzt werden und fackelt nicht hinüber zu den Fleischböden. Ein Kühlhaus ist nämlich ein Haus, in dem Lebensmittel wie Fleisch und Fett oder Butter eingelagert werden. In Kühle oder besser in Kälte. So lange, bis man sie braucht, die Lebensmittel. Manchmal gehen sie auch beim Einlagern kaputt. Wie Eier. Die bringt Mutti dann als schwabblige Masse mit nach Hause. Schmeckt aber wie richtiges Rührei, wenn man die Schwabbelei brät! Auch Käse geht manchmal kaputt. Durch Maden. Den Madenkäse kochen wir dann mit den Maden. Ist der Käse wieder kalt und fest geworden, sind die Maden tot und sehen wie ausgefranste weiße Wollmuzel im grünlichen Pudding aus. Schmeckt auch gut, der Käse.

Wenn der Butterprüfer aus Hamburg ins Dresdner Kühlhaus kommt, schenkt er Mutti manchmal die winzigen runden Butterproben. Das ist vielleicht eine Butter! Dänische, glaube ich. Er schreibt Mutti auch manchmal aus Hamburg, der Butterprüfer. Er hat uns nach Hamburg eingeladen, Mutti und mich. Für nach dem Krieg. Jetzt sprechen die Leute immer öfter von der Zeit nach dem Krieg.

Nach diesem Bombenangriff am 2. März kommen wieder Flüchtlinge die Königsallee entlang gelaufen. Mit Wagen und Betten drauf und Großmamas in Kinderwagen. Aus der Neustadt kommen sie. Mutti erzählt unserer Großmama manchmal von den Toten des Bombenangriffs: Wochenlang habe man sie aus den Kellern herausgeholt und auf die Straßen gelegt. Von da habe man sie abgeholt mit Lastwagen und zu Massengräbern auf dem Heidefriedhof gefahren. Weil man so viele einzeln gar nicht beerdigen kann. Auf dem Dresdner Altmarkt habe man sie zu riesigen Haufen aufgestapelt und gleich dort verbrannt.

»Sogar Hitlerjungen mußten helfen, die toten Menschen zu Haufen aufzuschichten«, flüstert Mutti, damit ich es nicht hören soll.

Ja, 250.000 Tote soll es in Dresden gegeben haben! Weil nicht nur die Einwohner getötet worden sind, sondern auch viele Flüchtlinge und Soldaten, die auf dem Bahnhof in Zügen waren.

Ich würde das Großmama nicht erzählen, wenn ich Mutti-Elisabeth wäre. Großmama kann dann bestimmt wieder nicht schlafen. Dann geht es ihr wie ihrem gestorbenen Mann Fritz. Der vielleicht an den Bildern gestorben ist, die er gesehen hat im Krieg. Im ersten Weltkrieg. Jetzt haben wir den zweiten. Bei Großpapa Fritz waren das aber keine von jemandem erzählte oder gemalte Bilder, nein. Das waren richtige lebendige Bilder, die er sah im ersten Weltkrieg. In dem er Soldat werden mußte und eigentlich nicht Soldat werden wollte.

Zur Luftschutzausrüstung gehören Rucksäcke, und deshalb

nähen Christa-Maria und ich Puppenrucksäcke. In so einen Rucksack kann man die wichtigste Kleidung hineinpacken: Hemd, Hose, Strümpfe. Als der Rucksack fertig ist, nähen wir Umhängetaschen. Fiffi bekommt zwei. In eine stecke ich seine Papiere: Geburtsurkunde, Einwohnerschein, Lebensmittelkarte, Kleiderkarte und den Taufschein. Auf diese Tasche sticke ich den Namen: Fiffi. Und in die Tasche hinein kommt noch eine kleine Geldtasche, so groß eben, daß zwei Pfennige hineinpassen und ein umhäkeltes Puppentaschentuch. In die andere Umhängetasche muß Fiffis Mundtuch und seine Schutzbrille. Die Schutzbrille habe ich aus Lederresten von Muttis altem Kalender genäht. Die Brillengläser sind aus Zellophan. Beim Annähen ans Leder habe ich mir die Finger zerstochen. Die Nadel ging nicht ins Zellophan, sondern rückwärts in meinen Finger hinein.

Zuletzt bekommt Fiffi noch eine Erkennungsmarke um den Hals. Die ist auch aus Zellophan. Mit Tintenstift male ich die Nummer 24 darauf. Weil Fiffi am 24. Dezember Geburtstag hat. Das ist Fiffis Glückszahl.

Fiffi und Hans sind jetzt vorschriftsmäßig gegen Luftangriffe ausgerüstet. Ich habe für Fiffi noch eine Luftschutzmütze mit eingearbeiteten Ohren gehäkelt. Das mit den Ohren war gar nicht so einfach! Christa-Maria dachte zuerst, es wird ein Pullover, und die Ohren würden die Ärmel.

Als ich Fiffi an diesem Tag zum ersten Mal so vorschriftsmäßig ausgerüstet mit in den Luftschutzkeller bringe, müssen alle laut lachen. Sie sagen, Fiffi sähe sehr komisch aus. Dabei müßten sie sich einmal sehen, wenn sie die Gasmasken aufhaben! Nicht bloß komisch! Gruslig!

Gestern, als Christa-Maria und ich vorm Haus saßen und nähten, brummte plötzlich ein Flugzeug heran. Wir flüchteten mit Hans und Fiffi in Christa-Marias Haus. Wer weiß denn, was so ein Flugzeug vorhat! Vielleicht will es mit Bordwaffen nach uns schießen wie nach den Flüchtlingen im Großen Garten! Als das Flugzeug fortgeflogen war, flatterten weiße Zettel vom Himmel. Wir haschten nach ihnen. Aber ehe wir sie lesen konnten, haben uns die Erwachsenen die Zettel weggenommen. Solche Zettel, die vom Himmel fallen, heißen Flugblätter. Und man darf sie nicht lesen, das ist verboten. Auch dafür kann man ins Zuchthaus kommen.

Die Erwachsenen verschwanden mit den Flugblättern ins Haus. Sie lasen die Zettel trotzdem. Konnten sie auch, denn wir paßten auf, ob jemand herankam. Dafür sagten sie uns leise, was auf den Flugblättern geschrieben stand. Ungefähr so: Bald würde Frieden sein, bald. Und niemand sollte gegen die Russen kämpfen, wenn sie zu uns kämen. Sie wären nicht unsere Feinde, sondern unsere Freunde. Komischer Quatsch! Die Russen unsere Freunde? Die Bolschewisten, die Frauen und Kinder und alte Leute umbringen! Die meinen Onkel Gert irgendwo versteckt oder gefangen oder sogar getötet haben! Totsicher ein Gerücht!

OSTERWASSER HOLEN
April 1945

Unsere Jungmädchenführerin, die wie ein Junge aussieht und die alle Seppel nennen, Christa-Maria und ich und noch einige andere Jungmädchen haben uns vorgenommen, am ersten Osterfeiertag Osterwasser zu holen. Das ist etwas ganz Schwieriges. Man darf vom Aufstehen an und auf dem Weg zum Osterwasser kein einziges Wort miteinander sprechen! Sonst wird aus dem Osterwasser Plapperwasser. Ist man dann, ohne ein einziges Wort zu sagen, am Wasser angekommen, wäscht man sich das Gesicht damit. Und danach wird man schön.

Wir wollen alle schön werden, Christa-Maria, Rosemarie, Brigitte und Ruth und ich. Früh zeitig muß man losgehen, denn wenn die Sonne aufgeht, muß man schon beim Osterwasser angekommen sein.

Wir wollen das Osterwasser im Lockwitztal holen. Mutti weckt mich um vier Uhr. Da ist noch beinahe Nacht. Ich bin ganz schläfrig und knurre vor mich hin.

Mutti warnt mich gleich: »Nicht sprechen, heute morgen!«

Ich unterhalte mich mit Mutti nur schriftlich.

Kurz nach halb fünf klingelt es. Unten stehen Christa-Maria und Ruth und Brigitte. Ob ich fertig wäre, ruft Christa-Maria hoch.

O Gott! Nun ist es bei Christa-Maria schon Plapperwasser geworden! Aber Christa-Maria ist sowieso die Hübschste von uns. Sie hat weiches, ein bißchen gelocktes Haar und große blaue Augen. Sie braucht eigentlich nicht noch schöner zu werden. Wir anderen schon.

Mutti bringt uns bis zum Niedersedlitzer Bahnhof, weil es noch ziemlich dunkel ist. Auf dem Weg zum Bahnhof haben wir viel Spaß, denn wir müssen uns in der Zeichensprache unterhalten. Und wir verstehen uns meistens falsch.

Wir sind die ersten am Treffpunkt. Es dauert aber nicht lange, da kommen Seppel und die lange, strenge Isolde, auch eine Führerin von uns, die wir nicht so mögen wie Seppel. Sie bringen noch andere Jungmädchen mit. Wir begrüßten uns ohne Worte, aber mit viel, viel Kichern und Lachen.

Der Fahrer von der Lockwitztalbahn ruft: »Wollt ihr mitfahren?«

Keiner antwortet.

Er fragt noch einmal und energischer: »Ob ihr mitfahren wollt?«

Wieder keine Antwort.

Da sagt Mutti: »Neinnein, sie warten noch auf andere Mädchen!«

Wir fahren mit der nächsten Bahn. Nachdem wir im Lockwitztal ausgestiegen sind, laufen wir vielleicht so eine Stunde. Und bei uns allen ist eigentlich das Osterwasser schon zum Plapperwasser geworden. Doch wir gehen trotzdem bis zu der Stelle vom Lockwitzbach, wo wir gut an das Wasser herankönnen. Und wir waschen uns trotzdem und lachen und erzählen nun. Herrlich das kalte Wasser im Gesicht und an den Händen!

Danach kraxeln wir durch den Wald nach oben zur Burgstädteler Linde. Unterwegs pflücken wir Gänseblümchen und legen sie in nasse Taschentücher. Gegen zehn Uhr am Vormittag sind wir wieder zu Hause.

Mir hat diese Frühlingswanderung durchs Lockwitztal mit seinen Himmelschlüsselwiesen so gut gefallen, daß ich Mutti und Großmama bettle, am Nachmittag noch einmal mit zur Burgstädteler Linde zu gehen. Großmama will nicht mitkommen. Wegen der Alarme. Und damit wenigstens einer zu Hause ist und bei einem Bombenangriff etwas retten kann.

Wir fahren hinzu mit der Lockwitztalbahn. Und zurück laufen wir über Klein-Borthen. Am schönsten ist, daß mich Mutti noch einen Strauß Gänseblumen pflücken läßt, für Großmama.

Früher sind wir zu Ostern immer nach Nickern zu Onkel Franz gegangen. Aber nach Nickern haben sich Mutti und Großmama und ich zusammen noch nicht wieder gewagt seit dem großen Bombenangriff. Mutti fährt nur manchmal mit dem Rad nach Nickern, oder Onkel Franz kommt mit Rad und mit Günter oder Hans-Martin. Die Nickerner Jungen haben Fahrräder. Ich nicht. Ich habe nur einen Gutschein für nach dem Krieg. Wenn es wieder Fahrräder zu kaufen gibt. So kann ich nie mit nach Nickern.

Ich habe Mutti gebettelt, daß sie mich auf ihrem Gepäckträger sitzen läßt, wie im vorigen Sommer. Da sind wir mit dem Fahrrad zur Heide gefahren, und ich saß auf Muttis Gepäckträger! Das war so herrlich, daß ich die ganze Zeit singen mußte! Und rückzu sind wir die steile Schillerstraße hinuntergerast! Das war gruslig-schön! Mutti wollte eigentlich anhalten, damit wir absteigen können. Aber das Rad ging nicht anzuhalten. Als wir zu Hause Großmama davon erzählten, hat sie mächtig mit Mutti geschimpft. Jetzt kann Muttis verwundetes Fahrrad mich nicht mehr abhalten.

Am zweiten Osterfeiertag unternehmen Mutti, Großmama und ich einen Morgenbummel zu den Hochmuth-Wiesen. Die sind nicht weit von uns entfernt, nur eine Viertelstunde zu laufen. Überall fangen die Blütenknospen an aufzubrechen, an den Sträuchern der Schrebergärten und auch an den Obstbäumen. Bienen summen um die duftenden Blüten herum. An der Kiesgrube entdeckt Großmama plötzlich Huflattichblüten. Als wir näherkommen, sehen wir: Alles leuchtet gelb um uns wie tausend kleine Sonnen!

Wir sammeln eine große Tüte voll Huflattichblüten. Wenn wir sie trocknen, gibt das guten Hustentee.

Am Nachmittag gehe ich mit Mutti zum Tolkewitzer Friedhof. Wir gießen die Blumen auf Großpapas Grab. Schade, daß Großpapa Fritz mich nicht kennengelernt hat! Ein Vierteljahr vor meinem Geburtstag ist er gestorben. Er hat nicht einmal gewußt, daß ich kommen werde. Mutti hatte ihren Eltern nichts davon gesagt. Und weil sie erst in Schlesien als Fürsorgerin gearbeitet hat und später in Berlin arbeitslos war, haben sie auch nichts gemerkt. Als ich dann sechs Wochen alt war, ist sie einfach mit mir im Kinderwagen von Berlin nach Dresden gekommen. Zu Großmama, die immer noch um ihren Mann Fritz geweint hat. Nun hatte Großmama nicht mehr so viel Zeit, um ihren Fritz zu weinen, denn sie mußte mich ausfahren. In einem Waldpark. Aber in einem anderen Waldpark als dem, der nicht weit von uns entfernt in Kleinzschachwitz liegt. In den ich so gern mit Großmama spielen gegangen bin. In den sie sich auch nicht mehr wagt. Zu weit, wenn Alarm kommt, erklärt sie immer, wenn ich zu betteln anfange.

Bei den Abfällen auf dem Friedhof finde ich zwei Tulpenzwiebeln. Über sie freue ich mich sehr. Großmama wird sie in Blumentöpfe pflanzen.

EIN TAGESANGRIFF AUF DRESDEN UND HITLERS GEBURTSTAG
17. und 20. April 1945

Am 17. April erleben wir einen schlimmen Tagesangriff auf Dresden. Zitternd sitzen wir wieder im Luftschutzkeller, und um uns kracht und dröhnt und bebt es. Ganz in der Nähe sausen die Bomben herunter. Ein fürchterliches Geräusch, wenn so eine Bombe herabpfeift und zischt und dann einschlägt. Schrecklich, einfach schrecklich!

Als Mutti viel später als sonst aus der Stadt nach Hause kommt, wird ihr auch Angst, denn sie sieht in unserer Richtung Brandwolken aufsteigen. Heilfroh ist sie, daß wir alle leben und unser Haus noch steht. Am Abend erzählt Helmut, daß es in Kleinzschachwitz einige Villen getroffen hat und unsere schönen Elbwiesen. Die wären voll rauchender

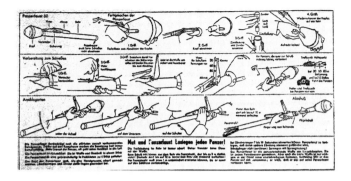

Bombentrichter. Auch ein weißer Raddampfer, der ganz nahe am Ufer lag, wäre ausgebrannt.

Am 20. April ist Hitlers Geburtstag. Eigentlich sollten wir heute erst als Jungmädchen aufgenommen werden, wir wurden aber schon im November 1944 aufgenommen. Wir haben nur eine kurze Dienststunde. Isolde, unsere Jungmädchenführerin, erzählt vom Führer. Daß er uns braucht, uns Jungmädchen, für den Endsieg. Komisches Wort, Endsieg. Da müßten doch vorher lauter Siege gewesen sein!

Wenn alle Jungmädchen und Hitlerjungen Adolf Hitler helfen, die bösen Feinde zu besiegen, dann kommt es zu einer entscheidenden Wende des Krieges, sagt Isolde. Und zum Endsieg über die bösen Feinde. Die Russen vor allem. Die Bolschewisten. Die sowjetische Mordsoldateska.

Wörter gibt es! Die Mordsoldateska, die an deutschen Frauen und Kindern Greueltaten vollbracht haben und weiter vollbringen werden, wenn wir sie nicht töten. Die Russen. Die wahrscheinlich vor den Amerikanern bei uns in Dresden sein werden. Und deshalb sollen wir uns in den nächsten Tagen hier etwas abholen, was sonst eigentlich nur Soldaten bekommen. Panzerfäuste. Richtige Panzerfäuste! Mit denen sollen wir Russenpanzer zersprengen und so viele Russen wie möglich töten. Uns kommt das lächerlich vor, wirklich: wir kleinen Mädchen und Panzerfäuste? Wir müssen heimlich lachen, als Isolde und eine andere Führerin das mit ernsten Gesichtern sagen. Seppel kommt auch das Lachen an.

Christa-Maria und ich beschließen, zu Hause nichts zu sagen von den Panzerfäusten. Und uns die Dinger einfach nicht zu holen.

RUSSEN ODER AMERIKANER?
Immer noch April 1945

In unserer Küche hängt an der Wand eine Landkarte von Europa. Viele Städte auf dieser Karte haben einen roten Punkt. Die Städte liegen weit, sehr weit fort von Deutschland. Zum Beispiel in Rußland, Frankreich, Italien, Dänemark und Norwegen. Dort überall waren die deutschen Soldaten. Als wir noch Schule hatten, sagten unsere Lehrer: Wir sollten von einem roten Punkt zum anderen roten Punkt eine Linie ziehen. Die Lehrer sagten: »Das ist die neue Grenze Deutschlands!« Sie liegt an der rechten Seite der Landkarte ungefähr bei Moskau in Rußland. Und auf der linken Seite noch weiter links als Paris in Frankreich.

Jetzt habe ich viele rote Punkte schwarz übermalt. Ist doch auch Quatsch! Die deutschen Soldaten sind gar nicht mehr dort! Sie sind wieder zu Hause in Deutschland! Ich glaube, sie werden den Krieg wohl doch nicht gewinnen. Aus dem Osten, also von der rechten Seite, kommen die Russen anmarschiert. Und aus dem Westen, von der linken Seite, die Amerikaner, Engländer und Franzosen.

Bei uns rätseln die Menschen jetzt: werden die Amerikaner zuerst in Dresden sein oder die Russen? Die Stadt Dresden bereitet sich auf die Verteidigung vor. Panzersperren werden angelegt, Gräben gegraben. Mutti sagt, der ganze Große Garten sei schon umgewühlt.

Viele wünschen sich, daß die Amerikaner zuerst bei uns sein werden. Vor den Russen haben sie gräßliche Angst. In den Zeitungen stehen ja auch fürchterliche Sachen über diese Bolschewisten! Die bringen alle Nichtbolschewisten um!

Ich bin ein Nichtbolschewist. Wenn die mich umbringen, weiß ich gar nicht, wie richtiger Frieden ist. Sie sind schon ganz nahe, die Bolschewisten. Helmut hat das gesagt. Herr Sommer und Helmut hören manchmal nachts Radio. Feindsender. Obwohl es verboten ist. Obwohl Herr Sommer und Helmut deswegen ins Zuchthaus kommen können. Ich habe Helmut versprochen, daß ich niemandem etwas weitersage, was er mir erzählt. Ich glaube, Helmut hat keine Angst vor den Russen. Vielleicht stimmt nicht, was in der Zeitung steht? Vielleicht sind gar nicht alle Russen Bolschewisten? Wie die, die so schön gesungen haben! Das können doch nie Bolschewisten gewesen sein! Schade, daß ich Helmut nicht so etwas fragen darf. Ist schon klar: Weitersagen und Fragen verboten.

Aber ich verstehe nicht, warum sich die Leute wünschen, daß die Amerikaner zuerst bei uns sein sollen und nicht die Russen! Die Engländer und Amerikaner haben doch unsere Stadt zerbombt und nicht die Russen! Und trotzdem wollen die Leute die Amerikaner? Vielleicht wegen der Schokolade, die Amerikaner verschenken sollen? Kann aber alles ein Gerücht sein, das mit der Schokolade. Russen haben wahrscheinlich keine Schokolade zum Verschenken. Ich würde von beiden keine Schokolade nehmen. Feindschokolade! Nie!

Einmal, als Großmama wieder so ängstlich von den Russen spricht, will ich sie trösten und sage: »Mir ist es eigentlich gleich, ob die Amerikaner zuerst kommen oder die Russen! Die Russen können uns doch nicht alle schlachten!«

»Rede nicht über etwas, wovon du nichts verstehst!« braust Großmama auf. »Kinder dürfen überhaupt noch keine Meinung haben! Das hätte ich mir einmal erlauben sollen, einfach zu sagen, was ich denke!«

»Aber Großmama«, widerspreche ich, »war das denn schön, daß du nicht sagen durftest, was du gedacht hast? Und außerdem: ich finde das komisch: einmal sind wir groß. Da sollen wir sogar Panzerfäuste bekommen und den Krieg gewinnen! Und dann sind wir wieder klein! Gerade so, wie ihr uns braucht!«

»Du naseweises Ding!« schimpft Großmama los. »Du wirst schon sehen, wo du uns alle hinbringst mit deinen dummen Gedanken! Dann hast du keine Mutti und keine Großmama mehr und kommst in die Erziehungsanstalt!«

Brrrr, Erziehungsanstalt! Dahin will ich nicht. Und Mutti und Großmama will ich auch behalten. Großmama ist nach Mutti und Christa-Maria meine beste Freundin. Sie hat immer Zeit für mich und macht gern Spaß. Nur wenn mein Kopf laut zu denken beginnt, wird sie böse. Was kann ich denn dafür, daß ich so neugierig bin? Wer weiß, von welcher Stammutter ich das geerbt habe! Gut, daß es Fiffi gibt. Dem kann ich alles erzählen. Doch auch Fiffi sieht mich jetzt immer so sorgenvoll an, seit ich Muttis Haarschneidemaschine auf seiner Stirn ausprobiert habe.

»Was hast du da gesagt, von Panzerfäusten?« fragt Großmama plötzlich.

Ich erschrecke. »Von welchen Panzerfäusten?« frage ich. Großmama darf nicht noch mehr Angst bekommen. Dann schläft sie noch weniger in der Nacht.

»Ach so, die Hitlerjungen bekommen jetzt Panzerfäuste«,

 erkläre ich. Mir klopft das Herz, wie immer, wenn ich schwindle.

Großmama seufzt. »Nun holt er noch die Schuljungen«, meint sie. »Sei froh, daß du ein Mädchen bist!«

Wenn Großmama wüßte! Ja, Adolf Hitlers Soldaten sind wahrscheinlich alle geworden in dem langen Krieg. Jetzt braucht er uns, die Schulkinder. Und die alten Männer, die schon im ersten Weltkrieg waren. Wir sollen den Krieg gewinnen. Den Krieg gewinnen? Die Erwachsenen glauben ja selbst nicht mehr daran! Auch wenn sie es nicht so direkt sagen. Und dann meine Landkarte von Europa! Das sieht doch jeder Dumme: Deutschland ist nur noch ein Strich zwischen Dresden und Berlin!

»Hoffentlich muß der Franz nicht auch noch in den Krieg!« sagt Großmama. Onkel Franz ist ja Großmamas Sohn. Er arbeitet in Schwabach, einem anderen Ort, für eine Firma. Dort ist er unabkömmlich, das hat die Firma bestimmt. So mußte Onkel Franz bisher nicht in den Krieg. Großmama hat ja schon ihren kleinen Sohn Willi verloren. Sie will nicht noch ihren Sohn Franz verlieren.

6.

DAS ENDE DES ZWEITEN WELTKRIEGES

VOM TOD ADOLF HITLERS
Ende April und Anfang Mai 1945

DER RÄUMUNGSBEFEHL
7. Mai 1945

DIE RUSSEN KOMMEN
8. Mai 1945

VOM TOD ADOLF HITLERS
Ende April und Anfang Mai 1945

Seit der Strom wieder da ist, hören die Leute viel Radio. Wir nicht, denn wir haben keins. Ich gehe aber oft zu Sommers, Radio hören. Unsere Sender, keine anderen. Und wenn ich nicht mithören kann, schickt Herr Sommer Helmut oder Lotti zu uns hoch. Die erzählen dann, was beschlossen worden ist. Es ist wichtig, daß man alles weiß, was beschlossen wird. Damit man alles richtig machen kann und nicht bestraft wird.

Im Radio wird gesagt, Dresden soll sich auf die Verteidigung vorbereiten. Gauleiter Mutschmann, der Hitlers Statthalter für Sachsen ist, hat Dresden zur Festung erklärt. Festung: das bedeutet, es wird in Dresden gekämpft. Als ob Dresden nicht schon genug kaputt wäre! Davon, daß wir den Krieg gewinnen werden, hat Mutschmann nichts gesagt. Er ruft uns alle auf zum Widerstand gegen die Feinde Deutschlands. Wer diesem Befehl nicht gehorcht, wird aufgehängt oder erschossen. Mutschmann sagt, er mußte schon über zweihundert Leute erschießen lassen. Auf dem Heidefriedhof hat er sie erschießen lassen. Wahrscheinlich, damit er es nicht so weit zum Begraben hatte.

Den alten Männern und den Hitlerjungen befiehlt Mutschmann, als Soldaten im »Volkssturm« anzutreten. Die Soldatenorganisation für uns Kinder heißt »Werwolf«. Wir sollen alle Werwölfe werden, und wir sollen dem Beispiel unseres Führers, Adolf Hitler, folgen, bis zuletzt gegen die Feinde kämpfen, und dann den Heldentod sterben. Ja, Adolf Hitler, unser Führer ist tot! Das wurde im Radio gesagt. Und es wurde befohlen, Halbmast zu flaggen. Aber nur wenige Leute hängen Fahnen aus ihren Fenstern.

Dem Beispiel unseres Führers folgen und sterben? Jetzt schon sterben? Dabei sind alle Straßen so hell, und Blumen blühen in den Vorgärten! Muß ich Abschied nehmen von allem? Für immer? Ich möchte nicht sterben! Niemand soll sterben, den ich lieb habe! Ich will diesen blöden Krieg nicht!

Ich gehe zu Großmama in die Küche. »Großmama, ist der Krieg bald aus?«

»Wir hoffen es alle«, meint sie. »Aber du kommst mir gerade recht! Wir wollen noch etwas Wasser und Mittagessen einkochen! Holst du mir die Gläser aus dem Keller hoch?«

Ich koche mit Großmama Wasser und Kartoffelstückchen ein. Wenn in unserer Stadt gekämpft wird, können wir nicht mehr in unsere Wohnungen. Dann müssen wir in den Kellern wohnen. Und in den Kellern kann man nicht kochen.

Nachmittags kommt Muttis komische Freundin, Tante Gertraude, aus Niedersedlitz zu uns. Großmama läßt sie wieder nicht in die Wohnung. Aber die komische Tante will von Mutti etwas wissen. Mutti ist noch auf Arbeit. Tante Gertraude geht vor unserer Haustür auf und ab. Großmama, die hinter den Gardinen nach ihr schaut, sieht noch ängstlicher aus als sonst. Daß sie diese Freundin von Mutti nicht leiden kann, weiß ich. Warum, weiß ich nicht. Vielleicht, weil Tante Gertraude so schmutzige Sachen trägt und deshalb nicht gut riecht. Vielleicht auch, weil sie immer so mit den Füßen auf dem Küchenlinoleum scharrt, wenn Mutti sie hereingelassen hat. Großmama mußte immer hinterher dort bohnern. Tante Gertraude ist viel älter als Mutti. Sie kennen sich von einem Lehrgang oder Studium in der Heimvolkshochschule Schloß Tinz. Tante Gertraude wollte damals Fürsorgerin werden wie Mutti. Aber sie ist nie Fürsorgerin geworden, sondern Putzmacherin in einer Hutfabrik. Sie hat keinen Mann und kein Kind. Ihr Bräutigam ist im ersten

Weltkrieg getötet worden. Vielleicht hat sie sich nie davon erholt, wie Großmama vom Tod des kleinen Willi.

Mutti, als sie kommt, spricht kurz mit ihrer Freundin. Die geht dann davon. Mutti sagt, Tante Gertraude habe wissen wollen, ob wir in Dresden bleiben sollen oder evakuiert werden. Sie hat auch kein Radio.

»Warum fragt sie nicht die Leute in ihrem Haus?« wundere ich mich.

»Sie spricht mit den Leuten nicht«, meint Mutti.

»Und warum nicht?« frage ich.

»Frag nicht so viel!« meint Mutti und gibt mir einen Klaps auf den Po. Na klar, jetzt bin ich mal wieder klein! Doch als ich mit Mutti nach dem Abendbrot unser Küchensofa hinunter in den Keller tragen soll, da bin ich groß! Nachmittags habe ich schon die Kellerwände abgebürstet und den Keller gekehrt.

Auch die anderen Hausbewohner räumen Möbel in ihre Keller.

Wir rücken unsere Chaiselonge, wie Mutti das Sofa manchmal nennt, an eine Wand. Daneben kommen Tisch und zwei Stühle. Dann bugsieren Mutti und Großmama und ich den kleinen Küchenschrank hinunter. Ich schleppe Teller, Tassen und Bestecks. Zuletzt nehme ich aus der großen Holzwaschwanne meine Puppe Reni heraus und setze sie auf die Chaiselonge. Richtig gemütlich ist es jetzt im Keller! Hier kann man schon ein paar Wochen wohnen!

Ganz nahe dröhnt der Geschützdonner. Mutti erzählt, in der Stadt werden immer mehr Panzersperren gebaut. Komisch, bei uns im Vorort baut niemand Panzersperren oder Laufgräben. Wir wälzen nur noch einige Sandsäcke vor unsere Kellerfenster. Wir hoffen alle, daß der Krieg zu Ende ist, ehe die Feinde Dresden erreichen. Ist er nämlich eher zu Ende, dann würde in Dresden nicht gekämpft. Dann brauchten wir auch nicht in den Kellern zu wohnen. Herrlich wäre das!

Mutti nimmt mich beiseite. Aha: Muttis großes Kind soll morgen, während Mutti auf Arbeit ist, ein bißchen aufpassen. Ob vielleicht jemand zu uns kommt, der bei uns vielleicht, wirklich nur vielleicht, das Kriegsende abwarten will. Von Mutti hat er sich schon verabschiedet. Bis nach dem Krieg. Nun will er mit einem Freund sprechen, einem Arzt aus Dresden. Der Arzt möchte vor den Russen fliehen, dahin, wo die Amerikaner sind. Er hat vor den Russen Angst, sehr große Angst. Und vielleicht wird der, von dem Mutti jetzt spricht und der sich schon von ihr verabschiedet hat, mit dem Arzt in dessen Auto zu den Amerikanern fahren. Vor denen beide keine Angst haben. Obwohl die ja auch Feinde sind. Mutti hat versucht, ihn zu überreden, daß er nicht vor den Russen flieht. Nun weiß sie nicht, was er tun wird: zu uns kommen oder mit dem Freund fliehen.

Klar, Muttis großes Kind versteht: Es wird sich auf die Steinmauer vorm Haus setzen und warten. Nicht mit Großmama einkaufen gehen und Großmama nichts davon sagen, was Mutti eben erzählt hat. Damit Großmama nicht noch mehr Angst bekommt. Und das große Kind wird auch nicht die kleine Papprolle untersuchen wollen, die Mutti von ihm bekommen hat, und die sie im Bücherschrank vor Großmama verstecken wird. Kann Mutti sich auf ihr großes Kind verlassen?

Klar, kann sie. »Und was ist in der Papprolle drin?« frage ich.

Ein Klaps auf den Po. Aha: wieder klein.

Am Abend geht auf einmal ein schreckliches Krachen los. Die Hauswände beben. Alarm ist eigentlich nicht. Was dann? Den ganzen Abend und die ganze Nacht donnern die Geschütze. Wir können kaum schlafen. Trotzdem entschließt sich Mutti, morgens zur Arbeit zu gehen.

DER RÄUMUNGSBEFEHL
7. Mai 1945

Kaum ist Mutti mit dem Fahrrad fortgefahren, wird im Radio der Räumungsbefehl für Dresden bekanntgegeben. Alte Leute und Frauen mit Kindern sollen einen Fußmarsch nach Marienberg im Erzgebirge antreten. Bis mittags um zwölf sollen sich alle auf den Weg gemacht haben. Unterwegs stünden dann Busse bereit.

Großmama und ich sind ratlos. Fortgehen, solange Mutti-Elisabeth fort ist? Wie wird Mutti uns wiederfinden? Zum Glück kommt sie schon um elf Uhr nach Hause zurück. Sie bringt die Nachricht mit, daß Dresden zur offenen Stadt erklärt worden sei. Offene Stadt, das bedeutet, es wird nicht gekämpft in Dresden. So hat man es in Muttis Betrieb gesagt. Mutti erzählt, gestern Abend, als so ein schreckliches Krachen war, habe man einige Elbbrücken gesprengt.

Alle Hausbewohner sitzen oder stehen auf der Treppe. Wir überlegen: fortgehen oder bleiben? Fast alle beschließen zu bleiben. Nur Frau Mühle mit dem Baby Heidi auf dem Arm und ihrer Tochter Sonja macht sich auf den Weg. Sie hofft, daß sie mit einem der Busse fahren kann. Frau Mühles andere zwei Töchter, Elvira und Thea, bleiben bei uns. Wir schauen Frau Mühle nach, wie sie mit Heidi und Sonja davon geht. Ob wir sie einmal wiedersehen?

Schon nach zwei Stunden ist Frau Mühle mit den Kindern wieder da. Es waren nur drei Busse am Niedersedlitzer Bahnhof. Die ersten beiden sind den Russen direkt in die Arme gefahren. Der dritte Bus, in dem Frau Mühle saß, kehrte schnell um und fuhr zum Niedersedlitzer Bahnhof zurück.

Gegen Mittag kommt Herr Sommer aus der Wohnung und sagt: ein deutscher Sender hätte gebracht, Dresden sollte geräumt werden. Größere Schulkinder und Erwachsene sollten morgen, also Dienstag früh um sieben vom Niedersedlitzer Bahnhof aus den Fußmarsch nach Marienberg antreten. Komisch. Und die alten Leute und die kleinen Kinder? Die dürfen hier bleiben oder wie? Alle finden, es sei Unsinn, was der Sender da verkündet hat. Der hätte den letzten Beschluß, daß Dresden offene Stadt sei, nicht mitbekommen. Trotzdem hat diese Nachricht alle wieder unruhig gemacht.

Nachmittags stellen sich Mutti und Großmama nach Lebensmitteln an, die überall verkauft werden: Brot, Butter, Mehl, Öl. Ich warte vor der Haustür. Ringsum kracht es, auch ganz nahe. Es klingt wie in Hosterwitz oder Pillnitz. Sind das Bombeneinschläge oder was? Herr Sommer meint, das sei deutsche Munition, die vernichtet werden müsse, wenn Dresden offene Stadt sei. Es hört überhaupt nicht mehr auf zu krachen.

Nach dem Abendbrot gehen Mutti und ich zu Sommers in die Küche und hören ausländische Sender. Das ist zwar immer noch verboten, aber wir hören trotzdem. Sehr leise. Der Sender Prag I hatte am Tag schon gebracht, Deutschland habe bedingungslos kapituliert. Was es für Worte gibt: bedingungslos. Ohne Bedingungen also.

Nun hören wir die Meldung selbst: »Deutschland hat kapituliert!« sagt eine Stimme in sehr komischem Deutsch. »Morgen, am Dienstag, dem 8. Mai 1945, wird Deutschland und die ganze Welt den Frieden feiern!« Feierlich klingt die Stimme in dem komischen Deutsch. Drei Sender sagen das gleiche. Nur einer verkündet, es sei nicht wahr.

Als wir von Sommers fortgehen, ist es beinahe Mitternacht.

Trotzdem treten Sommers und wir noch einmal vor

die Haustür. Immer noch ist rings um uns das Krachen von Explosionen. Der Himmel wird erleuchtet von einem prächtigen Feuerwerk.

»Leuchtmunition«, erklärt mir Mutti, »auch sie wird in die Luft gejagt.«

DIE RUSSEN KOMMEN
8. Mai 1945

Als ich am nächsten Morgen aufwache und zum Fenster hinausschaue, blinken die Birkenstämme vor unserem Haus in der hellen Sonne. Ich gehe zum Schrank: was soll ich heute anziehen? Es ist warm draußen, herrliches Frühlingswetter. Und es wird Frieden sein, heute. Was zieht man im Frieden an?

Ich wähle meine weiße Bluse aus und den bunten Rock, den mir Mutti-Elisabeth aus ihrem Kleid genäht hat. Ich kämme meine Haare vorm Spiegel. In langen Wellen fallen sie über die Bluse. Ob ich sie heute offen tragen darf?

»Nein!« bestimmt Großmama, mit der ich in der Küche frühstücke.

»Aber es ist doch Frieden!« widerspreche ich.

»Papperlapapp! Es ist noch Krieg!« sagt Großmama.

»Ist Mutti zur Arbeit gefahren?« frage ich.

»Nein«, antwortet Großmama. »Sie ist mit Frau Bohne und Frau Sommer und Frau Mühle fort. Zur Malzfabrik. Da werden Lebensmittel verteilt. Ich fürchte, dort wird geplündert«, meint Großmama. »Mutti hätte lieber nicht dahin gehen sollen, aber sie folgt mir ja nicht mehr!«

»Wenn ich Mutti bin, folge ich auch nicht mehr!« sage ich.

»Das kann ja gut werden«, seufzt Großmama.

»Warum hat mich Mutti nicht geweckt und mitgenommen?«

»Kinder müssen nicht überall dabei sein,« sagt Großmama und seufzt wieder. »Wenn Mutti doch schon zurück wäre! Auf Plünderung steht Todesstrafe! Außerdem können die Russen jeden Augenblick hier sein!«

»Darf ich Mutti ein Stückchen entgegengehen?« frage ich.

»Nein!«

Gut, warte ich eben vor der Haustür auf Mutti. Und auf jemanden, der vielleicht bei uns auf das Ende des Krieges warten will, vielleicht. Eigentlich glaube ich nicht mehr daran, daß er kommt. Sicher ist er fortgefahren mit diesem Arzt. Zu den Amerikanern. Schade.

Sommers Helmut ruft, ich solle in die Wohnung kommen. Ich überlege: wenn der Jemand nun doch noch kommt? Großmama wird ihn nicht in die Wohnung lassen, weil sie denkt, er ist ein fremder Mann! Sie kennt ja nur seine Strümpfe! Was mache ich nur?

»Schnell, schnell!« Helmut zieht mich hinter sich her.

In Sommers Wohnung sitzen sie ums Radio herum. Frau und Herr Sommer, Sommers Lotti, der alte Vater Nitsche, der neben ihnen wohnt und keine Zähne mehr hat, und die drei großen Mädchen von Frau Mühle, Thea und Elvira und Sonja und das Baby Heidi.

Leise und sehr fern klingt eine Stimme aus dem Radio. Sie sagt: »Deutschland hat kapituliert! Heute Abend, am achten Mai 1945, werden die Kapitulationsbedingungen unterzeichnet! Mit dem heutigen Tage ist der zweite Weltkrieg zu Ende! Es ist Frieden!«

Frieden! Richtiger Frieden! Alle stehen auf und fallen sich in die Arme. Ich renne die Treppe hoch zu Großmama.

»Großmamachen, es ist Frieden!« schreie ich.

Trotz Großmamas Protest renne ich nun Mutti entgegen. Was kann mir jetzt noch passieren, im Frieden! Ich bin noch nicht weit gerannt, da kommen sie: Mutti und Frau Sommer, Frau Bohne mit Jürgen und Frau Mühle.

»Es ist Frieden!« juble ich los. »Frieden! Frieden!« Ich muß immerzu hüpfen vor Freude.

Die Erwachsenen glauben mir nicht. Die glauben das einfach nicht! Na ja, es kracht ja auch noch überall.

Später sitzen wir alle zusammen vorm Haus auf der Steinmauer, hinter der unsere Hecken wachsen. Es ist Frieden. Es ist Frühling. Die Birken rascheln mit ihren grünen Blättern im Wind. Großmamas Traum ist Wirklichkeit geworden.

Zu einem Fenster im Nebenhaus kommt eine riesige weiße Fahne heraus. Ein Bettuch. Dann erscheinen weiße Kopfkissenbezüge, weiße Handtücher und weiße Taschentücher. Sie sind an die Fahnenstangen gezweckt. Manche Taschentücher haben gehäkelte Spitzen. Das sieht komisch aus. In unserem Haus entscheiden wir uns für große weiße Taschentücher.

Ein vorbeifahrender Radfahrer ruft: »Die Russen sind schon auf der Stübelallee!«

Ein anderer sagt: »Sie sind schon in Strehlen!«

Eine Frau fegt auf dem Rad vorbei und ruft uns zu: »Die Russen sind in der Malzfabrik! Sie haben uns alle rausgejagt!«

Nach dieser letzten Nachricht erscheinen an allen Fenstern weiße Tücher oder Fahnen.

Von der Pirnaer Landstraße her dröhnen nun Panzer und Autos. Dazwischen hört man fremde Stimmen. Die Pirnaer Landstraße ist nicht weit entfernt vom Heckenweg. Jetzt sind sie da! Die Russen! Ich muß sie unbedingt sehen!

»Komm mit!« bettle ich Mutti-Elisabeth, doch sie will nicht. Helmut und Jürgen wollen mit mir gehen. Mutti will es erst nicht erlauben, aber Helmut verspricht, auf Jürgen und mich aufzupassen. Helmut ist schon 15 Jahre alt.

Wir dürfen gehen. Die großen Töchter von Frau Mühle, Elvira und Thea, und auch Sommers Lotti binden sich alte Kopftücher um und ziehen sie tief über ihre Gesichter. Sie wollen auch die Russen sehen. Doch warum machen sie sich so häßlich am ersten Friedenstag?

Während wir zur Pirnaer Landstraße rennen, fliegen Flugzeuge über unsere Köpfe weg. Wir werfen uns unter die Hecken. Als die Flugzeuge weg sind, rennen wir weiter.

Da! Die Pirnaer Landstraße! Das ist ein Bild!

Panzer, Militärautos und Pferdewagen rollen langsam hintereinander die Straße entlang. Kaum erkennen kann man die Fahrzeuge unter Büscheln von Flieder, mit dem sie geschmückt sind. Fast nicht erkennen kann ich auch die Soldaten, die fremden, die Russen. Sie stehen oder sitzen auf den Panzern und Autos zwischen Blumen und Gesträuch und winken überallhin.

Kinder halten ein Auto an, in dem zwei Russen sitzen.

»Ein Offizier und ein Soldat«, erklärt uns Helmut, der uns noch immer an den Armen gefaßt hält.

Die Russen steigen aus. Kinder schmücken das Auto mit Forsythie, sie reißen die Zweige einfach in den Vorgärten ab.

Ich mache mich von Helmut los und gehe ganz nahe an den Offizier heran. Ich brauchte eigentlich eine Brille.

Von Nahem sieht der Offizier wie ein Junge aus. Und richtig wie ein Mensch! Nicht wie ein bolschewistisches Ungeheuer! Wie ein Mensch! Mir ist vor Überraschung ganz schlecht.

Frauen bringen dem Offizier Zigaretten. Er schüttelt den Kopf und lächelt. »Nix Zigaretten«, sagt er, »nur Blumen, Blumen!«

Ein alter Mann bringt zwei Gläser und eine Flasche Wein. Er gießt den Wein in die Gläser. Der weißhaarige Mann und der Offizier stoßen miteinander an. Dann trinken sie die Gläser aus. Der alte Mann umarmt den Offizier und weint dabei.

Mir wird ganz feierlich wie nie vorher. Ich muß auch weinen, das kommt einfach so. Es ist, als wenn irgendwas in mir zerbricht. Alles ist anders, als es die Erwachsenen gesagt haben. Eigentlich sollte ich den Offizier, der wie ein Junge aussieht, mit einer Panzerfaust töten! Mir ist sehr schlecht.

Der Offizier drückt den Leuten die Hände und steigt wieder ins Auto. Er winkt mit einem Tulpenstrauß, als er davonfährt.

Warum hat mir niemand die Wahrheit gesagt? Haben Mutti und Großmama gewußt, daß Hitler schwindelt?

Durfte ich deshalb nicht fragen und neugierig sein? War es verboten, die Wahrheit zu wissen? Aber wenn Mutti und Großmama die Wahrheit wußten, warum hatten sie dann Angst vor den Russen? Und wo sind eigentlich die Bolschewisten? Am Ende sind das auch Menschen wie wir?

Mittags gehe ich noch einmal mit Mutti und Großmama zur Pirnaer Landstraße. Großmama wollte erst nicht mit, doch ich habe gesagt: »Die mußt du sehen, wirklich! Die sehen aus wie Menschen! Wie wir! Du brauchst keine Angst zu haben!«

Am Mittag das gleiche Bild wie am Vormittag: Autos, Panzer und Pferdewagen unter Massen von Flieder und Forsythie. Und Leute am Straßenrand, die winken und weinen. Ich möchte am liebsten gar nicht wieder von der Pirnaer Landstraße fort, nur schauen und schauen.

Nach dem Abendbrot stelle ich mich mit Mutti beim Bäcker nach Mehl an. Ein russischer Kommissar hat irgendwo zwei Säcke mit Mehl beschlagnahmt und verteilt das Mehl nun selbst an die Leute. Jeder soll ein paar Löffel voll bekommen.

Die Menschenschlange, die ansteht, ist lang. Trotzdem vergeht mir die Zeit rasch, denn Mutti erzählt von der Malzfabrik: als Mutti heute früh hier beim Bäcker nach Brot anstand, hieß es plötzlich: in der Malzfabrik gibt es Lebensmittel! Mit Frau Sommer, Frau Mühle und Frau Bohne und Jürgen lief Mutti nach Niedersedlitz zur Malzfabrik. Als sie ankamen, staunten sie. An den Seiten des Fabrikgebäudes lehnten Hunderte von Fahrrädern, und im Innenhof drängten sich Menschenmassen. Die Frauen sahen gleich: das war keine Verteilung von Lebensmitteln, das war eine Plünderung! Und für Plündern konnte man erschossen werden. Die Frauen überlegten: wollen wir trotzdem hinein?

»Ach was!« sagte die lange dünne Frau Sommer und kletterte auch schon durch ein Klofenster in die Fabrik. Eine Frau mit Hut kletterte hinterher. Dabei verlor sie den Hut. Sie merkte das gar nicht.

Mutti, Frau Mühle und Frau Bohne, die kleine Frauen sind, konnten nicht durchs Klofenster in die Fabrik. Sie quetschten sich deshalb in die Menschenschlange, die sich die Treppe hinaufschob. Sie ließen sich einfach mitschieben bis zum zweiten Stockwerk. Über ein schaukelndes Brett balancierten Mutti und Frau Bohne mit Jürgen auf den Gewürzboden. Eine Menge Säcke lagen hier herum. Mutti prüfte, was sich in den Säcken befand: Kümmelkörner, Lorbeerblätter, Zimtschale, Nelken, Majoran und Pfefferkörner. Mutti, Frau Bohne und Jürgen schaufelten mit den Händen alles durcheinander in ihre Einkaufstaschen.

Mutti sagt: »Du hättest die Menschen sehen müssen! Über das Brett liefen sie noch vorsichtig, weil es gefährlich war. Kaum hatten sie wieder festen Boden unter den Füßen, wurden sie zu regelrechten Hamstertieren! Und draußen dröhnte der Donner der Geschütze! Und jeden Augenblick konnten Flugzeuge kommen und die Malzfabrik zusammenbomben!«

Mutti reihte sich mit Frau Bohne wieder in die Menschenschlange ein und ließ sich ins dritte Stockwerk hinaufwälzen. Dabei verloren sich Mutti und Frau Bohne mit Jürgen.

»Das Hinunterkommen war fast noch schwieriger«, erzählt Mutti. »Ein Mann mit drei Kartons Tabak strebte die Treppe hinunter. Vergebens. Ein anderer Mann beugte sich von oben über das Geländer und rief: Wirf die Kartons zu mir herauf! Von hier kannst du einen anderen Ausgang nehmen! Doch ehe der Mann seinen Kartons nachklettern

Die Welt feiert den Sieg über Deutschland: Auf den Champs-Élysées in Frankreichs Hauptstadt Paris hat sich eine riesige Menschenmenge versammelt

Jubel vor der Pariser Oper: Am Tag der deutschen Kapitulation scheint es, als sei die ganze französische Hauptstadt auf den Beinen, um den Sieg zu feiern

Erleichterung auch in London; Premierminister Churchill wird auf dem Weg zum Unterhaus in Whitehall von einer jubelnden Menschenmenge aufgehalten

konnte, war der Rufer schon mit den Kartons verschwunden. Der Mann, der nun keine Kartons mehr hatte, schrie: Haltet den Mann! Es sind meine Kartons! Doch niemanden kümmerte das«, so erzählt Mutti.

Mutti-Elisabeth erwischte auch im dritten Stockwerk nichts mehr. Sie schob sich also wieder aus der Fabrik heraus. Da sah sie in einer Hofecke eine Flasche Wein stehen. Sie legte sie in ihre Tasche auf die Gewürze. Als Mutti sich noch einmal umwandte, kletterte eben Frau Sommer wieder zum Klofenster heraus. Auch sie hatte nur Gewürze und ein bißchen Tabak gefunden. Frau Mühle war schon vor ihnen gegangen und wartete mit Frau Bohne und Jürgen vorm Tor. Zusammen gingen sie wieder nach Hause.

»Da haben wir heute Abend noch viel zu tun«, beendet Mutti ihre Erzählung. »Wir müssen die Gewürze wieder auseinander sortieren!«

Mit leerem Mehlsäckchen kommen Mutti-Elisabeth und ich zu Großmama zurück. Die zwei Säcke Mehl des russischen

Kommissars haben nicht für alle gereicht. Großmama hat schon Muttis Einkaufstasche auf dem Küchentisch ausgeschüttet und ist beim Sortieren.

An diesem Abend ziehe ich Pullover und Strümpfe aus. Ich gehe im Sommerschlafanzug ins Bett. Und meine Puppen und Bären müssen jetzt nicht mehr in der Basttasche im Korridor übernachten. Sie dürfen mit in mein Bett. Herrlich, mit nackten, frisch gewaschenen Füßen die Bettdecke zu fühlen! Ich werde jetzt immer so ins Bett gehen, obwohl es ein bißchen kalt an den Füßen ist! Meine Füße müssen sich erst an den Frieden gewöhnen.

Frieden. Seit heute ist Frieden. Wenn ich die Augen schließe, sehe ich Autos und Panzer und Blumen. Alles flimmert vor meinen Augen in der Sonne.

7.
DIE ERSTEN RICHTIGEN FRIEDENSTAGE

HERR ALTMANN KOMMT VOM VOLKSSTURM ZURÜCK
9. Mai 1945

IM KAUFHAUS GÜNTHER
Auch 9. Mai 1945

AN DER PIRNAER LANDSTRASSE
Auch Mai 1945

DIE RUSSEN UND WIR
Immer noch Mai 1945

HERR ALTMANN KOMMT VOM VOLKSSTURM ZURÜCK
9. Mai 1945

Dresden hat jetzt einen Kommandanten. Einen sowjetischen. Nicht russischen. Rußland ist nur ein Teil der großen sowjetischen Union, die Sowjetunion heißt. Der Kommandant hat befohlen in seinem Befehl Nummer 1: Alle Betriebe müssen ihre Arbeit fortsetzen! Kriegswaffen und solche Sachen müssen in der Ortskommandantur auf der Riesaer Straße abgegeben werden! Alle Lebensmittel, die noch in den Verkaufsstellen liegen, sollen an die Bevölkerung verteilt werden!

Es gibt Erbsen, Mehl und Zucker und Kaffee-Ersatz. Und überall müssen wir uns anstellen, Mutti und ich.

Als wir vom Einkaufen zurückkommen, sitzt in unserer Küche Muttis Arbeitskollege, Herr Altmann. Müde sieht der aus, ganz anders als sonst. Sonst ist er ein feiner Herr. Kein Wunder, daß Herr Altmann so müde aussieht: Er ist ja von Glashütte bis nach Dresden gelaufen!

Herr Altmann war eigentlich kein Soldat, denn er ist dafür schon zu alt. Doch am 7. Mai sollte Herr Altmann, genauso wie Onkel Franz, noch Soldat werden. Statthalter Mutschmann hatte das befohlen. Alle alten Männer und die großen Schuljungen sollten sich im »Volkssturm« sammeln. Auch die kriegsunabkömmlichen Männer wie Onkel Franz. Onkel Franz war heute früh bei uns vorbeigekommen mit dem Rad und hatte gesagt: er ist wieder da, schon seit gestern. Er sollte für eine Gruppe alter Männer und Jungen der Anführer sein. Doch er hat am Treffpunkt gleich gesagt:

An die Bevölkerung von Dresden

Auf Befehl des Sowjetkommandos werden ab 20. Mai 1945 für die Bevölkerung von Dresden pro Kopf täglich folgende Lebensmittelrationen festgesetzt:

Brot
1. Schwerarbeiter und Arbeiter in gesundheitsschädlichen Betrieben . . . . 450 Gramm
2. Arbeiter (außer den obengenannten) . . . . 400 „
3. Angestellte . . . . 300 „
4. Kinder, nichtarbeitende Familienmitglieder und die übrige Bevölkerung . . 250 „

Hülsenfrüchte, Graupen etc.
1. Schwerarbeiter und Arbeiter in gesundheitsschädlichen Betrieben . . . . 40 „
2. Arbeiter (außer den obengenannten) . . . . 30 „
3. Angestellte . . . . 20 „
4. Kinder . . . . 20 „
5. Nichtarbeitende Familienmitglieder und die übrige Bevölkerung . . . . 15 „

Fleisch
1. Schwerarbeiter und Arbeiter in gesundheitsschädlichen Betrieben . . . 50 „
2. Arbeiter (außer den obengenannten) . . . . 40 „
3. Angestellte . . . . 35 „
4. Kinder, nichtarbeitende Familienmitglieder und die übrige Bevölkerung . . 20 „

Fette
1. Schwerarbeiter und Arbeiter in gesundheitsschädlichen Betrieben . . . 30 „
2. Arbeiter (außer den obengenannten) . . . . 15 „
3. Angestellte . . . . 10 „
4. Kinder . . . . 20 „
5. Nichtarbeitende Familienmitglieder . . . . 7 „

Zucker
1. Schwerarbeiter, Arbeiter in gesundheitsschädlichen Betrieben und Kinder . 25 „
2. Arbeiter (außer den obengenannten) und Angestellte . . . . 20 „
3. Nichtarbeitende Familienmitglieder und die übrige Bevölkerung . . . . 15 „

Kartoffeln
Die gesamte Bevölkerung pro Kopf . . . . 500 „

Kaffee-Ersatz
Die gesamte Bevölkerung pro Kopf monatlich . . . . 100 „

Salz
Die gesamte Bevölkerung pro Kopf monatlich . . . . 400 „

Verdienstvolle Arbeiter der Wissenschaft, Technik, Kultur und Kunst, Ärzte und hohe Geistliche sowie leitende Personen der Stadt- und Bezirksverwaltungen, wichtiger Industrie- und Transportunternehmungen erhalten sämtliche Lebensmittel nach den Schwerarbeiternormen. Die Listen dieser Personen werden von den zuständigen Bürgermeistern bestätigt.

Das übrige höhere technische Personal aller Unternehmungen und Behörden, Lehrer und Geistliche erhalten sämtliche Lebensmittel nach den für Arbeiter festgesetzten Normen.

Kranke, die sich zur Heilung in Krankenhäusern befinden, erhalten Verpflegung nach den für Arbeiter festgesetzten Normen, Diätbedürftige nach besonderen, von der Stadtverwaltung, Abteilung Gesundheitsschutz, festgesetzten Normen.

Die Brotausgabe erfolgt täglich, wobei die Verbraucher das Recht haben, Brot für 2 Tage (den laufenden und nächsten Tag) auf einmal zu empfangen.

Die übrigen Lebensmittel werden zwischen dem 20. und 31. Mai d. J. für 12 Tage, Salz und Kaffee-Ersatz für einen Monat ausgegeben.

Die Stadtverwaltung

»Geht nur alle wieder nach Hause und versteckt euch gut, bis Frieden ist!«

Die Sammlung für Herrn Altmann war in Glashütte, erzählt Herr Altmann. Dort, in einem Fabrikhof, bekamen sie alle Soldatenuniformen. Die Zivilkleidung stopften sie in die mitgebrachten Rucksäcke. Den meisten paßten die Uniformen gar nicht. Soldatenstiefel gab es auch nicht dazu. Dann traten die Volkssturmsoldaten in einer Reihe an wie richtige Soldaten. Der Volkssturmführer hielt eine Rede.

»Während er noch sprach«, sagt Herr Altmann, »sprengte über die Mauer des Fabrikhofes hinweg, stehend auf einem ungesattelten Pferd, ein Russe in den Hof und stand auf einmal inmitten unserer Volkssturmgruppe. Er schwang einen Säbel hoch über seinem Kopf und schrie: Kameraden! Krieg ist aus! Heute Nacht, zwölf Uhr! Alle heimgehen! Alle Zivil! In zwei Stunden Kommandant kommen! Dann alle gefangen! Wir haben die Uniformen schnell wieder ausgezogen«, erzählt Herr Altmann. »Manche warfen sie weit weg. Dann machten sie sich auf den Heimweg. Ein weiter Weg von Glashütte«, seufzt Herr Altmann und schaut auf seine Stiefel. Russen haben ihm unterwegs die feinen Stiefel weggenommen und ein Paar kaputte, die viel zu groß sind, dafür gegeben. Auch seine Uhr hat er nicht mehr. Weggenommen.

»Wie kann denn der Soldat auf einem Pferd ohne Sattel stehen?« wundere ich mich.

»Das frage ich mich auch«, antwortet Herr Altmann. »Hätte ich es nicht selbst gesehen, ich würde es nie glauben! War das ein verwegener Bursche!«

Frau Sommer ruft vom Hof aus nach mir. »Komm schnell runter und bringe Krüge mit! Im Margarinewerk gibt es Öl!«

Ich gehe mit Sommers und Jürgen. Auf dem Weg zum Margarinewerk kommen uns schon Leute unserer Siedlung entgegen. Sie kullern Fässer vor sich her. Im Margarinewerk organisiert Herr Sommer auch gleich zwei Fässer Öl für unser Haus.

Vor der Aschegrube schenkt er das Öl aus in Krüge. Jede Familie bekommt einen Krug helles Öl und einen Krug dunkles.

Nachdem wir Mittag gegessen haben, bringen Mutti und ich Herrn Altmann noch ein Stück. Er muß jetzt von Leuben bis nach Klotzsche laufen. In Klotzsche wohnt doch seine Frau mit dem kleinen Jungen, der jetzt Andreas heißt. Und der jetzt eine Mutti hat. Der Mann der jungen Frau war auch zuerst vermißt. Dann hat man ihn gefunden. Tot. Gefallen, nennt man das, gefallen für Führer und Vaterland, so steht es in der Zeitung. Stand es in der Zeitung. Immer wieder vergesse ich, daß Frieden ist! Ich muß mich wirklich erst an den Frieden gewöhnen! Onkel Gert ist immer noch vermißt. Tante Berthel glaubt nicht, daß ihr Junge tot ist. Sie denkt, er wird nun, wo Frieden ist, heimkommen. Die junge Frau weiß nun, daß ihr Mann nicht mehr heimkommen wird. Sie will den kleinen Jungen, der Andreas heißt, behalten. Weil sie doch keine Kinder mehr bekommen kann ohne ihren Mann. Wenn der Soldat, der Andreas gefunden hat, aus dem Krieg wieder heimkommt, dann könnte er doch die junge Frau heiraten! Dann hätte Andreas wieder Mutti und Vati!

IM KAUFHAUS GÜNTHER
Auch 9. Mai 1945

Auf dem Rückweg gehen wir beim Kaufhaus Günther vorbei. Unterwegs hatten uns Leute gesagt, bei Günthers würde Spielzeug und Küchengerät verteilt.

Die Eingangstür zum Kaufhaus Günther ist zwar verschlossen, doch jemand hat das Glas aus der Tür herausgebrochen. Durch das Loch kriechen die Leute hinein und heraus. Das ist sicher auch keine Verteilung, sondern etwas Ähnliches wie in der Malzfabrik.

Wir werden zum dritten Stockwerk hoch gedrängt. Über Kisten und Kästen und Packpapier müssen wir steigen. Alles liegt durcheinander, und die Leute wühlen und wühlen. Ich entdecke eine herrliche Holzfußbank! Dann finde ich eine Glasschale, eine Keksdose, einen Trichter und eine Kohlenschaufel. Die Fußbank drehe ich um und lege die anderen Sachen hinein.

In der Spielzeugabteilung im zweiten Stockwerk erbeute ich eine Kasperklingel, eine Holzkatze zum Hinterherziehen und einen Puppenkopf. Wir balancieren unsere Schätze nach unten.

An der Kasse steht jetzt ein sowjetischer Kommissar. Er läßt sich alles zeigen, damit keiner zuviel mitnimmt. Er lacht, als er meine Schätze sieht, und sagt: »Nix bezahlen! Hause gehen!«

Draußen vor der Eingangstür, durch die wir hinauskriechen müssen, steht der alte Vater Günther, dem das Kaufhaus gehört. Er hat weiße Haare und einen weißen Bart wie ein Weihnachtsmann. Herr Günther bittet alle, morgen wiederzukommen und das Mitgenommene zu

bezahlen. Mutti verspricht es ihm.

Schade, daß ich schon zu groß bin für die Holzkatze! Ich hatte nie eine Holzkatze zum Hinterherziehen! Aber mit elf Jahren kann man kein Tier auf Rädern mehr hinterher ziehen! Blöder Krieg! Im Krieg gab es keine Katzen, und jetzt bin ich zu alt! Vielleicht werde ich die Katze Andreas schenken. Wenn die Straßenbahnen wieder fahren, darf ich Andreas besuchen. Den Puppenkopf behalte ich für mich.

Zu Hause bettle ich Großmama, sie soll mir ein Paar alte Strümpfe spendieren. Aus denen nähe ich am Abend den Puppenkörper. Großmama hilft mir dabei, sie näht die Arme. Dann zerschnipsle ich Lumpen und stopfe den genähten Körper damit aus. Wir nähen Arme und Beine an den braunen Strumpfkörper. Dann fädeln wir am Hals einen doppelten Handzwirnfaden durch, stecken den Puppenkopf auf den Körper und ziehen den Handstrickfaden fest zu und verknoten ihn.

Jetzt habe ich ein neues Kind. Ein Friedenskind. Ich weiß schon, wie es heißt: Andreas.

AN DER PIRNAER LANDSTRASSE
Mai 1945

Stehe ich mit Mutti beim Bäcker nach Brot an, müssen wir immer eine oder zwei Stunden warten. Das ist nicht langweilig, denn das Haus mit dem Bäckerladen steht an der Pirnaer Landstraße. An beiden Seiten der Pirnaer Landstraße blühen jetzt die Birnbäume. Das sieht herrlich aus, wie sie ihre Zweige mit den rosa Blüten in den blauen Himmel strecken! Aber nicht deshalb ist es nicht langweilig.

Sowjetische Soldaten fahren immer noch auf Panzern vorüber. Elegante Autos sausen an den dicken, schweren Panzern vorbei und hupen dabei laut. Auf den Fußwegen fahren Soldaten mit Fahrrädern. Sie unterhalten sich miteinander. Ihre Stimmen sind noch lauter als der Lärm der Fahrzeuge. Dann traben wieder große Herden schwarz-weißer Kühe vorbei. Pferde bringen die Soldaten zu Hunderten, immer vier oder fünf aneinandergebunden. Und dann kommen die deutschen Soldaten. Sie werden von sowjetischen Soldaten bewacht, denn sie sind nun Gefangene der sowjetischen Soldaten. Müde schleppen sich die deutschen Soldaten vorwärts. Wer weiß, wo die schon herkommen! Manche laufen barfuß, manche haben ihre Füße mit Lumpen umwickelt. Manche sind nur in Hemd und Hose, ohne Mütze und Jacke. Manche tragen ihr Gepäck in Rucksäcken oder irgendwelchen Säcken auf den Rücken, manche haben es auf Fahrräder geladen, Fahrräder ohne Bereifung. Einige schieben das Gepäck auf Karren vor sich her. Auch auf Kinderwagen und alten Puppenwagen, solchen, wie einer auf Tante Millis Boden steht und den ich mir immer gewünscht habe, einer mit weißem Porzellangriff.

Die meisten der deutschen Soldaten schauen nicht auf. Sie laufen mit gesenkten Köpfen. Vielleicht, weil sie sich schämen. Oder weil sie traurig darüber sind, daß Hitler sie belogen hat. Er hat uns ja alle belogen.

Ich habe die deutschen Soldaten gesehen, als sie aus Dresden fortmarschierten in den Krieg. Ich war noch sehr klein damals, und die Menschen am Straßenrand standen wie eine Mauer. Keiner ließ mich vor. Da nahm mich Mutti auf ihre Schultern. So von oben konnte ich die deutschen Soldaten sehen. Sie sangen, und die Menschen am Straßenrand winkten und klatschten und warfen Blumen zwischen die Reihen. Jetzt kommen die deutschen Soldaten zurück. Niemand wirft ihnen Blumen zu. Mit ernsten, auch mitleidigen Gesichtern blicken ihnen die Menschen nach. Die ganze Welt wollten oder sollten die deutschen Soldaten erobern. Sie sehen gar nicht so aus, als ob sie Menschen in anderen Ländern getötet haben. Doch sie haben das getan. Das sagen Herr Sommer und Helmut und Mutti auch. Sie wollten die fremden Länder wie Polen und Rußland und Frankreich und noch mehr Länder für uns Deutsche haben. Aber die Menschen in Polen, Rußland und anderen Ländern wollten ihre Länder nicht an die Deutschen abgeben. Eigentlich klar! Ich gebe doch auch nicht her, was mir gehört, bloß weil es ein anderer haben will! Und da haben sich die Deutschen ein Stück nach dem anderen von den Ländern der anderen Menschen genommen. Gehört sich das etwa?

Komisch: jetzt wissen es auf einmal alle, daß die Deutschen die anderen Länder angegriffen haben! Und die Menschen in diesen Ländern getötet haben, damit wir Deutschen bekommen könnten, was denen gehörte! Schrecklich. Ich schäme mich. Aber vielleicht ist das alles auch wieder nicht wahr?

Die deutschen Soldaten sehen wirklich nicht böse aus. Schlimm sehen sie aus. Verwundet sind viele, sie humpeln, und manche werden von anderen gestützt, damit sie laufen können. Verhungert sehen sie aus und traurig, sehr, sehr traurig.

»Wo laufen die eigentlich hin?« frage ich Mutti.

»Vielleicht bis nach Rußland«, meint Mutti. »Sie kommen in Gefangenschaft.«

»Was machen die denn da?« will ich wissen.

»Sie müssen sicher arbeiten«, sagt Mutti. »Wie unsere Kriegsgefangenen im Kühlhaus, die Engländer und Franzosen. Sie mußten schwere Arbeit tun. Vielleicht müssen die deutschen Soldaten nun die Dörfer und Städte in Sowjetrußland wieder aufbauen, die sie zerstört haben,« denkt Mutti.

Aber die Menschen, die sie getötet haben, können sie nicht wieder lebendig machen, denke ich. Aber man kann nicht lange nachdenken an der Pirnaer Landstraße. Immer sieht man etwas Neues.

Ein sowjetischer Soldat kommt auf einem Fahrrad. Nahe bei uns will er absteigen und kann das nicht, fällt um. Er läßt das Fahrrad auf dem Fußweg liegen und verschwindet in einem Haus. Sowjetische Soldaten verschwinden manchmal in einem Haus. Sie klopfen dann an die Wohnungstüren und wollen von den Leuten Armbanduhren haben. Eigentlich dürfen sie das nicht, den Deutschen einfach ihre Uhren wegnehmen. Der Soldat ist im Haus und klopft oder klingelt sicher schon irgendwo. Wir Kinder wissen, in diesem Haus wohnt ein Franzose. Er heißt Pierre, auf deutsch: Peter. Er war in einem deutschen Betrieb als Gefangener. Jetzt ist er nicht mehr Gefangener und wohnt bei einer alten Frau. Nach Frankreich zurückkehren kann er nicht, denn es fahren noch keine Züge. Weil der Franzose aber außer der französischen und deutschen Sprache noch die sowjetische kann, übersetzt er oft für unseren Kommissar. Ich bin neugierig, was geschehen wird, wenn der Soldat bei dem Franzosen klingelt und »Uri! Uri!« verlangt!

Da rennt der Franzose auch schon aus dem Haus. Drei Häuser weiter wohnt der Kommissar. Der kommt gleich auf dem Pferd geritten, springt ab und läuft mit dem Franzosen ins Haus.

Wenig später bringen sie den Soldaten. Mit einer Pferdepeitsche schlägt der Kommissar auf den Soldaten ein. Dann besteigt er wieder das Pferd. Der Soldat muß hinter dem Pferd herrennen. Der Franzose nimmt das Rad auf und radelt den beiden nach.

»In der Roten Armee gibt es wohl noch die Prügelstrafe?« wundert sich eine Frau, die hinter uns nach Brot ansteht.

»Nicht nur die Prügelstrafe, sondern auch die Todesstrafe«, sagt ein älterer Mann vor uns. »Kann sogar sein, der Soldat wird erschossen.«

»Erschossen wegen einer Uhr?« frage ich Mutti.

Mutti zuckt mit den Schultern. »Vielleicht wollte er nicht nur eine Uhr.«

»Was wollte der dann?« frage ich.

Die Erwachsenen tun, als hätten sie meine Frage nicht gehört.

Wir bekommen ein warmes Brot. Wie das duftet! Ich darf es nach Hause tragen. Aber ich darf heute noch nichts essen davon. Schade. Es muß erst einige Tage älter werden. Dann teilt es sich besser ein und macht auch mehr satt. Aber ich hätte zu gern den frischen Brotkanten, das Ränftel, wie Großmama sagt, gegessen! Irgendwann, wenn man vielleicht einmal wieder soviel Brot kaufen kann, wie man will, dann werde ich mir ein Brot kaufen und einfach hineinbeißen in ein ganzes großes duftend-frisches Brot!

Nachmittags, als Mutti und Großmama im Keller Teller und Tassen in Taschen packen, um sie wieder nach oben zu holen, höre ich ein komisches Krachen. Nicht wie im Krieg, doch eines, das mich neugierig macht. Ich laufe zum Fenster von Großmamas Kämmerchen. Und was sehe ich? Unten auf dem Heckenweg sind ein sowjetischer Soldat und ein Ausländer mit Polenjacke von ihren Rädern gefallen. Wahrscheinlich sind sie zusammengestoßen oder konnten noch nicht absteigen. Das können viele Russen nicht.

Die beiden, die umgefallen sind, stehen auf und lassen die Räder liegen und kommen in unser Haus. Ich höre sie klopfen beim Vater Nitsche. Der schläft sicher. Sie klopfen bei Sommers. Die sind wohl nicht da oder haben wie ich gesehen, wer da kommt und öffnen nicht. Frau Bohne aber und Frau Mühle haben es nicht gesehen. Dort gehen der Soldat und der Ausländer in die Wohnungen. In den Schubfächern der Schränke wühlen sie nach Schmuck und Uhren. Schmuck finden sie nicht. Aber jeder hat eine Uhr in der Hand, als sie die Treppe wieder hinuntergehen, das sehe ich durchs Schlüsselloch.

Vom Fenster aus sehe ich dann, wie der Soldat und der Ausländer wieder auf ihre Räder steigen und zum nächsten Hauseingang fahren.

Nun wagen sich Mutti und Großmama mit Tellern und Tassen aus dem Keller. Ganz ängstlich sehen sie aus. Vom Kellerfenster aus haben sie den Sturz der beiden gehört und gesehen, daß sie in unser Haus hineingingen. »Hoffentlich macht das Mädel nicht auf!« hatte Großmama gebibbert. Und Mutti meint nun, es sei manchmal ganz gut, daß ich so eine Neugierde bin.

Mutti will mit dem Fahrrad noch schnell nach Seidnitz zu Tante Berthel und Tante Milli, nachsehen, wie es ihnen geht, jetzt im Frieden. Ob vielleicht eine Nachricht von Onkel Gert oder Onkel Heinz gekommen ist, jetzt im Frieden. Ich darf während der Zeit mit Jürgen und Christa-Maria zur Pirnaer Landstraße.

Jetzt kommen keine Soldaten mehr, sondern Flüchtlingstrecks. Das sind Frauen und Kinder und alte Menschen, die vorm Krieg fliehen wollten oder es mußten, wie die Leute aus Schlesien und Pommern. Die mußten ja fort aus ihren Dörfern und Städten, ehe die sowjetischen Soldaten kamen und in ihren Städten und Dörfern gegen die Deutschen gekämpft haben. Man sieht manchmal, daß es Familien sind, die Pirnaer Landstraße entlang ziehen. Eine Mutter, ein paar Kinder und die Großeltern. Sie sehen beinahe noch elender aus als die Soldaten. Zerlumpt, sehr schmutzig. Und sie schleppen alles, was sie noch haben, in Wagen oder Karren oder am Körper hängend mit. Da sind auch kleine und große Kinder, die aussehen wie alte Leute. Wo laufen die bloß hin?

Und dann sind auch die Zwangsarbeiter. Das sind keine Kriegsgefangenen. Die hat man nur einfach aus den anderen Ländern zum Arbeiten zu uns geholt. Aber gefangen waren die auch, und man durfte mit solchen nicht reden oder ihnen etwas geben. Die hatten alle Stempel auf ihren Jacken, damit man gleich wußte, was für welche die waren. Die müssen jetzt in ihre Heimat zurück. Auch ein Befehl. Und die gehen jetzt immer noch in ihren Jacken mit dem gestempelten »P«. Und schleppen sich manchmal fast krumm. Sicher wollen sie so viel wie möglich mit nach Hause nehmen. Die mausen manchmal noch mehr als die Soldaten mit den roten Sternen an den Mützen. Den Soldaten der Roten Armee ist das Plündern und Mausen verboten. Doch sie tun es trotzdem immer wieder.

Am Abend, als ich vorm Haus auf Mutti warte, kommt plötzlich eine altmodische Kutsche, mit zwei Pferden bespannt, den Heckenweg entlanggefahren. Sie biegt in die Kleinzschachwitzer Straße ein. Christa-Maria und ich rennen hinterher. Vorm Haus, in dem Helmuts Freund

Hansi wohnt, hält die Kutsche an, und ein Soldat und zwei Ausländerinnen steigen aus. Seit der Soldat mit dem Ausländer in unserem Haus war, halten wir unsere Haustür abgeschlossen. Im Haus, wo Hansi mit seinem großen Bruder und seiner Mutti wohnt, ist die Haustür noch offen. Die drei Ausgestiegenen gehen ins Haus, und sicher hat ihnen dann Hansis Mutti die Wohnungstür geöffnet. Wir sehen auf einmal, die Mutti springt aus dem Fenster heraus und versteckt sich unter einem Busch. Der Soldat und die Mädels haben sicher inzwischen die Kleiderschränke geöffnet und sich Blusen und Kleider und Handtaschen genommen. So bepackt kommen sie nämlich wieder zur Haustür heraus und besteigen ihre Klapperkutsche. Der Soldat lädt noch einen Koffer und einen Rucksack ein. Dann fährt die Kutsche davon, und Hansis Mutti wagt sich wieder unter dem Busch hervor. Sie jammert nicht einmal, sondern schleicht ins Haus. Hoffentlich schließt sie die Haustür jetzt ab.

Als Mutti kommt, habe ich viel zu erzählen. Mutti auch. Tante Milli und Tante Berthel waren vor den Russen geflohen. Zu einer Schwester von Großmama und Tante Berthel, die ja auch Schwestern sind. Nach Nünchritz. Das liegt irgendwo bei Meißen. Dort haben die Russen überall nach deutschen Soldaten gesucht. Sogar auf dem Plumpsklo, auf dem Tanthe Berthel saß. Sitzen mußte, wegen ihrer Angst.

Mutti sagt, Onkel Gert sei immer noch vermißt, sein Sohn Wilfried in amerikanischer Gefangenschaft. Von Onkel Heinz, der an der Westfront war, wissen sie nichts. Tante Milli sorgt sich um ihn, aber auch um ihre Freundin Tossi, deren Mann Jagdflieger war und tödlich verunglückt ist. Nicht abgeschossen, sondern gegen einen Berg geflogen.

Tante Milli hat früher mit ihrer Tossi so lustige Streiche gemacht. Aber jetzt ist diese Tossi ganz anders geworden. Kurz vor Ende des Krieges, als die Elbbrücken noch nicht gesprengt waren, war sie bei Tante Milli und hat gesagt, sie hätte keinen Mut mehr zu leben, nachdem ihr Mann gegen einen Berg geflogen ist. Am liebsten möchte sie weg sein. Tante Milli war empört. Ihre Tossi hatte so ein liebes Kindchen! Eines, wie es Tante Milli auch gern gehabt hätte! Sie hat kein Kind. Tante Milli kann ihre Tossi jetzt aber nicht besuchen, weil die Brücken in der Stadt alle zersprengt wurden. Und die Tossi auf der anderen Elbseite wohnt.

Ich verstehe Tante Milli. Ich würde mich auch sorgen um Christa-Maria, wenn sie so etwas gesagt hätte. Manchmal wundere ich mich über Mutti. Ihre Freundin, die nach Jerusalem gegangen ist, heißt auch Maria. Ob sich Mutti nicht um ihre Maria sorgt? Oder um Tante Kläre, mit der sie ein Vierteljahr durch Deutschland gewandert ist? Wir haben lange nichts von Tante Kläre gehört. Noch länger nichts von ihrem Mann, meinem Onkel Paul. Der mit einem Male fort war. Ich bin noch nicht zur Schule gegangen, als sie uns besucht haben. Onkel Paul hatte so schwarze Locken wie Hansi und Hansis Mutti. Onkel Paul war wie Leute aus dem Märchen, ein bißchen so. Irgendwann bin ich in seinen Armen eingeschlafen, das weiß ich noch. Und mit einem Mal sollte ich nicht mehr nach ihm fragen.

Ich muß viel fragen, jetzt. Ich habe wieder heimlich im Tagebuch gelesen, das Mutti über mich schreibt. Sie erzählt darin von ihren Freundinnen Maria und Ilse. Sie schreibt aus der Zeit, als ich noch nicht geboren war. Da spreche ich aber in Muttis Tagebuch noch nicht selbst: »Den letzten Monat vor deiner Geburt lebte ich bei Maria und Ilse in Berlin,« hat Mutti geschrieben. »Sie waren so lieb zu mir, daß auch beide Mutter für dich sind. Du wirst sie kennen und lieben lernen, später.« Ob es schon ein bißchen später ist? Wo sind diese Mütter?

»Morgen ist auch noch ein Tag!« antwortet Mutti, als ich hintereinander alles frage, was ich wissen möchte. »Außerdem«, fängt sie dann doch zu erzählen an, »da ist nicht viel zu sagen: Ilse und Maria sind 1933 nach Palästina ausgewandert, weil sie Jüdinnen waren. Hitler wollte alle Juden töten, und deshalb mußten sie aus Deutschland fort. Er hätte sie sonst in Konzentrationslager gesteckt und umgebracht. Onkel Paul war in einem solchen Lager.«

»Ist er auch Jude?« frage ich.

»Nein«, antwortet Mutti. »Er ist Kommunist.«

»Was ist denn das?« frage ich. Was es für Worte gibt! Kommunist! »Und wo sind sie jetzt, die Maria und Ilse und Onkel Paul?«

»Ich weiß es nicht«, sagt Mutti.

»Und Herr Sternberg?« frage ich noch. Um den sorge ich mich auch. Ich hatte doch gehofft, daß er am 8. Mai zu uns kommt.

»Ich weiß nicht«, sagt Mutti noch einmal. Klar, um den sorgt sich Mutti auch sehr. Und um ihre Bekannten aus Weißstein, das in Schlesien liegt. Lange hat Mutti nichts von der Familie gehört, sagt sie. Der Mann ist irgendwo in Rußland Soldat gewesen und hat ihr von da geschrieben. Auch der große Junge, der mich damals in Weißstein auf seinem Schlitten spazierenfuhr und Wolfram heißt, war Soldat. Und die Frau und das große Mädchen mußten Weißstein verlassen. Als Flüchtlinge, weil dort gekämpft worden ist. Um diese Bekannten sorgt sich Mutti.

Schade, daß Mutti keine Adresse von ihren Freundinnen Maria und Ilse hat! Und die haben ja auch keine Adresse mehr von uns! Mutti zog damals auf die Ermelstraße zu Großmama, als sie mit mir von Berlin kam. Dort wohnen wir schon zehn Jahre nicht mehr! Eins verstehe ich aber nicht: Warum hatte Großmama den Leuten aus dem Haus in der Ermelstraße gesagt, ich wäre nicht Muttis Kind, sondern das Kind ihrer Freundin, einer Jüdin, die nach Palästina gegangen ist? Wenn die Leute das nun geglaubt hätten! Und uns angezeigt hätten! Dann wäre ich vielleicht auch in so ein Lager gekommen? Und Mutti und Großmama in ein anderes, weil sie jüdischen Menschen geholfen haben! O Gott, Großmamachen! Aber die hat das bestimmt nicht gewußt, das mit den Juden und den Lagern! Ein Glück, daß sie es nicht noch woanders erzählt hat! Sonst wären wir vielleicht alle tot.

»Lustige Gruppen«,
Russen bei Tharandt
25. Juni 1945

DIE RUSSEN UND WIR
Immer noch Mai 1945

Als Krieg war, hatten wir alle Angst vor den Russen. Auch jetzt haben noch viele Leute Angst vor den Russen. Wir Kinder nicht. Sie geben uns Mehl und Brot und manchmal Bonbons. Hansi und Helmut haben sogar ein richtiges Motorrad geschenkt bekommen. Es ist nicht einmal ganz kaputt. Die Hupe geht noch, und setzen kann man sich auch darauf. Es steht auf unserem Spielplatz unter den Vogelbeerbäumen.

Wir gehen manchmal zu den sowjetischen Soldaten. Sie wohnen beim Fleischer im Haus und haben auf dem Hof eine Autowerkstatt eingerichtet. Oder wir gehen weiter fort, nach Kleinzschachwitz zur Waldparkstraße. Die ist jetzt

Offizier mit Orden
Juli 1945

gesperrt, denn dort sollen die sowjetischen Soldaten das Radfahren lernen. Das macht Spaß, denen zuzusehen! Die können noch nicht richtig fahren und fallen immer um mit den Rädern! Und wie sie lachen dabei, laut und beinahe wild! Und wir lachen mit. Die Soldaten sind deswegen nicht böse auf uns. Ein paar von ihnen sehen aus wie Kinder, obwohl sie Uniformen anhaben. Sie sind sicher nicht älter als Helmut und Hansi. Fünfzehn. Uns gefällt an diesen Soldaten auch, daß sie manchmal etwas tun, was man eigentlich nicht tun darf. Mausen. Oder Sachen vertauschen.

Helmuts Mutter, Frau Sommer, der ist was passiert! So etwas könnte man sich nie ausdenken! Also: sie fuhr mit ihrem Fahrrad nach Kleinzschachwitz, um ihre Schwester zu besuchen. Unterwegs kommt ihr ein Soldat auf einem Pferd entgegen. Frau Sommer will schnell am Soldaten und dem Pferd vorbei. Aber der Soldat hält Frau Sommer an. Sie muß absteigen. Der Soldat springt vom Pferd. Er gibt Frau Sommer die Zügel in die Hände und setzt sich aufs Fahrrad. Er fährt einige Runden um Frau Sommer herum. Frau Sommer hält unterdessen das Pferd. Aber als Frau Sommer ihr Fahrrad wiederhaben will, sagt der Soldat: »Ich Rad! Du Pferd!« Und er radelt mit Frau Sommers Fahrrad davon. Da steht nun Frau Sommer mit dem Pferd auf der Königsallee! Sie hatte noch nie ein Pferd! Doch es war ein braves Pferd.

Es trabte mit Frau Sommer heim zu uns auf den Heckenweg. Das war ein Spaß! Ein Pferd! Das war etwas viel Schöneres als ein halbkaputtes Motorad! Frau Sommer weinte zwar, als sie uns das Pferd zeigte. Wir mußten fürchterlich lachen. Wir wollten das Pferd gern behalten. Doch wo sollten wir Futter für ein Pferd hernehmen? Wir haben doch selbst zu wenig zum Essen!

Herr Sommer, Helmut, Hansi und ich brachten das Pferd auf die Kommandantur in der Nähe der Pirnaer Landstraße. Frau Sommer wollte nicht mitgehen. Das war dumm von ihr. So gab uns der Kommissar ein Herrenfahrrad zurück für das Pferd. Er verstand einfach nicht, daß wir ein Damenfahrrad wollten. Vielleicht hatte er auch keins.

Damit keine Russen und Ausländer in die Häuser kommen, halten nun die Männer unserer Siedlung abwechselnd Wache. Mit roten Binden an den Armen und mit Knütteln laufen sie in der Siedlung auf und ab. Droht Gefahr, schlagen sie die Gongs in unseren Häusern. Dann rennen alle Männer mit roten Armbinden dort hin. Eigentlich ist das mehr ein Schutz gegen die Polen und andere Ausländer, die zu gern aus unseren Wohnungen etwas herausholen möchten. Kleidung und Bettwäsche, sogar Teppiche und Möbel. Die Russen wollen meist nur Uhren.

In unserer Siedlung haben die Männer, die meist ältere Männer sind wie unser Herr Sommer auch, das gut organisiert, daß niemand in die Häuser kann. Und trotzdem haben in einer Nacht zwei richtige Russen aus Rußland in unserem Haus geschlafen! Das kam so: im Erdgeschoß beim Vater Nitsche wohnt doch Agata. Jungverheiratet ist die, wie alle sagen, mit Vater Nitsches Enkelsohn Rolf. In unserem Haus ist Agata diejenige, die am meisten Angst vor den Russen hat. Seit der Krieg zu Ende ist, war sie noch kein einziges

Mal auf der Straße. Sie verriegelt die Wohnung mit einer Sicherheitskette! Sie öffnet nicht einmal ein Fenster! Nur manchmal schaut sie hinter den Gardinen auf die Straße hinaus. Einkaufen muß Großvater alles. Dabei ist er schon 89 Jahre alt und hat keine Zähne mehr! Man versteht sehr schlecht, was er sagt.

Eines Abends halb elf klingelt es bei Großvater und Agata. Agata hat schon geschlafen, und vielleicht hat sie von ihrem Mann Rolf geträumt. Sie springt aus dem Bett und wirft den Mantel über ihr Nachthemd. Denkt: jetzt kommt der Rolf aus dem Krieg zurück! Schnell schließt Agata die Haustüre auf. Vor der Haustür steht aber nicht ihr Mann. Da stehen zwei Russen.

»Gute Frau, Kaffee kochen!« sagt ein älterer Soldat und zeigt Agata eine Tüte. Agata kann gar nichts sagen vor Schreck. Und so gehen die zwei Soldaten einfach hoch in ihre Wohnung. Dort setzen sie sich an den Küchentisch und drehen am Radio herum.

Agata weiß vor Angst nicht, was sie zuerst tun soll. Russen in ihrer Wohnung und sie im Nachthemd! Sie beschließt, sich erst einmal anzuziehen. Dann setzt sie einen Topf Wasser auf den Herd und mahlt die Kaffeebohnen in Großvaters Kaffeemühle. Danach kocht sie Kaffee.

»Richtigen Bohnenkaffee«, sagt Agata, als sie uns davon erzählt.

Agata deckt den Tisch. Sie muß auch für sich eine Tasse aus dem Küchenschrank nehmen. Sie soll mit den Soldaten Kaffee trinken und Zigaretten rauchen. Agata sagt, vor Angst hat sie gar nichts geschmeckt. Einer der beiden Russen spricht ein wenig deutsch. Und er erzählt auch, daß sie richtige Russen und in Moskau geboren sind. Beide. Der ältere sei ganz nett gewesen, meint Agata. Aber der jüngere Russe wollte immer nur »schöne Frau« haben. Agata bittet den älteren Russen leise, daß er sie vor dem jüngeren Russen beschützen solle. Der sagt, daß er ihr nicht helfen könne. Ihr könne nur helfen, so schnell wie möglich die Wohnung zu verlassen.

»Schöne Frau, tanzen!« sagt der jüngere Soldat zu Agata.

»Moment, Moment!« sagt Agata und verschwindet aus der Küche. Sie geht ins Kämmerchen, weckt den Großvater und flüstert: »In der Küche sitzen zwei Russen! Ich hau jetzt ab!« Und schon ist Agata fort und schließt hinter sich die Wohnungstür zu.

Der alte Vater Nitsche wickelt sich aus seiner Decke heraus. Er schlurft in die Küche. Die Soldaten winken ihm zu und bieten ihm Tabak an. Im Schlafhemd setzt sich Großvater zu den Soldaten und stopft seine Pfeife.

»Wo Tochter, Väterchen?« fragen die Soldaten. »Tanzen mit Tochter! Krieg kaputt! Hitler kaputt! Alle feiern!«

»Verrückte Agata!« murmelt Großvater und zeigt zur Tür.

Die Soldaten stehen auf. Sie klinken an der Wohnungstür. Die ist verschlossen. Da greifen die Soldaten nach ihren Gewehren. Aufgeregt sucht Großvater nach seinem Schlüssel und findet ihn nicht gleich. Dann fingert er ihn aus seiner Hose und schließt auf. Die Soldaten treten mit den Gewehren vor die Haustür.

»Rufen!« befiehlt der ältere Soldat dem Großvater.

»Agata!« krächzt Großvater.

»Agatta! Agatta!« rufen laut die Soldaten. Aber Agata antwortet nicht. Sie ist schon ein Stück fort.

Eigentlich ist es gefährlich, wenn man um diese Nachtzeit noch auf der Straße ist. Um zehn Uhr abends ist Polizeistunde. Da müssen alle Leute in ihren Häusern sein. Wer später draußen angetroffen wird, kann erschossen werden. Das ist so bei Ausnahmezustand. Und wir haben jetzt Ausnahmezustand, weil der Krieg gerade erst zu Ende gegangen ist.

Agata weiß das genau. Deshalb schleicht sie auf allen Vieren an den Hecken des Heckenwegs entlang. Unterwegs begegnet Agata ein älterer Herr. Auch auf allen Vieren. Er schlägt Agata vor, mit ihm nach Niedersedlitz zu kriechen, weil er dort wohnt. Er war bei seiner Mutter in Hellerau und hat sich mit der Zeit verrechnet. Er ist schon vier Stunden unterwegs, zwei davon auf allen Vieren. Weil doch keine Straßenbahnen fahren.

Agata will aber nicht mit nach Niedersedlitz kriechen. Sie möchte zu ihren Schwiegereltern, die auf der Königsallee wohnen. Nun hat der Herr auch keinen Mut mehr, allein nach Niedersedlitz zu kriechen. Er schleicht in Agatas Richtung mit.

Er sagt: »Ihre Beine leuchten so hell! Man wird uns entdecken! Wollen Sie nicht lieber meine Socken überziehen?«

Agata zieht die Socken des Mannes an. Sie kommen bis zur Wohnung von Agatas Schwiegereltern, den Eltern von Rolf. Dort klingeln sie. Aber niemand öffnet. Sie klopfen ans Fenster. Nun bekommen die Schwiegereltern einen großen Schreck. Es dauert lange, bis sie sich wagen, die Haustür zu öffnen. Schnell schlüpfen Agata und der Fremde ins Haus.

Agatas Schwiegereltern sind empört. Agata mit einem fremden Herrn! Und das mitten in der Nacht! Der fremde Herr sagt, er möchte gern bis zum anderen Morgen bei den Schwiegereltern bleiben. Und erzählt von seiner Mutter, um die er sich Sorgen gemacht habe.

»Wer sind Sie denn überhaupt?« fragt die Schwiegermutter.

»Dr. Hausberg, Lehrer«, stellt der Mann sich vor. Und er erzählt wieder von der Mutter, die krank sei und die er besuchen mußte. Und er erzählt auch das von den Socken.

»Agata! Zieh sofort die Socken aus und gib sie dem Herrn Doktor zurück!« bestimmt die Schwiegermutter. Und zu dem Fremden sagt sie: »Schlimme Zeiten, Herr Doktor. Man muß sich helfen. Ein Stuhl wird sich schon finden!«

Als sie alle noch zusammensitzen und über die schlimmen Zeiten sprechen, klopft es wieder ans Fenster.

Großvater kauert draußen. »Ist Agata hier?« fragt er.

»Verrücktes Frauenzimmer!« schimpft er los, als er Agata in der Küche sieht. »Und wer ist das?« Großvater zeigt auf den Fremden.

Agata erzählt ihm alles. »Sind die Russen fort, Großvater?« fragt sie.

»Die schlafen«, nuschelt Großvater. »Einer in deinem Bett, einer in meinem.«

»Ich bleibe für immer bei Euch!« sagt Agata zu ihren Schwiegereltern. »Großvater bringt mir morgen meinen Koffer!«

»Du bleibst bei Großvater wohnen!« sagt die Schwiegermutter. »Wenn Rolf zurückkommt, dann habt Ihr wenigstens eine Wohnung!«

Dann gehen die Schwiegereltern und Agata zu Bett. Großvater und der Fremde schlafen auf Stühlen in der Küche.

Am nächsten Morgen stapfst Großvater in seine Wohnung zurück. In der Küche sitzen die zwei Russen und rauchen.

»Väterchen, Kaffee kochen!« sagen sie.

»Nee, nee«, erwidert Großvater. »Kaffeekochen ist Weibersache!« Und er holt Frau Sommer.

Obwohl Frau Sommer Angst vor den Russen hat, kocht sie für die Soldaten Kaffee. Sie darf auch eine Tasse mittrinken. Sie sagt: »Der Kaffee war ein Gedicht!«

Nach dem Kaffeetrinken verabschieden sich die Soldaten und gehen fort.

Mittags kommt Agata wieder. Sie hat sich mit den Schwiegereltern gezankt. Nun will sie nie mehr zu ihnen.

Noch manchmal klingelt es nachts bei Agata. Immer denkt Agata, es ist ihr Mann Rolf, der aus dem Krieg zurückkommt.

Es sind manchmal Russen. Manchmal auch Franzosen oder Polen. Sie bringen sogar Geschenke für Agata mit: Schokolade, Brot oder Graupen oder Tabak für den Großvater.

Die jungen Mädchen aus unserem Haus, Thea, Elvira und Sonja und vor allem Sommers Lotti schimpfen mit Agata, weil sie den Ausländern Bohnenkaffee kocht. Aber Agata sagt dann immer stolz: »Was versteht Ihr dünnen Gräten denn schon davon!«

Eigentlich ist das ungerecht von Agata. Ist es unsere Schuld, wenn wir nicht Bohnenkaffee kochen können? Schließlich gab es keinen Bohnenkaffee im Krieg!

8.

DIE ARBEIT UND DIE SCHULE BEGINNT WIEDER

DAS ANTIFASCHISTISCHE KOMITEE UND DIE FASCHISTEN
Immer noch Mai 1945

ICH SEHE MEIN DRESDEN WIEDER
Auch im Mai 1945

ALEX UND DIE WALDPARKSCHULE
Juni 1945

MEIN GEBURTSTAG
11. Juni 1945

DAS ANTIFASCHISTISCHE KOMITEE UND DIE FASCHISTEN
Immer noch Mai 1945

Außer dem sowjetischen Kommandanten haben wir noch ein antifaschistisches Komitee. Was es für Worte gibt: Komitee! In diesem Komitee arbeiten Deutsche, die gegen Hitler und seine Faschisten gekämpft haben oder die jetzt gegen die Faschisten kämpfen wollen. Faschisten: Das sind Leute wie Hitler und Goebbels, der immer im Radio sprach, und Mutschmann, der Statthalter oder Gauleiter Hitlers in Sachsen. Hitler ist zwar jetzt tot, und wo dieser Mutschmann ist, wissen wir nicht. Aber es leben noch viele Gedanken von Hitler und den Faschisten in den Köpfen deutscher Menschen. Das antifaschistische Komitee will, daß in den Köpfen deutscher Menschen neue Gedanken wachsen. Damit Deutschland nie wieder so einen schrecklichen Weltkrieg beginnt.

Das Komitee hat als erstes angeordnet: Alle Leute sollen wieder zur Arbeit gehen! Wenn ihre Betriebe zerstört sind, müssen sie ihre Betriebe reparieren. Oder eben vorläufig woanders arbeiten. Arbeiten müssen alle wieder. Von Montag bis Sonnabend. Wie vorher. Faschisten müssen auch sonntags arbeiten.

In unserer Siedlung wohnen einige Faschisten. Sie gingen immer in SA-Uniformen. Deshalb kennen wir sie. Nicht nur deshalb. Auch, weil sie alles weitermeldeten. Und wir uns deshalb fürchteten vor ihnen. Nicht nur wir Kinder.

Es gibt aber auch Faschisten, die keine Uniform getragen haben. Die waren bei der Geheimen Staatspolizei. Wie der

Herr Bohne. Vor denen fürchteten sich alle noch mehr. Solche Leute müssen jetzt ausziehen aus unserer Siedlung. Aus unserem Haus müssen Frau Bohne und Jürgen ausziehen. Dabei sind Frau Bohne und Jürgen bestimmt keine Faschisten! Was können denn die dafür, wenn Herr Bohne schlimme Sachen gemacht hat! Frau Bohne hat sich noch nicht einmal davon erholt, daß ihre Ria nicht nach Hause gekommen ist!

»Nicht einmal ein Grab habe ich für sie!« hat sie manchmal Großmama geklagt. Und jetzt muß sie auch noch ausziehen! Arme Frau Bohne, armer Jürgen!

Am ersten Sonntag im Frieden müssen die Faschisten aus unserer Siedlung die Aschegruben ausräumen. Das gibt uns Kindern großen Spaß! Im Krieg haben wir uns alle vor diesen Männern mächtig gefürchtet! Wer etwas sagte, was den Faschisten nicht gefiel, der wurde angezeigt von denen bei der Polizei! Bei wem das schwarze Verdunklungsrollo nicht dicht genug am Fenster anlag oder bei wem es verrutscht war, der wurde angezeigt! Angezeigt wurde, wer mit Ausländern sprach oder ihnen half. Wer den Krieg nicht wollte und das sagte. Wer Hitler oder Mutschmann nicht mochte und das sagte. Wer Befehlen nicht gehorchte und so weiter und weiter.

Die Angezeigten wurden dann in die Stadt bestellt, zur Polizei. Kamen sie zurück, durften sie nicht erzählen, wie es dort gewesen war. Manche kamen nicht zurück, die konnten sowieso nichts erzählen. Die sind sicher gleich in solche Lager gekommen. Da hat man die Leute gesammelt, die gegen Hitler und seinen Krieg waren. Konzentriert. Und deshalb hießen diese Sammellager Konzentrationslager. Dort kamen auch Leute hin, die so neugierig waren wie ich, oder die laut gedacht haben wie ich. Oder die gefragt haben, was sie nicht fragen durften.

Ich verstehe jetzt, warum meine liebe kleine Großmama

immer so böse wurde, wenn mein Kopf laut zu denken anfing. Es muß ja schrecklich gewesen sein mit so einem Kind, das immer wieder fragt! Nur gut, daß ich jetzt fragen und neugierig sein darf! Komisch ist nur: Die Erwachsenen wissen oft gar keine Antworten.

Gut und gerecht ist jedenfalls: Jetzt werden die Anzeiger bestraft! Und wir alle können dabei zuschauen! Im Krieg liefen sie in braunen Uniformen herum! Nun stehen sie im braunen Aschemehl und graben und schaufeln und sehen schon wie Aschemänner aus!

Herr Bohne räumt allerdings nicht mit die Aschegruben aus.

Helmut sagt: »Der war ein höheres Tier! Höhere Tiere sperrt man jetzt ein! In die gleichen Gefängnisse, in die sie vorher die anderen eingesperrt haben!« Aber in welchem Gefängnis Herr Bohne ist, weiß Helmut auch nicht.

ICH SEHE MEIN DRESDEN WIEDER
Auch im Mai 1945

Mutti soll sich am Montag nach Pfingsten auf ihrer Arbeitsstelle, dem Kühlhaus, melden. Weil ich noch keine Schule habe, nimmt sie mich mit.

Wir fahren mit der Straßenbahn bis zum Stübelplatz. Weiter fahren die Bahnen noch nicht. Von hier aus müssen wir um die Innenstadt herumlaufen, um nach Dresden-Friedrichstadt zu kommen. In Dresden-Friedrichstadt auf der Magdeburger Straße steht Muttis Betrieb.

Ich habe meine Stadt seit dem Faschingsdienstag am 13. Februar nicht gesehen. Ich bin ganz erschrocken. So riesig hohe Trümmerberge hätte ich mir nie vorstellen können! Alles, auch alles kaputt, wohin man schaut! Irgend so ein Trümmerberg muß meine Clara-Schumann-Schule sein! Ein bißchen war ich traurig, damals, daß sie kaputt ging. Aber ein bißchen war ich auch froh. Da war vieles, was ich nicht verstanden habe. Die Befehle immer! Alles so streng! Und wenn mir etwas Spaß machte und ich arbeitete mehr, als ich sollte, da gab es Tadel. Einmal in Handarbeit hatte ich einen Topflappen, den wir nur anfangen sollten, einfach fertig gestrickt. Und mich auf die Überraschung gefreut, wenn ich ihn der Handarbeitslehrerein zeigen würde. Da gab es keine Überraschung, sondern einen Vortrag über Ungehorsam! Komischer Gehorsam. Trotzdem, wenn ich jetzt mit meinen Augen die Schule suche und sie nicht finden kann, tut sie mir leid. Auch die Straße ist nicht mehr da, auf der sie stand, die Marschnerstraße. Es ist wie mit Ria: Sie hat nicht einmal ein Grab.

Gruslig, diese Ruinengebirge mitten in der Maisonne! Und unter den Steinmassen liegen Menschen, liegt vielleicht auch Ria. Die noch Frau Bohne angerufen hatte, ehe sie aus ihrem Telegrafenamt fortgegangen ist. Nach dem ersten Angriff. Da hat Ria noch gelebt.

Die Leute haben viel erzählt vom Feuersturm und seiner Kraft. Der Leute ins Feuer hineingezogen hat, gegen den sich die Menschen nicht wehren konnten. Er war stärker als sie. So ein Glück, daß die Flugzeuge nicht am Nachmittag gekommen sind, als wir in der Schule waren! Da, wo früher der Georgsplatz und eben diese Schule war, da sind auch nur Berge von Schutt. Vielleicht würden Christa-Maria und ich jetzt dort im Keller liegen, verschüttet oder verbrannt oder erstickt. Vielleicht wären wir auch in einer Straßenbahn verbrannt. Oder der Sturm hätte uns ausgezogen und ins Feuer geschleudert. Haben wir ein Glück gehabt, daß die Bomber nachts gekommen sind und nicht am Tage!

Als wir bei Muttis Betrieb ankommen und durch das Eingangstor gehen, ruft Mutti entsetzt: »Das soll doch nicht etwa mein Betrieb sein? Das ist ja ein richtiges Zigeunerlager!«

Mutti hat richtige Zigeunerlager gesehen, früher, vor dem Krieg. Eigentlich noch früher. Als sie ein Vierteljahr durch Deutschland gewandert ist. Damals gab es in Deutschland noch Zigeuner. Jetzt gibt es keine mehr bei uns. Zigeuner wären Menschen ohne Wert, also wertlos, hat Hitler gesagt. Und er hat sie in diesen Lagern konzentriert wie die Juden und Kommunisten und hat sie dann in großen Kammern mit Gas vergiftet. Auch die Kinder. Gemein!

Im Hof des Kühlhauses wimmelt es von Leuten. Auf einer Holzkiste am Eingang sitzt ein junges Mädel und spielt Ziehharmonika. Zwei Russen tanzen miteinander zu der Musik. Und überall lagern auf Decken und Pappen Frauen mit Kindern. Sie füttern die Kinder hier draußen. Andere kochen über Holzfeuerchen irgendwas, was komisch riecht.

Muttis Chef, Herr Weißgerber, ist auch auf dem Hof. Und auch Herr Altmann und viele andere Arbeitskollegen und Arbeitskolleginnen von Mutti. Herrn Sternberg sehe ich nicht.

Herr Weißgerber erklärt, das ganze Verwaltungsgebäude läge voller Polen. Die Polen wären auf dem Weg nach Hause und wollten sich hier ein paar Tage ausruhen. Hier im Betrieb. Das geht ja aber nicht, weil doch alle mit der Arbeit wieder anfangen sollen. Und so holt Herr Weißgerber den sowjetischen Kommissar.

Der Kommissar unterhält sich lange mit den Polen. Die wollen wahrscheinlich nicht gehen, denn der Kommissar schreit sie dann an. Da packen sie langsam Decken und Töpfe zusammen und beladen Kinderwagen und Leiterwagen. Mittags sind alle vom Hof. Nun können die Leute vom Kühlhaus in ihre Arbeitsräume und mit Arbeiten anfangen. Denken die.

Der Chef geht zuallererst auf den Boden. Hier hat er viele Koffer mit guter Bettwäsche und den Pelzmänteln seiner Frau und Töchter ausgelagert. Davon ist nichts mehr da. Voller Wut läuft er zum Kommissar, der ein wenig deutsch versteht. Der Kommissar kann Herrn Weißgerber auch nicht helfen. Fort ist fort, futschikato!

Der Chef jammert um seine guten Sachen und schimpft auf die Polen. Sicher haben die seine Koffer gestohlen!

In den Arbeitsräumen des Kühlhauses sieht es vielleicht lustig aus! Die Erwachsenen finden das zwar nicht lustig. Sie sind entsetzt. Überall Lumpen und alte Kleidung und schmutziges Geschirr! Bei den Schreibtischen fehlen die Fächer, bei Stühlen die Beine oder Lehnen! Und wie es riecht in den Räumen! Das dreht mir fast den Magen um! Haben die Polen die Toilette nicht gefunden?

Trotzdem, es ist mächtig interessant hier! Herrlich, daß mich Mutti mitgenommen hat! Da kann sie einmal sehen, was wirklich liederlich ist! Sie sagt immer, ich wäre liederlich. Außerdem: Mutti nimmt mich jetzt gern mit, wenn sie irgendwohin geht. Auch Christa-Marias Mutti nimmt Christa-Maria mit, wenn sie irgendwohin geht. Wir haben immer zu tun, Christa-Maria und ich. Vor dem Haus zu sitzen und zu spielen oder zu stricken oder vielleicht irgendwohin spazierenzugehen, dazu haben wir keine Zeit. Wir sind nämlich Schutzengel.

Manchmal muß ich auch mit Großmama gehen oder mit Frau Sommer, wenn Helmut nicht da ist. Lotti ist schon zu alt für einen Schutzengel. Die brauchte selber einen, meint Frau Sommer. Warum die Frauen Schutzengel brauchen? Na, wegen der Russen! Manche Russen tun Böses mit deutschen Frauen. Vergewaltigen heißt das. Genau weiß ich nicht, was das ist. Etwas Gewaltiges auf jeden Fall. Aber haben die deutschen Frauen Kinder mit, tun die Russen es nicht, das Gewaltige.

Ich kraxle in dem Durcheinander herum und suche nach Dingen, die ich brauchen kann. Und natürlich habe ich Glück! Schutzengel müssen ja auch Glück haben! Ich finde einen hellblauen gestrickten Schal, einen roten Kinderpullover, eine Sonnenhose, eine handgestrickte Männersocke und ein kleines Frottierhandtuch!

In das Handtuch wickle ich alles andere hinein. Bis auf den Strumpf. Mit ihm binde ich das Bündel zu.

Mutti und ihre Arbeitskollegen räumen bis abends und säubern die Räume. Manche Ecken sind einfach eklig! Warum, habe ich schon gesagt.

Ich sammle nun Stuhlbeine zusammen. Viele finde ich nicht. Sicher haben die Polen die Beine für ihre Feuerchen gebraucht. Stuhlsitze aber gibt es jede Menge.

Zuletzt gehen Mutti und ich noch in Herrn Sternbergs Arbeitszimmer. Es sieht genauso verhaust aus. Ein wenig räumen wir den Mist weg und waschen Arbeitstisch und Stuhl ab. Die Pritsche, auf der Herr Sternberg geschlafen hat, nachdem er in Dresden ausgebombt war, ist ohne Decken und Kissen, einfach nackt. Mutti muß ihm das an die Adresse von seinem Vater schreiben. Damit er eine

Decke mitbringt, wenn er von Wiesbaden nach Dresden zurückkommt.

Dann sind wir so müde, daß wir beschließen zu gehen. Die meisten sind schon vor uns gegangen. Herr Weißgerber nicht. Er fragt Mutti, ob sich Herr Sternberg bei ihr gemeldet hat.

Mutti sagt: »Nein. Ich habe nichts von ihm gehört, seit er sich von uns verabschiedet hat. Er wollte ja zu seinem Vater nach Wiesbaden!«

»Da ist er nicht angekommen«, erzählt Herr Weißgerber. »Sein Vater hat bei mir zu Hause angerufen. Wir brauchen ihn dringend! Hoffen wir, daß er sich bald meldet!«

»Hoffen wir es«, sagt auch Mutti.

Wir gehen wieder um die Innenstadt herum bis zu unserer Straßenbahn. Dann fahren wir vom Stübelplatz bis zur Haltestelle Stephensonstraße. Weiter fährt die Bahn noch nicht. Von hier müssen wir noch eine Haltestelle bis zum Heckenweg laufen.

Wir laufen nicht die Königsallee entlang, sondern die Pirnaer Landstraße. Weil es hier interessanter ist. Und man auch allerhand am Straßenrand finden kann. Immer noch, schon seit Tagen, ziehen hier die Trecks nach Hause. Massen von Menschen mit sonstwas auf ihren Wagen.

Zuerst finde ich einen hellen Strohhut. Ganz neu! Mit einem Preisschild: 3 Mark und sechzig Pfennige! Ich freue mich riesig und setze ihn gleich auf. Er paßt sogar! Dann finde ich einen hübschen Tiegel, einen gestrickten Strumpf und eine Männerhose. Ein Stück weiter liegt die Jacke dazu. Auf dem Rücken der Jacke ist ein »P« aufgestempelt.

Großmama staunt über unsere Schätze. Sie betrachtet sich alle genau und sagt: Jacke und Hose muß sie erst einmal waschen. Und dann wird sie daraus Filzschuhe für uns nähen. Nur wie sie das mit den Sohlen macht, weiß sie noch nicht

genau. Ein Glück, daß sie mich hat! Ich weiß es von Christa-Marias Großmama. Die hat Christa-Maria auch Filzschuhe aus einer alten Joppe genäht! Für die Sohlen hat sie aus Bett-tüchern Streifen geschnitten und die zu Zöpfen geflochten. Die Zöpfe hat sie zusammengenäht zu richtigen Sohlen. Wie das gemacht wird, kann ich Großmama zeigen.

Von diesem Tag an geht Mutti wieder regelmäßig zur Arbeit. Doch an einem Tag fehlt Mutti im Betrieb. Und das, obwohl sie früh wie immer von uns fortgegangen ist. Das kam so: unsere Straßenbahnen fahren alle nur bis dahin, wo die Innenstadt beginnt. Sie können gar nicht weiterfahren, weil es in der Innenstadt keine Straßen mehr gibt. Nun sollen die früheren Straßen wieder freigeschaufelt werden. Das antifaschistische Komitee organisiert die Arbeiter dafür.

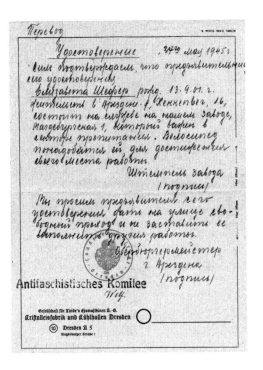

Das sind meistens Leute, deren Betriebe nicht repariert werden. Aber diese Arbeiter reichen einfach nicht aus für die Trümmergebirge. Da helfen die sowjetischen Soldaten. Sie schaufeln und graben mit. Doch sie helfen auch anderweitig. Das machen sie so: An der Haltestelle Altleuben steigen plötzlich sowjetische Soldaten in die Straßenbahn. Sie besetzen alle Eingänge und Ausgänge. Niemand kann jetzt mehr hinein oder heraus. Bis zum Stübelplatz fährt nun die Straßenbahn durch, ohne zu halten. Am Stübelplatz müssen alle aussteigen und unter Bewachung der Soldaten zu einem der Trümmerberge marschieren. Hier bekommt jeder eine Hacke oder eine Schaufel oder einen Spaten. Dann wird die Arbeit eingeteilt.

Mutti erzählt: »Erst haben die Leute ja ein wenig geschimpft. Aber dann hat es ihnen Spaß gemacht!« Bis abends mußte Mutti auf so einem Trümmerberg arbeiten. Sie war von der Sonne verbrannt und ganz schmutzig, als sie nach Hause kam.

Jetzt ist Mutti schlau: sie muß zwar etwas zeitiger als sonst von zu Hause fortgehen. Sie läuft nämlich drei Haltestellen bis zur Haltestelle »Abzweig nach Reick«. Hier steigt sie dann ein in eine Bahn, die hält. Die von Russen besetzten Bahnen halten hier schon nicht mehr.

Trotzdem muß Mutti noch einmal mit zum Enttrümmern. Ja, Enttrümmern nennt man diese Arbeit! Das ist dann Muttis neuem Chef zu dumm geworden! Er brauchte doch Mutti! Muttis Chef ist jetzt nicht mehr Herr Weißgerber. Der mit den Koffern voller Pelzmäntel und der Bettwäsche aus Damast. Mutti hat eigentlich zwei neue Chefs. Einer heißt Konstantin Semjonow und ist ein sowjetischer Ingenieur. Der andere neue Chef ist Herr Altmann. Der mit dem kleinen Jungen, der Andreas heißt. Der wohnt jetzt Tag und Nacht bei der jungen Frau. Zum Glück war der Soldat noch nicht da, der den Jungen holen will nach dem Krieg. Wenn er noch lebt nach dem Krieg. Vielleicht lebt er nicht mehr. Dann kann die junge Frau Andreas behalten. Aber ich komme vom Hundertsten ins Tausendste, wie Mutti sagt. Eigentlich will ich erzählen: Mutti braucht jetzt nicht mehr zum Enttrümmern. Sie hat eine weiße Armbinde mit einem sowjetischen Stempel darauf und außerdem einen Betriebsausweis in sowjetisch und deutsch. Darauf steht, daß sie nicht mit zum Enttrümmern muß und daß man ihr auch ihr Fahrrad nicht wegnehmen darf.

ALEX UND DIE WALDPARKSCHULE
Juni 1945

Seit Ende Mai gehe ich auch wieder jeden Morgen zur Schule. Ich trage meinen braunen Lederranzen auf dem Rücken und in der Hand einen Beutel, den Oma genäht hat. Wenn ich schnell laufe, klappert es im Beutel. Das ist mein Löffel, der an die Eßschüssel schlägt. Die dunkelbraune Schüssel aus Emaille habe ich auch an der Pirnaer Landstraße gefunden. Sie hat am Schüsselrand ein Loch. Ich könnte mir die Schüssel sogar umhängen, wenn ich einen Strick durch Loch ziehe! Ein Glück, daß ich die Schüssel gefunden habe! Ich müßte sonst eine aus Steingut nehmen wie andere Kinder. Die immer Angst haben, daß sie zerbricht.

Wir bekommen jetzt jeden Tag in der Schule ein Mittagessen. So einen Brei aus Sojaflocken und Stärkemehl. Der schmeckt herrlich! Und wir bekommen ihn ganz umsonst!

Schön ist es auch, morgens mit Christa-Maria und den anderen Kindern den sonnigen Weg zur Waldparkschule zu laufen! Vorbei am Lockwitzbach und am Volkshaus, wo eine sowjetische Kommandantur ist. Schön ist das, keine Angst mehr zu haben, daß plötzlich eine Sirene losheult und man von allem Abschied nehmen muß! Gern schaue ich vom Weg hoch in die Ferne zum Borsberg. Der schimmert blau. Wenn ich die Augen zusammenkneife, kann ich die Häuschen erkennen. Dort gehe ich bald überall hin! Morgen oder übermorgen, ich habe ja jetzt viel, viel Zeit!

Im letzten Jahr, wenn wir irgendwohin fortgingen, da ging auch die Angst mit. Klar, auch Hans-Martin und ich hatten große Angst, damals in der Heide. Jetzt können wir wieder wandern, Mutti und ich und Onkel Franz vielleicht und die

Jungen und Janni, und Tante Milli und Tante Berthel und Onkel Heinz! Viele deutsche Soldaten sind nun nach dem Ende des Krieges Gefangene geworden wie auch Christa-Marias Vati und die Vatis anderer Kinder, die mit uns in die neue Klasse gehen. Ja, wandern! Jetzt fängt das richtige Leben an! Das sagt Großmama auch. Sie hat ja noch länger als ich auf das richtige Leben gewartet! Hat sich schon durch zwei Weltkriege gehungert, nicht nur durch einen wie ich! Jetzt gehört mir alles wieder: die Bäume, die blauen Berge mit hellen Häuschen darauf, die Menschen, die ich lieb habe, alles! Die ganze Welt!

Wenn wir auf dem Weg zur Schule am Volkshaus vorbeikommen, rufen manche Kinder: »Alex!« Und wir winken dem sowjetischen Soldaten, der auf einem weißen Küchenstuhl vorm Volkshaus sitzt. Alex bewacht die sowjetische Kommandantur.

Wenn wir auf dem Schulhof turnen, schaut Alex uns zu. Oder wenn wir in den Pausen auf dem Schulhof frühstücken, lehnt er am Zaun und unterhält sich mit Kindern. Er kann ein bißchen deutsch. Alex ist nicht sehr groß, braungebrannt, weil er immer in der Sonne sitzt. Er hat kurze helle Haare wie Hans-Martin. Auch so einen Kugelkopf. Seine Augen sind blau wie bei Christa-Maria, so groß und mit dunklen Wimpern. Blau ohne ein bißchen grau oder grün oder gelb. Meine Augen sind graublau, wie Muttis Augen. Doch Mutti hat schwarzes Haar, ich bin blond mit ein bißchen Rot darin. Von wem ich diese Haare nur habe? Auch Großmama wüßte das gern. Alle waren dunkelhaarig in unserer Familie. Und dann sowas wie ich! Komisch! Vielleicht von meinem Vati? Ich muß Mutti fragen.

Die meisten Mädchen unserer neuen Klasse sind ein Jahr älter als Christa-Maria und ich. Wir als Oberschülerinnen sind anstatt in die fünfte Klasse gleich in die sechste gekommen.

Die Volksschülerinnen, die ein Jahr älter sind als wir, unterhalten sich oft über Jungen und kichern dabei. Manche Mädchen haben schon eine richtige Brust. Sie wissen genau, welche Jungen hübsch sind und welche nicht. Ich muß immer erst lange überlegen, ehe ich es weiß. Oft weiß ich es trotzdem nicht. Einige der großen Mädchen finden Alex hübsch. Ich weiß nicht.

In der Schule habe ich Jürgen wieder getroffen. Jürgen Bohne. Er sah nicht besonders traurig aus. Aber ich habe ihn trotzdem nicht nach seinem Vati, dem Herrn Bohne, gefragt. Obwohl ich es gern wüßte, ob der noch im Gefängnis sitzt. Jürgen kam auch nicht zu mir gerannt wie sonst, hat nur gewinkt. Die Mädchen sagen, Jürgen wird bestimmt einmal ein Frauenheld. Komisches Wort. Wie soll er denn das machen! Er kann doch höchstens ein Männerheld werden! Soll er vielleicht seinen Vater befreien oder was? Die großen Mädchen kichern immer so. Sie sagen, das kommt einfach, das Kichern. Bei mir kommt es noch nicht. Vielleicht später, wenn ich eine Brust habe.

Christa-Maria und mir gefällt es in der Waldparkschule gut. Wir haben Unterricht in Lesen und Schreiben und Rechnen. Und in so schönen Fächern wie Zeichnen, Turnen und Musik. Zeichnen, Turnen und Musik hatten wir zuletzt im Krieg überhaupt nicht mehr. Das waren eben keine kriegswichtigen Fächer.

In der Waldparkschule sind während des Unterrichts die Fenster weit offen. In den Ästen und Zweigen der hohen Kiefern ringsum sitzen Vögel und zwitschern und singen. Manchmal hören wir auch, wie Alex singt. Er singt zur Balalaika. Das ist ein Musikinstrument, das ein bißchen wie eine Gitarre aussieht und ein bißchen wie eine Mandoline. Wir verstehen die Worte nicht, die Alex singt. Aber die verstehen wir auch nicht, wenn wir näher bei ihm sind. Wir dachten erst, er singt sowjetisch. Aber es gibt gar keine sowjetische Sprache. Alex spricht russisch. Doch wenn er singt, singt er in ukrainischer Sprache. Weil Alex kein Russe ist, sondern Ukrainer. Wenn wir im Zeichenunterricht malen und wir Alex singen hören, malt es sich noch einmal so schön!

In der Schule lernen wir jetzt neue Lieder. Am besten gefällt mir: »Brüder, zur Sonne, zur Freiheit! Brüder zum Lichte empor! Hell aus dem dunklen Vergangenem leuchtet die Zukunft hervor!«

Als ich es zu Hause Mutti das Lied vorsinge, damit sie es auch lernt, lacht Mutti und sagt: »Das Lied ist nicht neu, sondern sehr alt. Ich kenne es!«

»Und warum hast du es nie gesungen?« frage ich.

»Man durfte dieses Lied nicht singen! Hitler hatte es verboten!« antwortet Mutti.

»Ein Lied verboten?« wundere ich mich. Und muß ein Weilchen nachdenken. Ein Lied, das sind eigentlich Worte und Musik. Hitler hatte Angst vor Worten und Musik? Ich glaube, ein Lied ist doch mehr als Worte und Musik. Ja. Wenn ich singe oder wenn Alex singt, fühle ich mich ganz neu und glücklich. Wie das bloß kommt?

Wir singen das Lied zusammen, Mutti und ich. Großmama, die besser singen kann als Mutti, singt nicht mit. Sie kann das Lied nicht singen, weil sie es nicht kennt.

MEIN GEBURTSTAG
11. Juni 1945

Zu meinem Geburtstag habe ich nur Christa-Maria eingeladen. Sonst ist nachmittags niemand da. Auch Mutti nicht, weil sie arbeiten muß. Ganz kurz kommt Günter aus Nickern vorbei und bringt mir Buntstifte und Blumen und einen Gummiring zum Aufblasen, mit dem man das Schwimmen lernen kann. Ich bin nämlich im vorigen Sommer keine Wasserratte geworden. Aber daß ich in diesem Sommer eine werde, glaube ich nicht. Die Schwimmbäder sind ja alle geschlossen. Günter geht gleich wieder fort, weil er zum Geigenunterricht muß.

Von Mutti habe ich einen gestrickten Pullover und ein Faltenröckchen bekommen Und zwei Paar Halbstrümpfe, die sie mir aus dem hellblauen Schal gestrickt hat, den wir im Kühlhaus gefunden hatten. Christa-Maria schenkt mir Erdbeeren aus ihrem Garten und einen Rosenstrauß. Großmama schenkt mir fünf Mark. Das ist sehr viel Geld. Sogar Kuchen haben wir nachmittags zum Kaffee. Und abends Kartoffelsalat mit einem winzigen Stück Beefsteak.

Am Abend gehen Christa-Maria und ich zum Turnen in die Leubener Schule. In die Leubener Schule sind Christa-Maria und ich bis zum Ende des vierten Schuljahres gegangen. Bis wir dann in die Clara-Schumann-Schule kamen. Im Turnen machen wir meistens Spiele oder Volkstänze. Wir freuen uns schon darauf, daß wir bald an den Geräten turnen dürfen! Bockspringen hat mir früher am meisten Spaß gemacht. Weil ich richtige Sprungbeine habe. Kletterstangen mag ich weniger. Kletterfüße habe ich wahrscheinlich nicht.

Immer, wenn wir vom Turnen nach Hause kommen, unterhalten wir uns noch lange vor Christa-Marias Haustür. Ihre Mutti ruft dann manchmal herunter, ob sie uns Stühle bringen soll. Komisch, wir haben uns auf einmal so viel zu erzählen!

Christa-Maria und ihre Mutti haben eine Karte bekommen von ihrem Vati. Der ist in Rußland in Kriegsgefangenschaft. Er denkt, daß er bald nach Hause kommen wird. Christa-Maria kann sich das gar nicht vorstellen, wie es wird, wenn ihr Vati wieder da ist. Sie schläft jetzt neben ihrer Mutti im Ehebett. Wie ich. Dort kann sie dann nicht mehr schlafen. Aber ihr Kinderbett ist inzwischen zu klein geworden! Wo soll sie denn schlafen?

Ich habe Christa-Maria immer um ihren Vati beneidet. Er hat Christa-Maria und ihrer Mutti schwarze Stiefelchen geschickt aus Polen. Und eine Mandoline dazu! Schade, wir wissen nicht, wie man darauf spielt! Und Christa-Maria möchte auch lieber ein Klavier haben wie ich. Vielleicht gibt es wieder Klaviere zu kaufen, wenn ihr Vati aus der Kriegsgefangenschaft zurück ist. Christa-Maria hat ein bißchen Angst, daß ihr Vati ihre Mutti vielleicht nicht mehr so ganz richtig lieb hat, wenn er wieder da ist.

»Warum soll er sie denn nicht mehr lieb haben?« wundere ich mich.

Christa-Maria erzählt mir von Frau Krause aus ihrem Haus, die eine neue Ingrid hat. Herr Krause hat Frau Krause geschrieben, daß er lebt, aber nicht mehr mit Frau Krause leben möchte. Weil er eine andere Frau jetzt liebgewonnen hat.

Nun verstehe ich Christa-Marias Sorgen.

»Hoffentlich kann Frau Krause trotzdem ihre Ingrid behalten!« sagt Christa-Maria.

»Mutti hat mich doch auch allein!« erwidere ich.

»Das ist etwas anderes«, erwidert Christa-Maria. »Du bist das eigene Kind deiner Mutti.«

Ich überlege, ob ich das mit den zwei anderen Müttern Ilse und Maria sage. Aber da fragt mich Christa-Maria schon: »Weißt du immer noch nicht, wer dein Vati ist?«

»Nein.«

»Vielleicht kommt er jetzt auch von irgendwoher! Aus Rußland oder Frankreich oder Amerika! Oder vielleicht aus so einem Lager?« meint Christa-Maria.

»Glaube ich nicht!«

»Überlege doch mal«, sagt Christa-Maria, »gibt es nicht irgend jemanden, den du früher gekannt hast und der mit einem Male fort war?«

»Nein«, sage ich.

»Bist du denn gar nicht neugierig? Hast du deine Mutti noch nicht herumgekriegt, daß sie es Dir sagt? Im Krieg, na gut, da konnte man vieles nicht sagen! Aber jetzt ist doch Frieden! Da könnte sie es dir wirklich sagen!«

Ich schüttle den Kopf hin und her, rauf und runter. Rumgekriegt: nein. Neugierig: ja.

»Ich wette, ganz plötzlich ist er da!« meint Christa-Maria.

»Quatsch!« sage ich.

Zu Hause, nachdem Mutti mir noch einmal zum Geburtstag gratuliert hat, frage ich: Ob sie mir vielleicht heute, wo ich doch zwölf Jahre alt geworden bin, verrät, wer mein Vati ist und wo mein Vati ist.

Sie antwortet: Sie könnte es mir nicht sagen, weil sie meinem Vati versprochen hätte, es niemandem zu sagen. Niemandem.

»Und mein Vati wollte, daß du es mir nicht sagst? Er will nicht, daß seine Tochter weiß, daß sie seine Tochter ist? Mutti, er hat vielleicht gemeint, solange es noch Krieg ist«, versuche ich Mutti herumzukriegen. »Aber jetzt ist doch Frieden! Da kann man über alles sprechen!«

»Hör auf damit«, bittet mich Mutti. »Aber weil du heute

zwölf Jahre alt geworden bist, darfst du von nun an in dem Tagebuch lesen, das ich für dich geschrieben habe! Es gehört jetzt dir!«

Darüber freue ich mich sehr. Und dann zeigt mir Mutti noch etwas: ein Buch, das größer ist als andere Bücher. Eines mit Bildern und Geschriebenem. »Tagebuch von Paula Modersohn-Becker«, steht als Überschrift darauf. Mutti sagt, diese Paula Modersohn-Becker sei eine berühmte Malerin gewesen. Aber sie sei jung gestorben, nachdem sie ein Kind geboren hatte. Das Buch will mir Mutti nicht schenken. Aber ich darf es jetzt lesen. Weil ich nun zwölf Jahre alt bin. Und so gern male.

9.

SOMMERFERIEN

ENTNAZIFIZIERUNG UND STREUSELKUCHEN
Juli 1945

MIT ONKEL PAUL AN DER ELBE
August 1945

SOMMERFEST
Auch August 1945

MEIN GARTEN
September 1945

HOLZHOLEN MIT GROSSMAMA
Auch September 1945

ENTNAZIFIZIERUNG UND STREUSELKUCHEN
Juli 1945

Es ist jetzt Ende Juli. Wir sind nur einige Wochen in die Waldparkschule gegangen. Ab morgen haben wir schon wieder Ferien. Sommerferien. Heute ist der letzte Schultag.

Unsere Lehrer müssen alle erst noch einmal von diesem antifaschistischen Komitee überprüft werden. Wie sie in der Adolf-Hitler-Zeit gedacht haben und wie sie jetzt denken. Ob sie anders denken jetzt oder nicht. Das will man herausbekommen, ehe die Lehrer wieder Kindern etwas vorerzählen dürfen. Immerhin haben die Lehrer im Krieg die Kinder ganz gemein beschwindelt! Entnazifizieren, nennt man das, was das Komitee tut.

Überall wird entnazifiziert. Das antifaschistische Komitee will ein demokratisches Land aufbauen. Demokratisch ist: Das, was die meisten Menschen wollen, wird gemacht. Was nur wenige wollen, wird nicht gemacht. Wenn Deutschland vor dem Krieg ein demokratisches Land gewesen wäre, dann

hätte es den zweiten Weltkrieg überhaupt nicht gegeben. Denn heute sagen die meisten Leute, sie hätten den Krieg nicht gewollt. Trotzdem ist er gemacht worden.

Ich finde demokratisch gut. Wollen Großmama und ich etwas, kann Mutti nicht einfach etwas anderes tun. Allerdings, wenn sich Mutti und Großmama einig sind, daß ich meine Sachen aufräumen soll, dann muß ich aufräumen.

»Jede Medaille hat zwei Seiten«, hat Großmama gesagt, mit der ich mich neulich über die Demokratie unterhalten habe. Demokratie ist das Substantiv von demokratisch. Und mit Großmama bin ich einig: Mutti-Elisabeth muß sich diesen Befehlston abgewöhnen, wenn sie zu Großmama und mir spricht und den wir beide nicht leiden können.

Weil Großmama sich nicht traut, werde ich mit Mutti wegen ihrer Entmilitarisierung sprechen. Schließlich ist der Krieg zu Ende, und deshalb muß unser ganzes Leben entmilitarisiert werden. Entmilitarisiert ist das Verb vom Substantiv Entmilitarisierung.

Als Mutti abends an meinem Bett sitzt, sage ich zu ihr:

»Mutti, du mußt dich aber nun auch ändern, nachdem wir Frieden haben!«

»Ach? Wie meinst du denn das?« fragt Mutti.

»Du darfst nicht mehr in diesem Ton, du weißt schon, diesem Generalston zu Großmama und mir reden! Vor allem, wenn du mir sagst, daß ich aufräumen soll!«

Mutti lacht los, obwohl ich es ganz ernst meine. »Und wie soll ich dir diese notwendigen Dinge sagen?« fragt sie.

»Immer schön liebevoll und nett!« antworte ich.

Und Mutti hält nun als Probe eine liebevolle und nette Rede an ihr nicht immer besonders ordentliches Kind. »Ist es richtig so?« fragt sie mich.

»Ja, das gefällt mir besser!«

»Und du räumst danach auch wirklich auf?« fragt Mutti.

»Klar wie Kloßbrühe!« sage ich und muß lachen.

Eigentlich verstehe ich das selbst nicht an mir. Ich würde ja gern ordentlich sein. Aber kaum habe ich alles aufgeräumt, muß ich wieder etwas tun. Malen oder basteln oder nähen oder stricken. Und gleich liegt wieder alles »kreuz und quer«, wie Mutti es ausdrückt. Aber ich kann einfach nicht artig rumsitzen und nichts tun! Immer habe ich etwas vor, was ich tun möchte und was mir auch Spaß macht! Ich hasse diese ewige Aufräumerei! Schade um die schöne Zeit, die ich dafür opfern muß! Was ich da alles anfangen könnte! Ich habe schon oft darüber nachgedacht, wie es kommt, daß ich so bin. Vielleicht kann ich aber gar nichts dafür? Vielleicht habe ich es von irgendeiner Stamm-Mutter geerbt? Ja, sicher habe ich das! Und deshalb höre ich mir die Vorträge, die Mutti und Großmama mir oft halten, meistens geduldig an. Nur wenn sie gar nicht wieder mit dem Gerede aufhören, muß ich weinen und räume ein bißchen auf. Dann freuen sich Mutti und Großmama. Aber in mir ist kein Freuen. Komisch.

Sonst bin ich aber zufrieden mit meiner Mutti-Elisabeth und Großmama-Lina. Mit Großmama streite ich manchmal, wem Mutti mehr gehört: ihr oder mir. Ich denke, Großmama hat mit ihrer Elisabeth schon so lange gelebt, sie muß sie doch satt haben! Und deshalb gehört diese Elisabeth jetzt ganz mir! Großmama ist damit nicht einverstanden. Sie sagt: Elisabeth bleibt immer ihr Kind und gehört auch ihr! Aber ich komme schon wieder vom Hundertsten ins Tausendste. Und ich wollte doch von der Entnazifizierung erzählen!

Wir Schüler würden dem antifaschistischen Komitee bei der Entnazifizierung der Lehrer gern helfen. Es ist doch so: Lehrer, die noch nationalsozialistisch denken, dürfen Kinder nicht mehr unterrichten. Hoffentlich läßt sich das Komitee aber nicht von den Lehrern beschwindeln! Die Lehrer schwindeln sehr gut! Was die uns alles erzählt haben im Krieg, was Schwindelei war! Das Komitee könnte ruhig uns Kinder fragen! Wir wissen genau, wer von den Lehrern und Lehrerinnen im Krieg geschwindelt hat! Und ob wenig oder sehr viel! Die mit wenig Schwindeln könnte man ja behalten! Aber da gab es Schwindel-Riesen! Doch vielleicht waren das damals gar keine Schwindler? Vielleicht haben sie das geglaubt, was sie uns erzählten? Und heißen nun auf einmal Schwindler, und eigentlich sind sie selbst beschwindelt worden wie wir? O Gott, ganz schön schwer für so ein Komitee! Wird sicher lange dauern, diese Entnazifizierung! Macht nichts, haben wir eben wieder Ferien!

Am letzten Schultag gibt es eine herrliche Überraschung. Wir bekommen jeder eine Schöpfkelle richtigen Kakao in unsere Schüsseln und dazu zwei Stück richtigen Streuselkuchen!

Streuselkuchen! Großmama, Mutti und ich haben jahrelang keinen Streuselkuchen gegessen! Wegen der Streusel, in die doch Butter hineinmuß oder viel Öl! Unser Lehrer sagt, wir sollen den Kuchen sofort hier in der Schule aufessen. Die sowjetischen Soldaten hätten ihn für uns gespendet. Und deshalb sollten wir Kinder ihn essen und niemand anders als wir!

Ich beiße ein Stück vom Kuchen ab. Hm, der schmeckt! Ein Gedicht! würde Frau Sommer sagen. Den müssen Mutti und Großmama unbedingt kosten! Aber wie bringe ich ihn nach Hause? Ich habe eine Idee!

»Paß auf!« flüstere ich Christa-Maria zu. Ich beiße noch einmal ein großes Stück vom Kuchen ab und kaue mit platzvollen Backen. Dann stecke ich schnell das angebissene Stück Kuchen hinter den Gummirand meines Hosenbeines.

Christa-Maria macht es genauso. Der Lehrer merkt nichts. Wir bringen auch das zweite Stück dahin, wo das erste ist.

Der Weg nach Hause, mit Ranzen, Suppenschüsselbeutel und den Kuchenstücken im Hosenbein ist schwieriger, als wir gedacht haben. Es läuft sich ziemlich unbequem. Aber wir wollen doch nicht, daß die knusprigen Streusel vom Kuchen abfallen!

Als ich zu Hause meine Überraschung aus dem Hosenbein angle, muß Großmama laut lachen.

»Der Kuchen wird ja nach Hosenbein schmecken!« meint sie. Und dann kocht sie ein große Kanne Malzkaffee-Ersatz.

Als Mutti nach Hause kommt, gibt es Kaffee und Streuselkuchen.

Auch in den Ferien gehen wir jeden Tag zur Schule. Wir bekommen dort unser umsonstes Mittagessen.

Im Schulkeller holen wir immer schnell das Essen. Dann tragen wir vorsichtig die Schüsseln zur Wiese am Schulhof. Alex hat den Holzzaun zwischen Volkshaus und Schule herausgehoben und beiseite gelegt. So können wir uns zu ihm auf die Wiese setzen. Solange wir essen, klimpert Alex auf der Balalaika oder putzt sein Gewehr. Alex heißt eigentlich Alexander Maximowitsch Woronin. Woronin ist sein Familienname. Maximowitsch heißt er, weil sein Vater Max oder Maxim heißt. Das macht man so in der Sowjetunion. Das ist der Vatersname. Ein Glück, daß ich nicht in der Sowjetunion wohne! Wie sollte man das bei mir machen? Wo doch ich nicht weiß, wie mein Vati heißt! Vielleicht müßte Mutti dann seinen Namen verraten? Oder man nimmt bei mir einfach den Muttersnamen. Dann wäre mein Muttersname Elisabethowa. Frauen haben nämlich hinten am Namen noch ein a dran oder ein owa. Und Mutti hieße: Anna Margarethe Elisabeth Fritzowa Schäfer. Spaßig!

Alexander wohnt eigentlich in Odessa am Schwarzen Meer. Aber das Schwarze Meer ist nicht schwarz. Es ist nur manchmal stürmisch und wild. Deshalb heißt es so. Es ist der Charakter des Meeres, hat uns Alex erklärt. Alex ist einundzwanzig Jahre alt und hat noch keine Frau. Aber eine Mutter und zwei Brüder und einen Vater. Der Vater und die

Brüder sind irgendwo in Deutschland. Die Mutter lebt noch in Odessa am Schwarzen Meer. Alex hat auch einen Hund. Der heißt »Schurbaß«, und er wohnt neben dem Volkshaus in einer Hundehütte. Manche Kinder rufen ihn »Schnurrbart!« Darauf hört er auch. Zu uns auf die Wiese kommen kann Schurbaß nicht, er ist angebunden. Wenn Alex nach Odessa zurückfährt, nimmt er Schurbaß mit.

Am 29. Juli hat Tante Berthel Geburtstag. Sie wird 68 Jahre. Mit Großmama habe ich für sie eine Schüssel voll Falläpfel, die grünen Weizenäpfel, gesammelt. Die bringen wir ihr zusammen mit einem Strauß Blumen aus der Gärtnerei.

Diesmal ist es traurig bei Tante Milli und Tante Berthel. Obwohl Onkel Heinz aus dem Krieg zurück ist. Gesund ist er zurück, das ist doch ein großes Glück! Trotzdem sind alle unglücklich. Tante Millis Freundin Tossi und ihr kleines Kind leben nicht mehr. Sie war mit dem kleinen Mädchen noch einmal zu Tante Milli gekommen. Über das Blaue Wunder, die einzige Elbbrücke, die vor dem Sprengen gerettet wurde. Sie hat Tante Milli erzählt, daß sie mit ihrem Vater und dem Kind aus ihrer Wohnung rausgeworfen wurde, weil dort eine sowjetische Kommandantur eingerichtet worden ist. Sie hatte nichts mitnehmen können, nicht einmal das Kinderbettchen. Sie hat gefragt, ob sie bei Tante Milli wohnen könnte. Sie wohnte jetzt bei Bekannten, bei denen sie aber nicht bleiben wollte. Tante Milli hatte gesagt, sie sollte zu ihr kommen, sollte das Wenige holen, was sie bei den Bekannten hatte. Das Kindchen sollte sie gleich dalassen, hat Tante Milli gesagt. Aber ihre Tossi hat das Kindchen mitgenommen. Und dann ist sie nicht zurück zu der Bekannten gegangen. Sie muß sich mit ihrem Vater an der Elbe getroffen haben. Und zusammen sind sie ins Wasser der Elbe gegangen.

»Sie hat sich das Kindchen an den Körper gebunden«, sagt

Tante Milli betrübt. »Sie hätte mir wenigstens das Kindchen dalassen können!«

Das finde ich auch. Tante Milli wäre eine gute Mutti!

»Warum hat sie das nur getan?« fragt Tante Milli immer wieder.

Onkel Heinz streichelt Tante Milli. Ich bin auch mit einem Male ganz traurig. Wie schön wäre es gewesen, wenn Tante Milli die kleine Edda als Kind bekommen hätte! Jetzt, wo Onkel Heinz gesund aus dem Krieg zurückgekommen ist, hätten sie die kleine Edda adoptieren können! Zwei Jahre war sie erst alt, als sie sterben mußte! So eine Mutter kann ich nicht verstehen, die ihr Kind sterben läßt! Wenn ich ein Kind hätte und sterben wollte, würde ich das Kind dalassen! Aber wenn ich ein Kind hätte, würde ich ja gar nicht sterben wollen! Ein Kind ist das allerschönste, was man bekommen kann, das sagt Mutti auch. Und Großmama. Und Tante Milli.

MIT ONKEL PAUL AN DER ELBE
August 1945

An einem Sonntag im Sommer wollen Mutti, Großmama und ich an die Elbe gehen. Wir gehen alle drei gern an die Elbe. Dort setzen sich Mutti und Großmama auf eine Decke, Mutti liest in einem Buch oder schreibt etwas. Großmama schaut zum Wasser, oder sie schaut mir zu, wie ich Steinburgen baue.

Wir sind mit der zusammengerollten Decke, den eingewickelten Stullen und der Teeflasche schon an der Haustür, als ein großes schwarzes Auto vorm Hauseingang hält. So ein Auto habe ich noch nie gesehen! Riesig und schwarzblank! Und aus dem Auto steigen, wirklich und lebendig, mein Onkel Paul mit Tante Kläre!

Ich freue mich so, daß ich wie festgewachsen stehen bleibe. Mutti und Tante Kläre umarmen sich. Ich kann niemanden umarmen. Da umarmt Onkel Paul mich.

Tante Kläre ist Muttis Freundin. Sie haben sich in der gleichen Heimvolkshochschule Schloß Tinz kennengelernt, in der sich auch Mutti und Tante Gertraude kennengelernt haben. Und Onkel Franz und Tante Luisa. Alle waren dort, um etwas dazuzulernen zu ihren Berufen, die sie schon gelernt hatten. Onkel Paul war nicht dort, er ist viel jünger als Mutti und Tante Kläre. Zehn Jahre jünger. Er ist erst fünfunddreißig Jahre alt, sagt er, als Großmama ihn danach fragt. Trotzdem sind seine schwarzen Locken jetzt so weiß wie Großmamas Haare. Das verstehe ich nicht. Ich weiß schon, daß Menschen über Nacht weißhaarig werden können wie eine Frau aus unserer Siedlung. Die hat einen Brief mit der Nachricht vom Tod ihres Mannes bekommen. Die war dann am Morgen

weißhaarig. Aber Onkel Paul lebt, und Tante Kläre lebt auch! Und Kinder, die tot sein könnten, haben sie nicht. Ich würde gern wissen, warum das so ist bei Onkel Paul. Aber fragen geht nicht. Manchmal geht fragen einfach nicht.

Drei Tage und zwei Nächte werden Onkel Paul und Tante Kläre bei uns in Dresden bleiben. Onkel Paul ist in Plauen im Vogtland, wo er mit Tante Kläre wohnt, in dem antifaschistischen Komitee. Weil er Antifaschist ist und das auch immer war. Er muß etwas bei der Landesregierung in Dresden erledigen.

Wir sitzen alle um unseren Küchentisch. Großmama kocht frischen Pfefferminztee. Den in der Flasche lassen wir in der Flasche. Denn wir wollen danach mit Tante Kläre und Onkel Paul zusammen an die Elbe gehen.

Nun trägt Onkel Paul die zusammengerollte Decke, die ich sonst immer trage. Ich habe Spieleimer und Schaufel. Onkel Paul will mir aus Elbsteinen eine richtige Burg bauen. Er sagt, richtige Burgen sähen schön aus. Ich habe noch keine gesehen. Aber Onkel Paul. Er hat sogar in einer gewohnt. Na ja, nicht direkt gewohnt. Er war eingesperrt dort.

»Wie war denn das in so einem Sammellager?« frage ich Onkel Paul.

»Darüber möchte ich nicht sprechen«, sagt Onkel Paul. »Einverstanden? Aber wie hast du eigentlich die bösen Kriegsjahre gelebt?«

Ich erzähle ein bißchen.

Komisch, nun ist Frieden. Es ist auch kein Hitler mehr da und keine Geheime Staatspolizei, die uns ins Zuchthaus bringt, wenn wir nach etwas fragen. Trotzdem beantworten die Erwachsenen meine Fragen nicht.

Auf dem Weg zur Elbe kommen wir am Volkshaus vorbei. Wie immer sitzt Alex auf seinem weißen Küchenstuhl in der Sonne. Ein kleines Mädchen lehnt an seinen Knien. Sie essen zusammen Kirschen aus einer Tüte.

»Ein Bild des Friedens«, meint Onkel Paul. »Man müßte es malen!«

»Wird nun nie mehr Krieg sein?« frage ich Onkel Paul.

»Wir hoffen es«, antwortet Onkel Paul. »Wir müssen jetzt eine friedliebende deutsche Regierung aufbauen!«

»Bist du auch die friedliebende Regierung?« frage ich.

»Ein bißchen schon. Ich bin mit anderen Menschen dafür verantwortlich, daß neue Bilder und neue Bücher entstehen!«

»Wenn ich groß bin, werde ich vielleicht Malerin wie die Paula Modersohn-Becker«, sage ich leise. »Aber verrate es nicht!«

Onkel Paul lacht überrascht. »Du, ich wollte auch Maler werden!« sagt er.

»Du auch? Und warum bist du es nicht geworden?«

»Eine lange Geschichte«, meint Onkel Paul. »Ich mußte Geld verdienen. Mein Vater war tot, und meine Mutter lebte mit meiner blinden Schwester allein. Das bißchen Unterstützung reichte nicht für sie. Doch ich hatte mir vorgenommen: Wenn sie allein für sich sorgen können, werde ich versuchen, Malerei zu studieren!«

»Aber du hast doch nicht Malen studiert, stimmt das?« frage ich.

»Nein. Ich trat in die Kommunistische Partei ein. Die bestimmte dann, was ich zu arbeiten hatte. Und als Hitler kam, da brachte man mich auf die Burg Hohnstein. Das war ein Gefängnis damals. Dort habe ich mir gesagt: wenn ich hier lebendig rauskomme, werde ich endlich studieren! Kennst du die Bilder der französischen Impressionisten?« fragt er.

»Wer ist denn das?« frage ich.

»Cézanne, Gauguin, Van Gogh«, erklärt Onkel Paul.

»Ja, Van Gogh kenne ich. Über den hat Mutti ein Buch! Kennst du den Caspar David Friedrich?« frage ich.

»Ein Romantiker!« sagt Onkel Paul.

»Romantiker?« frage ich. »Was ist das nun wieder?«

Onkel Paul versucht, es mir zu erklären. Na ja, werde ich schon noch rauskriegen alles, später. Ich habe ja jetzt Zeit, viel Zeit! Aber die Namen muß ich mir merken: Cézanne. Gauguin.

»Und warum studierst du jetzt nicht Malerei?« frage ich.

Onkel Paul seufzt.

Klar: er darf es nicht! Seine kommunistische Partei bestimmt wieder, daß er etwas anderes arbeiten muß! Regieren soll er den neuen demokratischen Staat! Das hat die Mehrheit beschlossen. Hoffentlich beschließt sie mal nicht, daß ich regieren soll!

»Sag mal, kannst du überhaupt noch rennen?« fragt Onkel Paul. »Mal sehen, wer zuerst am Wasser ist!«

Wir sausen los. Im Nu habe ich Onkel Paul überholt. Wir hören Tante Kläre schimpfen. Onkel Paul soll nicht rennen! Soll an sein Herz denken! Mein Gott, diese Tante Kläre ist wirklich zu alt für Onkel Paul! Wie strafend sie ihn ansieht, als Mutti und sie am Wasser angekommen sind.

»Wie sehen denn Eure Elbwiesen aus!« ruft auf einmal Tante Kläre entsetzt. »Hier ist ja ein Bombentrichter am anderen!«

»Wir finden schon ein gemütliches Fleckchen!« tröstet Mutti ihre Freundin.

Ich führe Onkel Paul zum weißen Dampfer, der ausgebrannt am Ufer liegt. Mutti und Tante Kläre breiten unterdessen die Decke über den Steinen aus.

Dann setzen wir uns alle auf die Decke und schauen auf das fließende Wasser unserer Elbe. Und als wir so aufs Wasser schauen, fällt uns das Geschrei und Gequieke rings um uns auf.

»Was ist denn hier los?« wundert sich Mutti und wundern wir uns alle. Überall am Ufer, hüben und drüben an der Elbe, stehen Leute im Wasser und machen sehr komische Turnübungen! Und dabei kreischen und quietschen und lachen sie laut!

Ich setze meinen Strohhut wieder auf und spaziere los. Das muß ich näher untersuchen! Onkel Paul kommt mir hinterher. Breitbeinig und gebückt stehen die Leute in der Elbe. Planschen sie? Nein. Aber was tun sie dann? Endlich habe ich es herausgefunden: sie fangen Fische! Nicht etwa mit Angeln, nein! Mit Händen und Taschentüchern! Das ist ja wie ein Wunder! Große und kleine Fische kommen zu Hunderten geschwommen! Man braucht nur ein Taschentuch aufzuhalten, schon hat man einen! Nun muß man ihn nur noch töten!

»Wir fangen auch welche!« schlage ich Onkel Paul vor.

Onkel Paul ist einverstanden. Wir holen uns von Mutti und Tante Kläre Taschentücher. Und ziehen unsere Schuhe aus. Onkel Paul krempelt die Hosenbeine hoch.

»Aber Paul!« ruft Tante Kläre erschrocken. »Mit dieser Hose mußt du morgen zur Landesregierung!«

»Hast du etwas gehört?« fragt mich Onkel Paul und grinst mich an.

»Nein«, antworte ich und grinse auch. »Wie soll einer bei dem Lärm was hören?«

Jeder gefangene Fisch wird von den Leuten mit Hallo begrüßt. Und das Töten der gefangenen Fische muß auch erst gelernt werden! Die Tiere sind zwar ein bißchen betäubt, sonst wären sie ja nicht oben auf dem Wasser geschwommen. Doch so betäubt sind sie nicht, daß sie nicht auszureißen versuchen.

Die Menschen rennen über die Steine ihren entsprungenen Fischen hinterher. Ganz schlimm ist es mit den Aalen! Die winden sich wie Schlangen in den Händen der Menschen! Immer wieder entwischen sie zwischen Steine und Büsche. Das ist vielleicht ein Lachen und Kreischen an unserer Elbe!

Nicht nur Onkel Paul und ich, sondern auch Mutti und Tante Kläre stehen jetzt im Wasser. Mein Blecheimer füllt sich mit den erbeuteten Fischen. Großmama bewacht den Eimer. Sie muß beobachten, ob einer der getöteten Fische wieder zum Leben erwacht. Dann muß sie ihm mit einem Stein auf den Kopf schlagen. Erst will sie das nicht, sowas tun. Aber ich habe zu ihr gesagt, was Großmama sonst immer zu mir sagt: »Was sein muß, muß sein!«

Immer mehr Fische fangen wir. Großmama schichtet neben dem Eimer einen Berg Fische auf. Dann kommen die Fische seltener. Die Leute steigen aus dem Wasser und zählen ihre Fische. Wir auch. Wir haben achtundzwanzig Stück. Durch

fünf Personen geteilt, sind das für jeden von uns ungefähr fünf Fische!

Manche Leute gehen gleich nach Hause, um ihre Fische zu braten. Wir bleiben noch ein Weilchen an der Elbe und ruhen uns aus. Wir haben jetzt keine Lust mehr, eine Steinburg zu bauen, Onkel Paul und ich. Außerdem haben wir ja auch keinen Eimer mehr, um die Steine heranzuschleppen. Wir erzählen noch ein bißchen.

»Wie geht es eigentlich der Gertraude?« fragt Tante Kläre Mutti. »Wie hat sie das überlebt mit ihrem Bruder und dem Neffen?«

»Schlecht«, sagt Mutti. »Sie ist ganz wunderlich geworden im Kopf. Sie glaubt sich immer noch verfolgt. Spricht nicht mit den Leuten im Haus und schließt sich ein.«

»Komische Tante«, flüstere ich Onkel Paul zu. »Großmama läßt sie nicht in die Wohnung, weil sie immer so mit den Füßen auf unserem Linoleum scharrt!«

»Ach, Mädel«, meint Onkel Paul, »da ist manches anders, als du denkst! Gertraudes Bruder war der erste kommunistische Bürgermeister von Sachsen. Man hat ihn hingerichtet, getötet, wie auch seinen Sohn, der fast noch ein Kind war. Da wird man schon ›komisch‹, wie du es nennst.«

Ich bin ganz verlegen.

»Woher sollst du es wissen«, meint Onkel Paul. »Ihr habt genug mitgemacht im Krieg, ihr Kleinen!«

Den Bruder und seinen Sohn, getötet, überlege ich. Bei Mutti wären das Onkel Franz und Hans-Martin oder Günter.

»Können wir sie morgen besuchen?« fragt Onkel Paul nun Mutti. »Wir haben beschlossen, eine Straße in Zschachwitz nach ihrem Bruder zu benennen! Es soll eine Feierstunde geben mit einer Rede. Dazu brauchten wir das Einverständnis von Gertraude und ihrer Schwägerin.«

Abends waschen und putzen wir die Fische. Großmama kocht Kartoffelmus. Die Fische schmecken herrlich, herrlicher, am herrlichsten! Und daß Onkel Paul wieder da ist, finde ich auch herrlich, herrlicher, am herrlichsten!

An diesem Abend gehen wir alle spät ins Bett. Ich auch. Neben mir im Bett liegt Onkel Paul. Mutti schläft in der Küche mit Tante Kläre auf der Chaiselonge. Ich glaube, es heißt sogar: auf dem Chaiselonge.

Wir unterhalten uns noch lange, Onkel Paul und ich. Er fragt mich nach der Schule und nach den Bombenangriffen. Dann sprechen wir über Bilder. Die Onkel Paul schon gesehen hat, in Galerien. Die ihm besonders gefallen. Er sagt, die Dresdner Gemäldegalerie ist in der ganzen Welt berühmt gewesen. Und irgendwann wird die neue Regierung die berühmte Sempergalerie und auch die Semperoper wieder aufbauen. Sie heißen Sempergalerie und Semperoper, weil ein Herr Semper sie gebaut hat. Über hundert Jahre ist das her.

Ich kann mir nicht vorstellen, daß man diese Trümmergebirge einmal aus unserer Stadt herausbekommt und Dresden wieder wie früher aussieht! Na ja, Onkel Paul glaubt an Sachen, wie die Leute im Märchen eben an Wunder glauben! Die es ja im Märchen auch gibt, nur in Wirklichkeit nicht. Ich bin auch ein bißchen so, daß ich an verrückte Sachen wie Wunder glaube. Ein bißchen bin ich da Onkel Pauls Kind. Das sagt Onkel Paul auch. Er kann keine Kinder mehr bekommen. Ich glaube, wegen des Lagers, in dem er war.

»Onkel Paul, glaubst du, daß man an Bildern sterben kann?« frage ich.

»Wie kommst du auf einmal darauf?« wundert sich Onkel Paul, der meinen komischen Kopf nicht kennt, in dem die Gedanken so wild herumhüpfen, wie Mutti immer sagt.

Ich erzähle von Großpapa Fritz, den ich nicht gekannt habe. Von dem Großmama sagt, er ist an Bildern gestorben, die er gesehen hat.

»Dein Großvater war Sozialist«, beginnt Onkel Paul, der meinen Großpapa zwar auch nicht kennt, aber es trotzdem weiß. »Er war gegen Gewalt und Krieg. Und obwohl dein Großvater gegen jeden Krieg war, mußte auch er 1914 Soldat im ersten Weltkrieg werden! Er sollte tun, was er nie tun wollte: auf andere Menschen schießen! Ganz gleich, ob er auf andere Menschen geschossen hat oder nicht: auf alle Fälle hat er es gesehen, wie Menschen getötet wurden. Das kann wohl keiner vergessen, der so etwas sieht.«

»Hast du es auch gesehen?« frage ich.

»Ja«, antwortet Onkel Paul. »Nach dem Lager bin ich in ein Strafbataillon gekommen.«

»Was ist denn ein Strafbataillon?« frage ich.

»Wollen wir nicht endlich schlafen?« meint Onkel Paul.

Am nächsten Tag erzählen die Leute, es sollen welche an den Fischen gestorben sein. Wir nicht. Wir gehen am nächsten Tag nach Niedersedlitz zur Tante Gertraude. Ob sie uns ihre Tür aufschließen wird, wissen wir natürlich noch nicht. Wir werden vor der Tür sagen, wer wir sind. Wenn sie es glaubt, daß wir es sind, öffnet sie vielleicht.

Tante Gertraude läßt uns ziemlich lange klingeln und pochen. Sogar an ihr Küchenfenster klopft Onkel Paul. Wir haben schon gedacht, sie ist vielleicht gar nicht zu Hause. Obwohl die dicke Nachbarin von Tante Gertraude meint, sie müßte zu Hause sein. Dann schließt es leise. Zweimal. Ein Kette rasselt, und die Tür geht einen schmalen Spalt auf.

Mutti redet gleich los. Da wird der offene Türspalt breiter. Viel breiter kann der aber gar nicht werden. Denn Tante Gertraude hat hinter ihrer Tür irgendwelches Gerümpel abgestellt und mit Lumpen zugedeckt. Wir quetschen uns durch den Spalt und balancieren zwischen Kisten und Kästen und Flaschen und Fläschchen in die winzige Küche.

Tante Gertraudes Wohnung hat nur die kleine Wohnküche und ein Zimmerchen mit ihrem Bett. Wir alle stehen mit komischen Gesichtern herum. Einmal, weil es hier unangenehm riecht, andermal, weil man nicht weiß, wohin man sich setzen soll. Das Sofa liegt voll Zeitungen. Über den Stühlen liegt und hängt auch Ramsch, auf den man sich nicht setzen mag.

Ziemlich unglücklich sieht Tante Gertraude aus, gar nicht, als ob sie sich über unseren Besuch freuen würde. Ich glaube, sie weiß nicht, was sie jetzt tun soll. Sie steht, dünn und klein, in einem viel zu weiten und zu langen Kleid. Aber die Schnürstiefel hat sie an wie immer. Und ihr gelbweißes Käuzchen am Hinterkopf ist auch wie immer.

Sie räumt ein bißchen Zeug von den Stühlen, damit wir uns setzen können. Sie hat zwei Stühle, mehr nicht. So bleibt sie stehen. Mutti und Tante Kläre sitzen auf einem, Onkel

Paul auf dem anderen Stuhl. Ich habe mir eine Fußbank abgeräumt.

Obwohl draußen die Sonne scheint, ist Dämmerlicht im Zimmer. Weil die Gardinen fast zugezogen sind, und weil Tante Gertraude die Fensterscheiben lange nicht geputzt hat. Hinter dem Sofa an der Wand ist ein Regal. Auf dem lehnen ohne Rahmen Fotos von Leuten. Die einen sind sicher Tante Gertraudes Eltern. Auf den anderen Fotos ist einmal ein Mann allein, und dann ein Junge mit einer Frau. Und drum herum Briefe, Karten und Bücher. Und noch daneben, ziemlich groß und sehr, sehr komisch anzusehen in diesem Durcheinander: ein großer weißer Kopf aus Gips oder so einer ähnlichen Masse. Büste, nennt man das, glaube ich. Irgendwo habe ich das traurige, versteinerte Gesicht schon gesehen.

Tante Kläre bittet Tante Gertraude, uns Kaffee zu kochen und reicht ihr ein Tütchen mit Malzkaffee-Ersatz. Tante Gertraude sucht nach einem sauberen Topf für das Wasser und nach ihrer Kaffeemühle. Denn es sind im Kaffee-Ersatz manchmal noch halbe Malz-Körner. Wenn man die nicht noch einmal mahlt, kommt der Geschmack nicht richtig heraus.

Ich suche mit Tante Gertraude nach der Kaffeemühle. Im schmalen hohen Küchenschränkchen, das in der Stube steht, ist sie nicht. Im Räumchen, wo ihr Bett ist, auch nicht. Tante Gertraude findet die Kaffeemühle dann auf dem Klo. Dort hätte ich sie wirklich nicht gesucht! Ich dachte, dort müßte es noch schlimmer riechen, als in der Wohnung. Es roch eigentlich besser. Sie hat dort neben der Toilette so etwas wie ein Vorratsregal. Und das Fenster ist auch ein bißchen offen im Klo.

Ich mahle den Kaffee wie bei Oma auch. Eigentlich ist das eine hübsche Arbeit, aber der Hebel von Tante Gertraudes Mühle will sich erst einfach nicht drehen lassen. Vielleicht hätte ich nachsehen sollen, ob da schon irgend etwas in dem Trichter für die Kaffeekörner war! Unten kommt aber dann richtiges Kaffeemehl heraus.

Mit den Tassen ist es auch nicht besser: verdreckt. Dabei hat Tante Gertraude eine Brille! Und so viel älter ist sie auch nicht als Mutti und Tante Kläre! Wirklich, so eine Wohnung habe ich noch nie gesehen! Dabei könnte die hübsch aussehen! Wie eine Puppenstube! Ich bin ja auch nicht gerade ordentlich, aber in dieser Unordnung würde es mir nicht gefallen! Und auf diesen ganzen Ramsch gucken die leeren weißen Augen dieser Büste herunter! Jetzt fällt es mir ein: Beethoven ist es, der Musiker und Komponist!

Der Kaffee ist fertig. Aber ich kann den Kaffee nicht trinken. Es zwingt mich auch keiner dazu. Und obwohl Tante Gertraude auch aus dem Klo noch ein Tütchen Würfelzucker geholt hat. Und die angegrauten Zuckerchen etwas ganz Kostbares sind. Hat sie doch im Krieg aufgespart, sagt sie. Und zeigt uns dann, was sie noch aufgespart hat: Graupen und Erbsen und bunte Bohnen. Irgendwas in Fläschchen auch. Und Verbandszeug und Zwieback.

Was die Straße anbetrifft, die nach ihrem Bruder benannt werden soll, so ist Tante Gertraude einverstanden. Sie lächelt sogar ein winziges bißchen, als Onkel Paul ihr von dem Beschluß der neuen Regierung erzählt. Und ein bißchen kann ich mir jetzt vorstellen, wie sie früher ausgesehen hat. Als sie noch einen Bräutigam hatte. Aber ob die Frau ihres Bruders, die Schwägerin, einverstanden ist, das weiß Tante Gertraude nicht. Die müßte Onkel Paul selbst fragen, die ist grade erst aus dem Lager zurück und krank. Onkel Paul bittet Tante Gertraude, mit ihrer Schwägerin zu sprechen und ihm danach zu schreiben. Er will ihr ein Briefcouvert fertig machen. Aber Tante Gertraude möchte nicht mit ihrer Schwägerin sprechen. Warum, sagt sie uns nicht.

Die Erwachsenen trinken den Kaffee. Aber ich sehe, er schmeckt ihnen auch nicht. Wer weiß, was ich da zermahlen habe! Vielleicht Kellerasseln oder etwas Ähnliches!

Tante Gertraude, die sich zwischen die Zeitungsstöße auf dem Sofa gedrückt hat, scharrt auch hier bei sich zu Hause mit den Stiefeln auf dem Fußboden. Aber sie hat kein Linoleum, das man dann wieder bohnern muß. Hier sind nur Holzdielen.

Als wir wieder nach Hause gehen, schütteln alle ihre Köpfe über Tante Gertraude und darüber, wie sie lebt.

Onkel Paul sagt, Tante Gertraude wird zu dieser Gedenkstunde für ihren Bruder und ihren Neffen eingeladen. Ist ja wohl klar! Aber wenn Tante Gertraude dort so ankommt, wie sie heute aussah! In dem alten, fleckigen und schlecht riechenden Kleid! Das wäre unmöglich, meint Onkel Paul. Könnte Mutti-Elisabeth die Gertraude vielleicht ein wenig beraten, wie sie sich anziehen soll?

»Und wenn die nun nichts anderes hat, als solch altes Zeug?« frage ich. Ich bin nämlich ein bißchen in den Zimmerchen herumspaziert. Da habe ich nichts anderes gesehen als Lumpen.

Mutti und Tante Kläre wollen nachsehen, ob sie etwas Abgelegtes finden, das sie Tante Gertraude bringen können. Aber Mutti arbeitet die meisten alten Sachen für mich um! Tante Kläre wird etwas finden bei sich, so glaubt sie.

»Aber ob Tante Gertraude das dann anzieht?« zweifle ich.

Daran zweifeln die andern auch.

SOMMERFEST
Auch August 1945

Wir Kinder von Leuben und Kleinzschachwitz haben am 5. August ein großes Sommerfest auf dem Zschachwitzer Sportplatz.

Das Wetter ist bestens, warm und Sonnenschein. Zuerst machen wir einen langen Umzug mit Pferdewagen voran. Der Pferdewagen ist mit Girlanden und Blumen geschmückt. Auf dem Wagen sitzt eine Musikgruppe und spielt Lieder, die wir mitsingen. Viele, viele Kinder laufen hinter dem bunten Pferdewagen her. Sicher tausend oder mehr.

Wir machen Spiele wie Sackhüpfen und Ballwerfen und Wettrennen und Eierlaufen. Natürlich haben wir keine richtigen Eier auf unseren Holzkochlöffeln. Es sind kleine alte Tennisbälle. Die fallen immer wieder von den Löffeln herunter. Ich mache solche Spiele außer Wettrennen eigentlich nicht besonders gern. Obwohl ich manchmal gewinne. Irgendwie kommen mir die Spiele albern vor. Schon als kleines Kind wollte ich lieber zuschauen, das gab mir mehr Spaß! Auch beim Karussell schauen wir nur zu, Christa-Maria und ich. Es ist schön zu sehen, wie es sich dreht und sich die Kinder freuen!

Wir gehen dann lieber zum Kaspertheater. Hier verstehen wir aber kaum etwas, weil das Karussell so laut dudelt. Und deshalb laufen wir zu den Tischen, an denen es Kaffee und Pfeffernüsse gibt. Heimlich hatten wir auf Kartoffelsalat und Würstchen gehofft. Jemand hatte erzählt, die Sowjetsoldaten hätten ein Pferd gespendet. Das war aber ein Gerücht. Vielleicht hat da auch jemand das mit dem Spenden falsch verstanden, und das gespendete Pferd war das vor dem geschmückten Wagen.

Für den Abend sollten wir die Fackeln mitbringen, die wir beim Essenholen in der Schule bekommen haben. Ein komischer Fackelzug, wirklich! Die Fackeln brennen zwar, aber sie leuchten nicht! Kein Wunder: Wir haben doch jetzt russische Zeit, Moskauer Zeit! Da ist es erst um zehn Uhr am Abend richtig finster.

MEIN GARTEN
September 1945

Wir werden einen Garten bekommen! Hurrah! Ich habe mir schon immer einen Garten gewünscht. Christa-Maria hat einen, Sommers haben einen und Onkel Franz und Tante Luisa und die Kinder auch. Viele haben schon Gärten. Ich bisher nicht. Jetzt hat die Landesverwaltung angeordnet:

»Alle Besitzer oder Verwalter von bombengeschädigten oder verwilderten Grundstücken, deren Flächen sich für den Gemüseanbau eignen, werden aufgefordert, unverzüglich diese Flächen für den Gemüseanbau vorzubereiten!«

So stand es in unserer Zeitung, die jetzt »Tägliche Rundschau« heißt. Die am Anfang des Friedens »Tageszeitung für die deutsche Bevölkerung« hieß. Und die neu gewählte Verwaltung unserer Siedlung hat beschlossen, unsere Vorgärten und Hintergärten und einen Teil der Wäschetrockenwiesen als Gärten aufzuteilen.
 Morgen, am Sonntag, wird diese Aufteilung stattfinden. Deshalb gehen Großmama und ich heute, am Sonnabend, nach Nickern. Wir wollen uns einen Spaten, einen Rechen und andere Gartengeräte holen. Mutti hat keine Zeit mitzukommen. Großmama sagt, Mutti hätte sich nie für Schrebergartenarbeit interessiert. Großmama hatte früher mit Großpapa Fritz einen Schrebergarten in Striesen.

In Nickern hat Hans-Martin eine Überraschung für mich. Nicht einmal Onkel Franz und Tante Luise haben davon gewußt. Aus dem Schuppen bringt er zwei Leuchter aus Eisen. Etwas verbogen und verrußt sehen die aus.

»Das ist vom Bombenangriff, vom Feuer!« erklärt mir Hans-Martin.

»Die sind herrlich!« freue ich mich.

»Wo hast du die her?« fragt Tante Luisa streng.

»Na, gefunden«, meint Hans-Martin und grinst. »Eine Villa!« flüstert er mir ins Ohr. »Kaputt! Die durchsuchen wir manchmal!«

»Ist das nicht verboten?« frage ich.

»Klar!« strahlt Hans-Martin.

Onkel Franz betrachtet einen der Leuchter. Onkel Franz hat studiert und ist Doktor. Er weiß manches, was andere nicht wissen. Er meint, das wären sicher wertvolle Leuchter aus einer Zeit, als es noch kein elektrisches Licht gab.

Tante Luisa schüttelt den Kopf über uns mit unserem alten Kram. Sie habe etwas viel besseres für mich, meint sie. Und dann holt sie ein Paar richtige Lederschuhe. Größe 39. Jemand hat sie ihr für die Jungen geschenkt. Doch die Jungen haben schon Schuhgröße 40 und 41. Ich habe Schuhgröße 35, aber wenn ich mehrere Socken übereinander ziehe, werden die Schuhe schon passen!

Dann spielen wir noch ein Weilchen mit den Kaninchen. In Nickern haben jetzt alle Leute Kaninchen oder Hühner in ihren Gärten. Wir lassen zwei Kaninchen aus dem Stall und auf der Wiese rennen. Sie laufen nicht fort, sie hoppeln nur lustig herum. Sie haben auch Namen: Molli und Dolli. Molli ist ein Mann und Dolli ein Mädchen. Molli läßt sich auf dem Arm tragen. Dolli will das nicht. Sie kratzt. Molli ist unser besonderer Freund. Er hat schwarz-weißes Fell, ganz weich.

Am nächsten Sonntag treffen wir uns alle auf dem Spielplatz unter den Vogelbeerbäumen. Einige Leute der neuen

Verwaltung unserer Siedlung verkünden den Gemüseanbau-Beschluß. Eigentlich kennen wir den ja alle. Wir klatschen trotzdem, als die Redner zu Ende gesprochen haben.

Männer mit roten Armbinden messen die Einzelstücke ab und schlagen Holzpflöcke in die Erde. Unser Garten, den wir bekommen, braucht keine Holzpflöcke. Er ist von vier Tannen begrenzt.

Gleich nach dem Krieg trug auch Herr Sommer eine rote Armbinde. Jetzt ist Herr Sommer tot. Er hat sich mit Gas vergiftet. Vorher hatte er noch Frau Sommer aufgeschrieben: Einen antifaschistischen Staat und einen Sozialismus, in dem er genauso viel arbeiten muß wie im faschistischen Hitler-Staat, den will er nicht! Den neuen Staat hätte er sich ganz anders gedacht! Schlimm für Frau Sommer, Helmut und Lotti!

Helmut und der neue Mann von Agata stechen überall den Rasenfilz ab. Das ist schwere Arbeit, weil hier seit über zehn Jahren Rasen war. Agatas Mann Rolf, der Enkelsohn vom Großvater Nitsche, ist auch im Krieg gefallen. Noch ganz zuletzt. Und ganz in der Nähe von hier. Agata hat einfach den Bruder von Rolf geheiratet, den Klaus. So braucht Agata nicht einmal ihren Namen zu ändern, denn Klaus heißt ja auch Nitsche.

Nachdem auf unserem Gartenstück der Rasen abgestochen ist, graben Mutti und ich den Garten um. Christa-Maria steht mit einer Blechbüchse am Rand unseres Gartens. In die Büchse sammeln wir Regenwürmer. Christa-Maria hat von einer Tante winzige Hühnerküken, also richtige Oster-Schippchen, geschenkt bekommen. Die laufen jetzt bei Christa-Maria und ihrer Mutti in der Wohnung herum. Und weil die kleinen Hühnerchen die fetten Regenwürmer noch nicht zerbeißen können, wiegt Christa-Marias Mutti die Regenwürmer mit dem Wiegemesser in kleine Teile. So können die Schippchen die Regenwurm-Stücken schlucken.

Es dauert nicht lange, da wachsen in meinem Garten Radieschen, Petersilie und Majoran. Ich habe das alles gesät, zusammen mit Großmama. Im Frühjahr werde ich Tomaten pflanzen. Ich habe schon zehn tiefe Löcher gegraben. Dort kommen im nächsten Frühling die Tomatenpflanzen hinein. Die Löcher muß man jetzt schon graben, denn Großmama sagt: »Wer viel ernten will, muß gut vordüngen!«

Deshalb spazieren Großmama und ich jetzt oft durch die Straßen. Großmama trägt einen großen Eimer. Ich trage Kehrichtschaufel und Handbesen. Wenn wir von fern etwas auf der Straße liegen sehen, sause ich mit Schaufel und Besen los. Ich will doch zuerst dort sein, wo Pferdeäpfel auf der Straße dampfen!

Viele Leute gehen jetzt mit Eimern spazieren. Alle neuen Gartenbesitzer. Und jeder möchte der erste bei den Pferdeäpfeln sein! Aber ich kann glücklicherweise schnell rennen! Meist habe ich schon alles zu einem Haufen zusammengekehrt, wenn Großmama angekeucht kommt.

Je länger wir unterwegs sind, desto schwerer wird unser Eimer. Zuletzt müssen ihn Großmama und ich zusammen tragen.

Diese Pferdeäpfel-Spaziergänge gefallen mir und gefallen mir auch nicht. Gefallen mir nicht, wenn ich Kinder treffe, die ich kenne. Das ist mir ein bißchen unangenehm, und ich verkrieche mich dann hinter meiner kleinen Großmama. Es gefällt mir aber, wenn ich die Erste bei den Äpfelchen bin. Und es gefällt mir auch, wenn ich sehe: Meine Petersilie steht in dichten dunkelgrünen Büschen. Und Großmama zu mir sagt: »Spring doch mal schnell runter in den Garten und hole Petersilie für die Kartoffelsuppe!«

HOLZHOLEN MIT GROSSMAMA
Auch September 1945

Obwohl draußen die Sonne scheint und es noch fast so warm wie im Sommer ist, denkt Großmama schon an den Winter. Jedesmal, wenn sie unseren leeren Keller sieht. Zwei oder drei Eimer Kohlen sind vielleicht noch da. Und ein bißchen Kohlenruß. Mehr nicht. Gehen wir im Waldpark spazieren, sammeln wir Zweige und Tannenzapfen. Die schichtet Großmama im Keller in zwei verschiedene Kisten. Aber die Kisten werden kaum voller. Es denken eben schon viele Leute an den Winter und suchen nach Holz und Zapfen.

Ich habe ja eine Idee, wie wir die Kisten viel, viel schneller voll bekommen könnten! Aber ich muß Großmama erst überzeugen, daß sie mitgeht! Die Idee ist mir eingefallen, als ich heute Vormittag mit Mutti über die Elbe gefahren bin und wir an unseren Weinberghängen herumkraxelten, um nach Pilzen zu suchen. Ein Glück, daß wir unsere Rucksäcke mitgenommen hatten! Im Nu waren die voll herrlichstem Brennholz! Nicht so dürre Zweiglein, die man mit den Händen knacken kann! Nein! Ich mußte mit dem Fuß gegen die Äste treten, damit sie zerbrachen! Und was war das für duftendes, harziges Kiefernholz! Das wird brennen! Pilze fanden wir auch ein paar kleine. Wenn man große finden will, muß man eben zeitiger losgehen. Viel zu schnell waren unsere Rucksäcke voller Holz. Hätten wir doch noch ein paar Taschen mitgenommen!

Und als wir dann unsere Rucksäcke und das Pilzsäckchen nach Hause trugen, kam mir die Idee. Ich schlug Mutti vor: »Können wir nicht heute Nachmittag mit meinem Kinderwagen noch mal hier her gehen und Holz holen? Das viele schöne Holz, das noch überall herumliegt!«

Mutti sah mich an, als hätte ich etwas ziemlich Blödes gesagt.

»Mit dem Kinderwagen an den steilen Berghängen? Wie stellst du dir das vor? Wie willst du da hinaufkommen? Und wie soll der Wagen stehen bleiben? Nein, das geht wirklich nicht!«

»Geht doch!«, widersprach ich. »Wenn man will, daß es geht!«

»Wir sammeln am nächsten Sonntag wieder Holz und nehmen außer den Rucksäcken einige Taschen mit!« bestimmte Mutti.

Klar, da ist nichts zu machen bei Mutti. Bleibt Großmama.

»Großmamachen?« versuche ich sie herumzukriegen. »Du, ich weiß wo Holz in Hülle und Fülle herumliegt!«

»Soso,« meint Großmama. »Und da soll ich wohl nun mitkommen?«

»Klar, du gehst mit! So viel Holz hast du noch nie gesehen! Und wenn wir nicht gehen, dann holen das andere!«

Ich weiß, das will Großmama auch nicht, daß es andere holen. Sie möchte sich das erst mal ansehen, sagt sie. Mit Kinderwagen? Nein. Das geht nicht. Und schon gar nicht am Sonntag! Aber sie wird die Ledertasche vom Fritz nehmen, die ist geräumig und stabil! Die faßt schon was! Aber nicht heute am Sonntag!

Am Montag nach dem Mittagessen ziehen Großmama und ich los zu den Hängen voll Holz. Erst geht's die Königsallee entlang bis zur Elbe, dann wird übergefahren. Durch Pillnitz laufen wir zur Borsbergstraße hoch und die hinan. Ganz schön steil, die Borsbergstraße! Großmama muß ab und zu einmal stehenbleiben.

Bis ganz hoch zum Borsberg laufen wir aber nicht, wir zweigen ab zu den Jagdwegen. Ja, da staunt Großmama wirklich, was hier für eine Menge Holz zu finden ist! Wir knacken die Äste und lachen vor Freude. Und einmal fällt Großmama um, als ihr Ast endlich bricht. Ein andermal kullere ich mit zwei Astenden ein Stück den Berg hinunter. Wir haben mächtigen Spaß! Viel zu schnell sind unsere Taschen gefüllt und mein Rucksack ebenfalls.

»Das schöne Holz, das wir hierlassen müssen!« jammert Großmama.

»In den Kinderwagen ginge mehr hinein!« sage ich.

Ja, und so habe ich Großmama herumgekriegt! Und am nächsten Tag schieben wir meinen alten Kinderwagen die Borsbergstraße hinauf und ein Stückchen die Jagdwege entlang. Und dann vom Wege ab in den Wald. Der Wagen bleibt dort, wo der Waldboden gerade ist. Wo er schief abfällt, von dort ziehen Großmama und ich die langen Äste hinter uns her den Berg hoch zum Kinderwagen. Hier knacken wir zuerst die dünneren Ästchen ab. Und dann versuchen wir, die dicken Stöcke klein zu bekommen. Wir sind jetzt schlauer als gestern. Wir zerbrechen die dicken Dinger nicht an den schrägen Hängen. Man kann sich da einfach nicht halten, wenn sie zerkrachen! Und man kugelt auch ziemlich weit. Oben neben dem Wagen fällt man nur um. Und die Äste sind auch nicht weg, wenn man wieder aufsteht.

Manche Äste bekommen wir einfach nicht kaputt. Die schichten wir an die Seiten unseres Wagens. Die müssen wir zu Hause zersägen. Ein Ast ist sogar zu lang für den Kinderwagen. Großmama meint, den müßten wir hierlassen und unter einem Strauch verstecken. Und morgen Muttis Säge, den Fuchsschwanz, mitbringen.

»Und wenn der Ast morgen weg ist?« frage ich. »Ich kann ihn doch in der Hand tragen!«

Großmama tut es auch leid, den dicken Ast liegenzulassen. Sie ist einverstanden.

Und so fahren wir unseren Kinderwagen wieder die Borsbergstraße hinab. Eigentlich fährt der Kinderwagen von allein, wir müssen ihn nur halten, daß er uns nicht davon rollt. Ab und zu fällt ein Stück Holz herunter, weil wir ihn zu hoch beladen haben.

»Morgen müssen wir einen Strick zum Festbinden mitnehmen!« meint Großmama.

»Klar, Großmamachen«, sage ich.

Der Fährmann, der uns über die Elbe fährt, staunt über das schöne Kiefernholz, das man an den Hängen finden kann. Auch als wir unseren Schatz durch die Siedlung zum Heckenweg fahren, staunen alle Leute. Manche lachen, weil unser Wagen zu quietschen angefangen hat. Das ist ein bißchen unangenehm, das Quietschen. In den Ohren und auch, weil die Leute grinsen. Trotzdem, wir haben Holz, und wir holen morgen noch mehr! Hoffentlich finden wir irgendwo ein bißchen Schmieröl für den Kinderwagen!

Noch ehe Mutti von der Arbeit nach Hause kommt, haben Großmama und ich den Wagen ausgeladen und in den Keller zurückgebracht. Ganz brav schauen wir beide dann zum Fenster hinaus und warten auf Mutti. Komisch: Großmama schaut gern zum Fenster hinaus. Aber wenn jemand den Heckenweg entlang kommt, den sie kennt, rutscht sie mit ihrem Kopf immer weiter hinter den Blumen nach unten. Niemand soll sie sehen. Großmama denkt, die Leute würden sonst glauben, sie wäre eine faule Frau. Die nichts anderes tut, als zum Fenster hinauszugucken. Ich habe schon versucht, ihr diesen Quatsch auszureden. Aber sie macht es immer wieder.

Mutti merkt gleich, weil wir so kichern, daß wir etwas angestellt haben. Aber sie denkt nur an Pferdeäpfel, nicht an Holz! Als sie dann im Keller steht, ist sie erst ein Weilchen still. Dann schimpft sie ein Weilchen mit uns: weil das doch gefährlich ist mit dem Wagen am Hang! Und weil wir uns was brechen können, wenn wir uns mit solch dicken Ästen herumplagen! Wer soll uns denn helfen, wenn uns was passiert, da am Hang! Das müsse einmal gesagt werden, meint Mutti. Und dann lobt sie uns und das Holz.

Morgen gehen wir wieder, Holz holen, Großmama und ich. Die Räder des Wagens sind geölt. Wir haben heimlich Muttis Nähmaschinenöl genommen.

Mutti hat zwei Briefe bekommen, über die sie sich freut. Und sie freut sich besonders darüber, daß die beiden Briefe an einem Tag gekommen sind. Einen Brief haben Muttis Bekannte geschrieben, die in Weißstein wohnten. Sie wohnen jetzt in Oldenburg, schreibt der Onkel, der mir einmal ein selbsterfundenes Lied geschenkt hat. Er ist auch aus dem Krieg zurück und hat seine Frau und das große Mädchen, das Sophia heißt und das inzwischen eine junge Frau geworden ist, wiedergefunden. Nun sorgen sie sich um ihren Sohn, der Wolfram heißt und auch im Krieg war. Von dem sie keine Adresse wissen und der auch ihre Adresse nicht weiß. Weil sie doch ausgesiedelt wurden nach dem Ende des Krieges. Ja, Weißstein gehört jetzt nicht mehr zu Deutschland. Es ist Polen, ist einfach ein anderes Land geworden. Da heißt Weißstein sicher auch nicht mehr Weißstein.
 Muttis Bekannte haben alles dort zurücklassen müssen, schreibt der Onkel. Sie fangen nun ganz neu an, dort im Norden, schreibt er. Und daß ihm die Berge fehlen, schreibt er. Und den anderen fehlen sie auch.
 Ja, und der zweite Brief, den Mutti bekommen hat, der ist von Wolfram! Wolfram ist aus amerikanischer Gefangenschaft entlassen worden und fragt nun bei uns an, ob wir wissen, wo seine Eltern jetzt wohnen!
 »So ein Zufall!« meint Mutti und freut sich, daß sie ihren Bekannten helfen kann.

10.

DIE SCHULE BEGINNT WIEDER

DIE DOBRITZER SCHULE UND DIE KÜHE
Oktober 1945

DIE SCHILLERSCHULE UND MUTTIS REISE
Oktober und November 1945

WEIHNACHTSZEIT
Dezember 1945

SCHNEE UND GROSSMAMAS SCHÖNSTES WEIHNACHTSGESCHENK
26. Dezember 1945

DIE DOBRITZER SCHULE UND DIE KÜHE
Oktober 1945

Am ersten Oktober hat die Schule wieder angefangen. Doch als wir in die Waldparkschule kommen, läßt man uns nicht hinein in unsere alte Klasse, die jetzt die siebente geworden ist.

Der Direktor sagt zu uns: »Ihr seid keine Volkschüler, sondern kleine Oberschüler! Und deshalb müßt ihr jetzt nach Dobritz in die Schule gehen! In der Dobritzer Schule wird eine neue Schulklasse aus kleinen Oberschülerinnen zusammengestellt!«

Stimmt gar nicht! Als wir in Dobritz ankommen, sagt der Direktor der Dobritzer Schule: »Nein! Wir haben hier keine Klasse für kleine Oberschüler! So eine Klasse gibt es nur in Blasewitz an der Schillerschule!«

Wir fahren also mit der Straßenbahn zur Schillerschule, die in der Nähe vom Schillerplatz steht. Dort sagt uns der Direktor: »Bei uns gibt es keine Klasse für kleine Oberschülerinnen! Eine solche Klasse wird in der Dobritzer Schule aufgemacht!«

So fahren wir mit der Straßenbahn wieder zur Dobritzer Schule. Und der Direktor der Dobritzer Schule hat Mitleid mit uns kleinen Oberschülerinnen. Er nimmt uns ab morgen in eine siebente Volksschulklasse auf. Obwohl wir ja erst sechste Klasse sind.

In der Dobritzer Schule haben wir jeden Nachmittag außer sonnabends von 13 Uhr 30 bis 18 Uhr Unterricht. Es ist auch in dieser Schule ganz schön. Rings um sie liegen Wiesen und Felder. Und vor der Schule und auf dem Schulhof wachsen hohe Bäume.

Ich sitze zwischen Christa-Maria und Ingelore. In dieser Schule gibt es Dreierbänke. Ingelore ist früher auch in eine höhere Schule gegangen. Aber nicht in die Clara-Schumann-Schule wie Christa-Maria, Ruth und Rosemarie und Brigitte und ich, sondern in die Altstädter Höhere Mädchenschule, die AHM.

Wir verstehen uns mit den Schülerinnen der siebenten Volksschulklasse gut. Nur mit den Lehrern sind wir nicht zufrieden. Bei einem dürfen wir nur auf Kommando lachen. Der ist wahrscheinlich noch nicht ganz entnazifiziert oder entmilitarisiert, wie man das jetzt nennt. Der will immerzu befehlen! Die Lehrerin ist sonst ganz nett, aber sie hat einfach zu dicke Beine! Wo alle Leute so dünn sind! Vielleicht gewöhnen wir uns auch noch an die Lehrer. Mal sehen. Vielleicht ändern sie sich. Das hoffen wir. Und das hoffen die Lehrer auch von uns, wie sie sagen. Wieso sollen wir uns ändern?

Zum Turnen gehe ich immer noch mit Christa-Maria. Und zum Klavierunterricht ohne Christa-Maria. Ich habe noch die gleiche Klavierlehrerin wie im ersten Schuljahr. Doch jetzt findet der Klavierunterricht nicht mehr in der Leubener Schule statt, sondern bei der Lehrerin zu Hause in Zschieren. Das ist ziemlich weit vom Heckenweg aus zu laufen. Manchmal habe ich keine Lust, allein dort hin zu gehen. Und der Unterricht macht auch keinen Spaß mehr. Ich sitze dort am Klavier, und sie sitzt in ihrer Küche und trinkt Kaffee mit Bekannten und erzählt mit ihnen. Dann kommt sie kurz herein zu mir und sagt, ich solle dasselbe gleich noch einmal spielen. Und dann noch einmal. Und noch einmal. Das ist oberlangweilig. Und ich denke, ich lerne so überhaupt nichts dazu.

Eigentlich gehe ich nur dort hin, weil es sich Mutti und Oma wünschen. Das Klavier hat Großpapa Fritz auf ganz komische Art bekommen. Er hatte einem Freund Geld geborgt, und der Freund konnte das Geld nicht zurückgeben. Dafür hat er Großpapa Fritz sein Klavier gebracht. Und Mutti mußte als Kind das Klavierspielen lernen, obwohl sie nicht musikalisch ist, wie sie sagt. Damit das Klavier nicht unnütz herumsteht.

Ich bin musikalisch. Klar, daß ich Klavierspielen lernen muß! Aber lieber würde ich das Malen lernen! Trotzdem habe ich ein neues Lied erfunden und es Mutti vorgespielt und gesungen. Mutti denkt, es ist wieder kein richtiger Takt darin, wie bei meinem ersten Lied. Auch ein Lied müßte von Anfang bis Ende seine Ordnung haben, meint Mutti. Sie hat es immer mit der Ordnung. Ich nicht. Das ist das einzige, wo wir uns nicht verstehen, Mutti und ich. Doch sonst, wenn sie mir »Gute Nacht«» sagt und meinen Kopf in ihre Hände nimmt, denke ich: kein Kind kann seine Mutti so lieb haben wie ich meine! Das habe ich Mutti gesagt.

Wir haben jetzt einen Untermieter, Herrn Eberlein. Wir mußten fast alle Untermieter nehmen, denn die Wohnungen in Dresden reichen nicht aus. Da sind die Ausgebombten und die Flüchtlinge, die nicht zurück in ihre Heimatorte dürfen, weil die jetzt nicht mehr zu Deutschland gehören. Und da sind auch noch die Heimkehrer aus dem Krieg. Soldaten, die aus der Kriegsgefangenschaft entlassen werden wie der Herr Eberlein. Wir wollten eigentlich keinen Mann zum Untermieter, sondern eine Frau. Aber Herr Eberlein sah freundlich aus und versprach Mutti und Großmama: er wird uns Kartoffeln besorgen! Und er besorgt sie auch. Und noch anderes dazu.

Großmama ist aus ihrem kleinen Zimmerchen in die Stube umgezogen. Herr Eberlein hat sich aus Latten ein Bett und einen Tisch gebaut. Einen Stuhl bekam er von uns und Großmamas Nähtischchen. Auf diesem Nähtischchen steht das selbstgebastelte Grab für seine Frau. Die Frau ist beim Bombenangriff auf Dresden gestorben und hat wie Bohnes Ria kein Grab. Als Herr Eberlein aus dem Krieg zurückkam, hatte er keine Frau und keine Wohnung mehr.

Er ist ein bißchen ein komischer Mann. Manchmal redet er wie ein Kasper. Wenn er Mutti sieht, sagt er immer: »Meine sehr verkehrte, ach nein, verehrte, ich hab mich bloß verkrochen, äh versprochen!« Dann haut er sich mit der flachen Hand hinters Ohr, daß es klatscht. Mir gibt das Spaß. Nur, wenn er immer wieder dasselbe sagt, finde ich es albern.

Ich necke mich oft mit ihm. Er ist verrückt nach Zigaretten. Ich habe zu ihm gesagt: es wäre besser gewesen, wenn er sich seinen Schnuller nicht abgewöhnt hätte! Sich Zigaretten zu organisieren, ist doch viel schwieriger und teurer als ein Gummischnuller! Herr Eberlein lacht dann immer, und Großmama schimpft mit mir.

Herr Eberlein hat auch eine Freundin. Eigentlich war sie eine Freundin seiner Frau. Die hat auch keine Wohnung mehr und lebt bei einer Bekannten. Mutti meint, diese Marta sähe wie eine Zigeunerin aus. Vielleicht war sie deshalb im Gefängnis. In irgendeinem Kinderheim hat sie einen Jungen. Herr Eberlein würde das Kind gern aus dem Heim herausholen. Aber die Freundin will es nicht. Das verstehen wir nicht, Herr Eberlein und ich.

Herr Eberlein und seine Freundin gehen oft in die Heide, um Pilze zu suchen. So viele Pilze wie in diesem Herbst habe ich noch nie gegessen! Große und kleine Braunhedel, Birkenpilze, Steinpilze und Pfifferlinge! Stundenlang habe ich mit Großmama Pilze geputzt!

Manchmal streiten sich Herr Eberlein und seine Freundin. Ich kann alles hören, so laut sind ihre Stimmen. Sie sagen sich Worte, die ich nie sagen durfte! Auch Worte, die ich nicht verstehe. Ich hätte niemals gedacht, daß es so etwas gibt bei Erwachsenen! Sie schlagen sich sogar! Und ich glaube: diese Marta schlägt Herrn Eberlein! Manchmal wirft sie auch Teller oder Tassen nach ihm! Herr Eberlein packt sie dann und bringt sie vor die Tür. Sie geht und bleibt ein paar Tage fort. Danach ist sie wieder da.

Herr Eberlein hat mir schon zehn Holzstöcke für meine Tomatenpflanzen gebracht. Er hatte auch früher einen Garten. Gleich hinter dem Haus, in dem er gewohnt hat. Auch den Garten gibt es nicht mehr.

Als ich an einem Nachmittag mit Christa-Maria zur Dobritzer Schule fahre, sehe ich auf einer Wiese neben der Schule Kühe weiden. Ich muß während der Schulstunden immer an die Kühe denken. Kühe verlieren doch auch etwas, was ich für meinen Garten gebrauchen kann! Vielleicht liegt es dort auf der Wiese ganz unnütz herum? Sicher, die Schule ist ein Stück vom Heckenweg entfernt. Drei Haltestellen. Aber man könnte mit der Straßenbahn fahren! Ich muß Großmama überreden, daß sie mit fährt!

Sie will aber nicht. »Nein, das mache ich nicht!« sagt sie. »Wenn mich da jemand sieht zwischen den Kühen, nein!«

Ich gehe zur Straßenbahnhaltestelle und warte auf Mutti. Mutti ist gleich einverstanden mitzugehen. Wir nehmen Großmamas schwarze Ledertasche, die geräumige von Großpapa Fritz, und ziehen los.

Die Kühe sind fort, als wir ankommen. Aber wir finden genau das, was wir suchen! Wir schaufeln mit unserer Kohlenschaufel das dunkelgrüne, schwabblige Zeug in Großmamas Ledertasche. Eigentlich hatten wir gedacht, das Zeug wäre trocken und leicht! Doch die Tasche ist danach unglaublich schwer. Zusammen können wir sie kaum heben! Und dann reißt auch noch der Henkel auf Muttis Seite!

»Die bringen wir nie nach Hause!« stöhnt Mutti.

»Das wäre noch schöner!« empöre ich mich. »Wir fahren eben dann die drei Haltestellen mit der Straßenbahn!«

Wir besteigen mit der Schwabbeltasche die Straßenbahn. Wir bleiben gleich draußen auf dem Peron. Die Straßenbahn schuckelt. In der Tasche quabbert es. Und auf einmal bemerkt Mutti, daß es unten aus Großmamas Tasche sachte und dunkelgrün herausrinnt. Die Tasche ist geplatzt! Auch das noch!

Ich kauere mich in der Straßenbahn neben die Tasche und umarme sie fast, damit sie nicht umfällt. Doch ich selbst falle beinahe vor Lachen um! Mutti setzt immer wieder ihre Brille ab und wischt die Lachtränen aus ihren Augen.

»Großmama wird mit uns schimpfen!« meint sie. »Ihre gute Ledertasche von Vater!«

»Wer weiß, was die Kühe gefressen haben!« sage ich.

»Die hatten sicher Durchfall«, vermutet Mutti.

Endlich sind wir am Heckenweg und können aussteigen! Mühsam heben wir die Tasche aus der Bahn. Mutti bleibt mit der Tasche an der Haltestelle stehen. Ich renne zu Großmama, um einen Eimer zu holen.

Mit Eimer und Großmama komme ich zurück. Vorsichtig schütten wir an der Haltestelle die Quabbersuppe um. Der kostbare Dünger ist gerettet! Er kommt gleich in die schon gegrabenen Löcher! Nur Großmamas Tasche bleibt steif, als wäre sie aus Holz. Und das Aroma behält sie auch.

Doch dann kommen Großmama und ich immer öfter von unseren Straßenwanderungen zurück, und der Pferdeäpfeleimer ist noch ganz leicht. Manchmal ist nicht einmal der Boden bedeckt. Pferdeäpfel werden knapp. Kaum sind sie aus dem Pferdepopo herausgefallen, stürzen sich die Menschen darauf. Es gibt richtige Kämpfe um die Pferdeäpfel! Mit Schaufeln und Besen gehen die Leute aufeinander los! Jeder will der erste bei den Pferdeäpfeln gewesen sein!

Aber mein Garten braucht Dünger, damit im nächsten Jahr alles gut wächst! »Vordüngen ist die halbe Ernte«, sagt Großmama immer. Ich will viel ernten: Tomaten, Spinat, Kraut, Kohlrabi und Möhren, Radieschen und Blumen. Ich überlege und überlege: ich muß Dünger bekommen. Aber wie? Woher? Und dann weiß ich es.

Als ich Mutti abends von der Haltestelle abhole, sage ich: »Heute habe ich eine Erfindung gemacht!«

»Ein neues Lied?« fragt Mutti.

Ich muß lachen und führe Mutti gleich ins Bad. Auch Großmama.

Mutti verzieht das Gesicht. Großmama sagt: »Pfui Pudel!«

Doch am nächsten Tag meint Mutti: »So dumm ist das gar nicht! Wenn man es recht bedenkt, es sammelt sich eine Menge an! Und es ist schade, das einfach wegzuspülen! Ich denke«, sagt Mutti, »es ist eine gute Erfindung! Unser Kind ist ein tüchtiges Mädchen!«

Andere Leute, die meine Erfindung nachnutzen, sagen das auch.

An den Abenden schleichen jetzt viele Leute unserer Siedlung die Treppen hinunter zu ihren Gärten. Sie schleppen Eimer. Wenig später muß man die Fenster schließen.

DIE SCHILLERSCHULE UND MUTTIS REISE
Oktober und November 1945

Eine Woche lang sind wir in die Dobritzer Schule gegangen. Da rief auf einmal der Direktor der Schillerschule beim Direktor der Dobritzer Schule an. Wir kleinen Oberschülerinnen könnten jetzt zu ihm in die Schillerschule kommen! Sie hätten genügend kleine Oberschülerinnen zusammen, um eine Schulklasse daraus zu machen.

Die großen Oberschülerinnen freuen sich, als wir kommen.

»Ach, sind die aber niedlich!« sagen sie und wollen mit uns spielen, wie eben Erwachsene mit Kindern spielen. Mit uns! Wo wir uns schon durch einen Weltkrieg gehungert haben! Alberne Gräten!

In der Schillerschule haben wir nur an drei Tagen in der Woche Unterricht. In den Klassenzimmern ist es kalt, nicht geheizt, weil es keine Kohlen gibt. Fensterscheiben zum Hinaussehen haben wir auch nicht. Die Fenster sind mit Pappen zugenagelt. Durch die zieht es. Wir sitzen in Mänteln und Jacken und Mützen. Aber sonst ist es lustig in der Schule! Schulbücher brauchen wir überhaupt keine mehr! Die alten aus dem Krieg können wir wegwerfen. Weil so viele Schwindeleien darin stehen. Nur das Englisch-Buch und die Englisch-Hefte dürfen wir behalten. Die sind schwindelfrei.

Wir bekommen auch in der Schillerschule jeden Tag ein warmes Essen. Erst war das Essen sehr gut: Nudeln in Fleischbrühe oder Spinat oder Gemüseeintopf! Dann ist das Essen schlechter geworden, immer, immer schlechter. Nun gibt es beinahe jeden Tag die gleiche Suppe. Wir nennen sie »Wüstensandsuppe«. Weil auf dem Grund der Eßschüssel immer ein Rest bleibt, der knirscht wie Sand. Manchmal gibt es auch Blutsuppe. Die schmeckt ein bißchen wie Blutwurst. Nur die großen roten Klumpen darin sind eklig. Wir essen sie trotzdem.

Manche Mädchen haben Häkelarbeiten in die Schule mitgebracht. Sie häkeln schon für Weihnachten Deckchen, Kragen oder umhäkeln Taschentücher. In den Pausen. Jetzt dürfen wir alle Häkelarbeiten oder Strickarbeiten mitbringen für die Pausen. Die Lehrer sagen nichts. Bei manchem Lehrer dürfen wir sogar in den Stunden häkeln oder stricken. Bei Herrn Ostermann und Frau von Durow. Frau von Durow ist eine feine alte Dame mit weißem Haar. Ihr Mann soll kaiserlich-russischer Oberst gewesen sein, wird erzählt. Kann sein, das stimmt, denn sie kann russisch sprechen. Aber es gibt noch keinen Unterricht in russischer Sprache. Vielleicht später einmal, denkt Frau von Durow. Wir haben Frau von Durow in Deutsch. Manchmal, wenn wir besonders gut mitgearbeitet haben, singt sie mit uns. Ein russisches Wiegenlied gefällt uns besonders. Wir können es schon in russischer Sprache singen. Manche Worte in Russisch klingen sehr fremd. Die Musik nicht.

Herr Ostermann sitzt oft auf dem Fensterbrett, wenn er uns etwas erzählt. Wir haben bei ihm das Fach »Geschichte« und mögen ihn gern. Er unterrichtet nicht nur, was er unterrichten soll. Er erzählt auch Geschichten aus dem Krieg. Diese Geschichten sind viel interessanter als das Fach »Geschichte«. Herr Ostermann ist ein junger Mann. Vielleicht erst zwanzig Jahre oder so. Er war in russischer Kriegsgefangenschaft. Dort hat er einen Lehrgang für Lehrer besucht. Nun ist er Neulehrer bei uns. Solche Lehrer, die noch nicht fertig studiert haben, heißen Neulehrer. Sie dürfen uns unterrichten, aber nebenbei müssen sie fertig studieren.

Als Klassenlehrerin haben wir Fräulein Engelmann aus der Clara-Schumann-Schule. Sie ist eine richtige Lehrerin. Man kann sich nicht vorstellen, daß sie einmal ein Kind oder ein junges Mädchen war, so sehr sieht sie wie eine Lehrerin aus. Wir haben sie aber trotzdem gern. Auch, weil sie etwas von uns verlangt. Das war immer so bei ihr. Und manchmal murren wir auch darüber. Aber im Fach »Englisch« waren die Schülerinnen von Frau Engelmann immer die besten. In ihren Unterrichtsstunden dürfen wir nicht häkeln oder stricken. Weil wir in Englisch so viel versäumt haben durch den Schulausfall, wie sie sagt. Wir müssen das schnellstens nachholen! Eigentlich müßten wir als Schülerinnen einer sechsten Oberschulklasse schon viel besser sprechen können!

Ich stricke für Mutti ein Paar rote Söckchen. Aus dem aufgetrennten Kinderpullover, den wir im Kühlhaus gefunden hatten. Rot, weil Mutti in der Sozialdemokratischen Partei ist. Sie war schon in ihrer Jugend in der Sozialdemokratischen Partei. Vor dem Krieg schon. Nein, noch früher: 1918. Also ehe Hitler unser Führer wurde. Hitler hat dann die Sozialdemokratische Partei verboten. Und die Kommunistische Partei auch.
 Früher konnten sich die Sozialdemokraten und Kommunisten nicht leiden, hat Mutti erzählt. Den Sozialdemokraten waren die Kommunisten zu ungebildet und grob. Den Kommunisten waren die Sozialdemokraten zu wenig hart oder zu wenig politisch oder so. Nun ist die Sozialdemokratische Partei fast so rot wie die Kommunistische. Die Kommunisten hießen ja schon immer die Roten. Für die Sozialisten ist das Rot noch ein bißchen neu. Jetzt sollen sie sich vertragen, die Sozialisten und die Kommunisten. Das finde ich richtig,

das Vertragen. Deshalb habe ich zu den Söckchen noch ein Gedicht gemacht für Mutti: Es heißt: »Rot ist die Liebe. Rot ist der Staat. Rot ist ein echter Sozialdemokrat!«

Ich bin immer noch beim Suchen nach meinem Vati. Einmal dachte ich schon, ich hätte ihn gefunden. Ich hatte in Muttis Fotoalben gestöbert. Da war ein Foto, auf dem Mutti und ein sehr komischer Mann umarmt saßen. Um sie herum viele Leute. Alle hatten kleine Hütchen auf und hielten Gläser in den Händen. Sicher eine Silvesterfeier! Ich verriet Mutti stolz, daß ich ihn ganz allein gefunden hätte, meinen Vati! Und ich zeigte ihr das Foto.

Mutti hat laut gelacht.

Na gut. Der war es nicht. Wer dann?

Wieder stöbern und nachdenken. Da ist Muttis Tagebuch, das sie mir zum zwölften Geburtstag geschenkt hat. Und da sind Fotos von mir. Ich mit Schnuller. Und da steht geschrieben, daß ich meinen Schnuller ebenso elegant halte wie mein Vati seine Zigarre! Nachdenken: Wer von unseren Bekannten raucht eigentlich Zigarren? Keiner? Mir fällt einer ein! Nur ein einziges Mal habe ich ihn gesehen. Wir fuhren lange, lange mit der Eisenbahn, Mutti und ich, bis wir ankamen. Berge gab es dort und viel, viel Schnee! Deshalb hieß die Stadt sicher auch Weißstein! Da waren ein Onkel und eine Tante, und da waren auch zwei große Kinder, Wolfram und Sophia. Wolfram zog mich auf dem Schlitten durch einen weißen Wald. Und der Onkel nahm mich auf den Schoß, als der Weihnachtsmann die Geschenke brachte. Und er spielte auf dem Klavier, und alle sangen Weihnachtslieder, die ich nicht kannte. Die der Onkel selbst erfunden hatte. Ob der mein Vati ist?

Zu schade, daß ich mich an diesen Besuch so wenig erinnern kann! Ich war sicher erst drei oder vier Jahre alt. Ich weiß nur noch, ich bekam Äpfel und ein Buch und zwei dünne Würstchen. Wiener Würstchen, hießen die. An die Würstchen erinnere ich mich, weil ich mich an ihnen überfraß. Und mir danach nicht gut war. Und sich der Onkel wunderte über mich. »Nicht einmal zwei Würstchen kann sie aufessen?« hat er Mutti gefragt. Wie sieht er eigentlich aus, dieser Onkel?

Ich suche in Muttis Fotoalbum nach den Fotos, die ich zwar schon kenne. Die ich mir aber nie so genau angesehen habe. So mit dem Gedanken: Das ist bestimmt der Vati!

Da sitzt er an einem Schreibtisch und liest in einem Buch! Eine Brille trägt er wie Mutti, eine kleine ohne Ränder. Auf einem anderen Bild steht neben ihm eine Frau. Man könnte denken, sie ist seine Mutter. Aber es ist seine Frau, die er jetzt wiedergefunden hat in Oldenburg. Ein wenig altmodisch sieht sie aus, ganz anders als Mutti. Und da sind ihre Kinder, Sophia und Wolfram. Meine Geschwister! Ich habe Geschwister!

Mutti lacht schon vorher, als ich ihr verrate: »Ich weiß jetzt wirklich, wer mein Vati ist!«

»Ach, wen hast du denn jetzt wieder ausgegraben?« spottet sie.

»Zu schade, daß sie so weit fort wohnen!« sage ich. »Wie hieß der Ort doch gleich: Oldenburg oder so?«

Mutti sieht verdattert aus. Er ist der richtige! Und ich habe ihn selbst herausgefunden!

»Bist zu zufrieden mit deinem Vati?« fragt mich Mutti dann.

»Ja«, sage ich. »Auch, daß ich einen Bruder und eine Schwester habe, gefällt mir!«

»Du darfst aber niemandem sagen, wer er ist!« fordert Mutti mit ernstem Gesicht. »Versprich es mir!«

Ich verspreche es Mutti. Schade. Nicht einmal Großmama oder Christa-Maria darf ich es sagen. Weil es Mutti meinem Vati versprochen hat, daß es nie, nie jemand wissen soll.

Aber sein Foto darf ich Christa-Maria zeigen! Großmama nicht. Sie wüßte dann, wer er ist. Weil sie ihn kennt. Er hat uns einmal besucht mit der Tante und Wolfram, als ich noch im Kinderwagen saß. O, die Fotos kenne ich ja auch! Ich im Nickerner Garten, in der Schaukelente aus Holz, und die Tante kauert neben mir! Und noch einmal ich, und die Tante hat mich aus dem Wagen genommen und hält mich, und von der Seite lacht mich Wolfram an! Schade, daß ich meinem Vati nicht schreiben kann! Schade auch, daß Sophia und Wolfram nicht wissen dürfen, daß ich ihre kleine Schwester bin! Aber wieso lebt mein Vati bei denen und nicht bei uns? Brauchen die noch einen Vati, wenn sie schon erwachsen sind? Eigentlich könnte er doch jetzt zu mir kommen, oder?

Mutti sagt: »Dein Vati und seine Frau sind katholischen Glaubens.«

»Ist das etwas anderes, als was Großmama glaubt?« frage ich.

Mutti versucht, es mir zu erklären. Ein bißchen anders ist der katholische Glauben als der evangelische. Die katholischen Leute glauben mehr an die Mutter Maria, als an den Gott. Sie beten zur Maria wie Großmama zu ihrem Gott. Obwohl die Katholischen auch an den Gott glauben. Und es bei den Evangelischen auch die Mutter Maria gibt. Viel Unterschied finde ich da nicht, was Maria und den Gott anbelangt. Aber ein großer Unterschied ist: die Evangelischen dürfen sich scheiden lassen, wenn sie sich nicht mehr lieb haben, die Katholischen nicht. Die müssen, bis sie tot sind, zusammenbleiben. Armer Vati und arme Mutti! Sie müssen sich geliebt haben, sonst wäre ich doch nicht da! Ich kann mir nicht vorstellen, daß so etwas gut sein soll: zusammenbleiben, wenn man sich nicht mehr liebt! Ich weiß nicht, ob ich das einmal fertigbringe! Aber ich bin ja nicht katholisch, ich brauche das gar nicht zu bringen. Zum Glück!

»Vielleicht wird mein Vati später mal evangelisch! Dann könnte er sich scheiden lassen und zu uns kommen!« sage ich.

Mutti schüttelt den Kopf. Aber ich bin nicht nur Vatis und Muttis Kind. Ich bin auch in manchem Onkel Pauls Kind. Der an Sachen glaubt, wie die Leute in Märchen. Sachen, die es in Märchen auch gibt, nur in Wirklichkeit nicht. Aber ein bißchen lebt man dann doch im Märchen. Da fällt mir ein: Onkel Paul ist doch auch Kommunist! Aber der ist nicht ungebildet oder grob, er mag Bilder und Bücher und wollte eigentlich Maler werden! Sicher waren Kommunisten früher so, in Muttis Jugend, ungebildet und grob. Und jetzt gibt es eben andere Kommunisten, solche wie Onkel Paul.

Am Abend hat Mutti ihren Rucksack gepackt. Sie will für einige Tage verreisen. Ein bißchen ratlos sitzt sie neben dem Rucksack.

Großmama fragt: »Willst du das wirklich wagen? Da könnte doch ein Mann fahren!«

Mutti schweigt.

»Und wenn Dir nun etwas passiert? Dann bin ich mit dem Kind allein!« Großmama sieht ängstlich aus.

»Mutti kann mich doch mitnehmen!« schlage ich vor.

Mutti schüttelt den Kopf.

»Wirklich, Mutti! Ich finde alles, was ich finden will! Ich habe so eine Nase dafür, stimmt es, Großmama?« versuche ich Mutti zu überreden.

»Ach, das verstehst du nicht!« sagt Großmama ärgerlich.

»Verstehe ich doch!« sage ich laut und ein bißchen böse. Richtig böse kann ich nicht werden. Da ist auch was nicht in Ordnung bei mir, denke ich.

»Es geht nicht!« entscheidet Mutti.

»Ich denke, die Eisenbahnen fahren wieder?« frage ich.

»Schluß jetzt!« sagt Mutti. »Es ist eine Dienstreise. Nur Dienstreisende dürfen jetzt mit der Eisenbahn fahren!«

Mutti will nach Klingenthal im Vogtland. Klingenthal liegt in der Nähe von Plauen, wo Onkel Paul und Tante Kläre wohnen. Mutti geht aber nicht zu ihnen. Es ist eine wichtige Dienstreise, die Mutti zusammen mit einer Arbeitskollegin vorhat. Und genau wissen die beiden auch nicht, ob sie nicht noch weiter oder ganz woanders hin fahren müssen. Ihr Dienstauftrag ist es: Sie sollen versuchen, Herrn Sternberg zu finden, denn der wurde zum neuen Direktor vom Kühlhaus Dresden bestimmt. Der alte Direktor, Herr Weißgerber, ist entlassen worden. Der war sicher auch ein Nazi.

Nun ist es schon Anfang November, aber nach Dresden ist Herr Sternberg immer noch nicht zurückgekommen! Aber auch bei seinem Vater in Wiesbaden befindet er sich nicht! Und der Vater, der schon ziemlich alt ist, so daß er seinen Sohn nicht selbst suchen kann, hat das Kühlhaus Dresden darum gebeten, das zu tun.

Mutti hat beim Freund von Herrn Sternberg, diesem Arzt, angerufen, der wieder in Dresden lebt. Der Arzt hat gesagt, er hätte sich in Klingenthal von Herrn Sternberg getrennt, weil seine Verwandten bei Klingenthal wohnten und in Klingenthal schon die Amerikaner waren. Und weiter wollte er nicht als bis zu den Amerikanern. Herr Sternberg hätte mit einem Flüchtlingstreck zusammen in einer Schule übernachtet, hat er Mutti am Telefon erzählt.

Nun möchte Mutti in Klingenthal herausbekommen, wohin der Flüchtlingstreck gezogen ist. Und ob jemand weiß, ob Herr Sternberg überhaupt mit dem Treck weitergezogen ist oder vielleicht woanders hingehen wollte. Mutti nimmt ein großes Foto von Herrn Sternberg mit. Nicht das mit dem Hund.

Großmama will am Abend wieder einmal nichts essen. Sie sitzt in ihrem Kämmerchen auf dem Lehnstuhl und weint. Trotzdem würde ich auch fahren, um Herrn Sternberg zu suchen. Genau wie Mutti.

Ich kriege Großmama herum, daß sie mit in die Küche zum Abendbrot kommt. Wenn Mutti sie darum bittet, kommt sie nie.

Nach drei Tagen ist Mutti von ihrer Reise zurück. Arme Mutti! So habe ich Mutti noch nie gesehen, wie an dem Tag, als sie aus Klingenthal zurückkam. So blaß, so still. Eine ganz andere Mutti, ganz fremd. Die nichts essen konnte. Die ich nicht rumzukriegen versucht habe. Die es mir auch nicht gesagt hat mit Herrn Sternberg. Großmama hat es mir am anderen Morgen erzählt.

Heute ist Sonntag, und ich denke, vielleicht will Mutti einmal allein sein, allein mit allen den Sachen von Herrn Sternberg, die sie sortieren und in Pakete packen muß. Die Bücher, die Fotoalben, die Handtücher und Taschentücher und Strümpfe und Schuhe. Deshalb bin ich mit Großmama in den Waldpark gegangen, Zweige und Tannenzapfen zu suchen. Sicher will Mutti sich alles noch einmal ansehen, ehe sie es nach Wiesbaden schickt. Der Vater von Herrn Sternberg hat geschrieben, Mutti soll sich heraussuchen, was sie für sich und mich behalten möchte. Das ist nicht einfach herauszufinden. Ich denke, Mutti möchte am liebsten alles behalten.

Herrn Sternberg haben Mutti und ihre Arbeitskollegin nicht gefunden. Der Pfarrer von Klingenthal hat Mutti hingeführt zu einem Grab mit einem Holzkreuz. Der Name von Herrn Sternberg war auf das Holz geschrieben und der Tag, an dem er gestorben ist. Richtig gestorben ist er ja eigentlich nicht. Das kam so: Viele Leute vom Flüchtlingstreck übernachteten in der Turnhalle einer Schule. Mitten in der Nacht kamen plötzlich Amerikaner herein und wollten Frauen haben. Frauen. So wie viele Russen. Sie wollten wie die Russen das Gewaltige mit ihnen tun. Herr Sternberg erwachte von dem Geschrei der Amerikaner und den Hilferufen der Frauen und Kinder. Er knipste seine Taschenlampe an. Da schossen die Amerikaner. Herr Sternberg soll gleich tot gewesen sein, haben die Leute im Turnsaal dem Pfarrer erzählt, als sie ihn geholt hatten. Der Pfarrer fand aber keine Papiere bei Herrn Sternberg, nur seinen Namen auf einem Zettel. So konnte er niemandem eine Nachricht geben, daß Herr Sternberg tot war.

Das alles mußte Mutti nun an den Vater und die Mutter von Herrn Sternberg schreiben. Ja, auch die Mutter von Herrn Sternberg ist wieder da. Sie war in einem Lager. Jüdin ist sie, hat Großmama mir erzählt. Da war ja Herr Sternberg Halbjude! O Gott! Wenn die Geheime Staatspolizei das gewußt hätte, das mit den Strümpfen! Das war doch sicher auch verboten für eine deutsche Frau wie Mutti, für einen Halbjuden Strümpfe zu stopfen! Und die Mutter von Herrn Sternberg ist nun noch kränker geworden, als sie es schon vorher war! Schrecklich: Jetzt ist sie frei aus dem Konzentrationslager, und ihr Sohn ist tot!

In Muttis Betrieb haben sie eine Trauerfeier gemacht. Mutti hat das große eingerahmte Foto von Herrn Sternberg mitgenommen, das sonst über ihrem Nachttisch hängt. Schlimm, so ein Krieg! Auch wenn er zu Ende ist, sterben immer noch Menschen! Herr Sternberg war besonders, so ganz, ganz besonders!

Ich muß immer wieder an ihn denken, als ich mit Großmama nach Zweigen und Tannenzapfen suche. Wieso hat er gewußt, daß er jung sterben wird? Ich habe gestern noch einmal in den Kisten mit den Fotoalben und Fotokisten von Herrn Sternberg gestöbert und habe mir das Foto mit dem Fox-Hund angesehen. Armer Foxel! Wie soll denn der verstehen, daß sein Herrchen nie wiederkommt! Schön, wie sie sich ansehen, der Herr Sternberg und der kleine Hund! Ich habe lange überlegt, ob ich es tue oder nicht. Dann habe ich es getan: mir genommen, das Foto, das zweimal da war.

Das Foto von Herrn Sternberg hängt nun wieder über Muttis Nachttisch. Und auf dem Nachttisch steht ein Blumenstrauß. Immer ein anderer. Ich will in meinem Garten auch Blumen pflanzen. Damit Mutti immer frische Blumen hat für die Vase vor dem Bild. Tulpen hatte Herr Sternberg besonders gern, hat mir Mutti erzählt. Großmama und ich wollen sehen, daß wir Tulpenzwiebeln bekommen. Mutti möchte kein gebasteltes Grab für Herrn Sternberg, wie es Herr Eberlein für seine Frau gebastelt hat. Aus einem Trümmerstein von seinem Haus.

Am 17. November geht Mutti zu einem Sonder-Enttrümmern unserer Stadt. Viele aus Muttis Betrieb und aus anderen Betrieben gehen zu diesem freiwilligen Sonntags-Sonder-Enttrümmern. Ich wollte eigentlich auch mitkommen, aber Mutti meinte, es wäre zu anstrengend und auch zu kalt für mich.

Also ein Sonntag ohne Mutti. Großmama bügelt und stopft die Bettwäsche. Herr Eberlein zankt sich wieder einmal mit seiner Marta. Ich horche ein Weilchen. Dann wird mir das langweilig, und ich öffne Muttis Bücherschrank. Mutti hat einige Bücher nach vorn gestellt, die sie bis jetzt hinter anderen Büchern versteckt hatte. Die interessieren mich natürlich besonders, denn es waren von Adolf Hitler verbotene Bücher. Da ist ein Dichter, der heißt »Maxim Gorki«. Das Buch im Ledereinband heißt: »Die Mutter«. Ich lese ein Weilchen drin herum. Da komme ich mir vor, wie früher schon einmal. Ehe ich lesen konnte, hatte ich mir sehr gewünscht, das Lesen zu lernen. Dann würde ich mit einem Male alles verstehen, hatte ich gedacht. Zeitungen, in kleine Stücke zerschnitten, lagen immer in einer alten Zigarrenkiste von Großpapa Fritz neben dem Toilettenbecken. Die Zeitungsstückchen hätte ich zu gern gelesen! Und eines Tages konnte ich sie wirklich lesen! Jedes einzelne Wort las ich laut vor mich hin! Ja, und da kam der Riesenriesenreinfall! Ich konnte zwar alles lesen, aber verstanden habe ich nichts, einfach gar nichts! So ähnlich geht es mir jetzt mit dem Mutter-Buch.

Ich greife nach dem nächsten Buch: »Dostojewski«, heißt der Dichter. Auch ein Russe wie dieser Maxim. »Memoiren aus einem Totenhaus«, steht auf dem Buch. Und auf dem anderen: »Die Brüder Karamassow«. Ich lese in beiden ein bißchen herum. Dann entscheide ich mich für die Brüder.

Als Mutti nach Hause kommt, wundert sie sich, wie viel ich schon gelesen habe.

»Ganz schön schwierig zu merken sind diese komischen Namen«, seufze ich. »Das muß ich erst üben, wie man die spricht!«

»Verstehst du denn, was da steht?« fragt Mutti.

»Klar! Verrückte Leute sind das, die gefallen mir!« sage ich.

»Für Verrücktes warst du ja schon immer!« meint Großmama, die wieder ihre bemalte Pelzweste trägt. »Habt ihr nicht recht gefroren draußen?« fragt sie Mutti.

»Wir haben geschaufelt, uns bewegt!« antwortet Mutti. »Da ist uns warm geworden!«

Abends gibt es Keulchen aus Kartoffeln und Apfelmus. Zum Braten haben wir kein Fett. Aber Herr Altmann hat Mutti für Weihnachten drei weiße Kerzen geschenkt. Von einer Kerze zerlassen wir ein Stück im Tiegel. Auf dem Wachs braten wir die Keulchen. Die schmecken spaßig mit dem Apfelmus drinnen und dem Wachs draußen! Es knackt ein bißchen, wenn man hineinbeißt, und innen sind sie durch das Apfelmus sehr weich. Dazu hat Großmama Feldkümmeltee gekocht, den wir im Sommer gesammelt und getrocknet haben. Feldkümmeltee ist mein Lieblingstee.

Mutti ist immer noch sehr traurig. Ich wünsche mir, daß Mutti wieder so richtig lacht! Mutti kann nämlich herrlich lachen!

WEIHNACHTSZEIT
Dezember 1945

Meine Weihnachtsgeschenke habe ich fast fertig, obwohl es erst Anfang Dezember ist. Wir freuen uns schon alle auf Weihnachten, Großmama und Mutti und ich. Ich, weil ich Geschenke bekomme und Geschenke verschenken kann. Großmama, weil wir uns dann abends wieder einmal richtig gemütlich unterhalten können. Jetzt müssen wir beide abends immer mucksmäuschenstill sein. Mutti freut sich auf Weihnachten, weil sie dann nicht Abend für Abend Berichte schreiben muß, nachdem sie schon den ganzen Tag gearbeitet hat.

Mutti arbeitet nicht mehr im Kühlhaus Dresden, sondern ist wieder Fürsorgerin geworden. Wie sie es früher in Weißstein war. Sie muß sich tüchtig abplagen und sieht schon ganz dürr aus. Am Tage braucht sie der Kinderarzt in seiner Sprechstunde, danach braucht er sie in der Mütterberatung, und später macht Mutti Hausbesuche bei Leuten mit Kindern. Sie besucht auch alte Leute und organisiert es, daß die gepflegt werden oder in ein Altersheim kommen. Und solche Sachen eben. Und was Mutti da manchmal für Elend sieht! Wie böse manche Menschen zueinander und zu ihren Kindern sind! Mann und Frau, die sich halbtot schlagen! Die ihre Kinder schlagen und ihnen nichts zu essen geben! Und eine alte Gräfin hat Mutti in Lockwitz in einer Wohnung gefunden! Völlig verdreckt, die Wohnung und die alte Frau! Die Dienstmagd der Gräfin war einfach fortgegangen und hatte die Gräfin allein gelassen! Die Gräfin war fast hundert Jahre alt und hatte nie gelernt, wie man sich selbst anzieht oder auszieht oder sich selbst wäscht! Oder auch sich etwas

kocht! Ganz schnell mußte Mutti über diesen Besuch bei der alten Gräfin einen Bericht für das Fürsorgeamt schreiben. Damit die Gräfin in ein Pflegeheim kam.

Eigentlich ist Mutti niemals fertig mit dem Arbeiten. Bis nachts um zwölf sitzt sie am Küchentisch und schreibt und schreibt. Großmama sieht das Licht und kann auch nicht schlafen.

Obwohl Großmama immer erst am Nachmittag den Küchenofen anheizt, wird es schnell wieder kalt in unserer Küche. So kalt, daß Mutti manchmal ihre Berichte nicht fertig schreiben kann, weil ihre Finger steif geworden sind und sie Füße wie Eiszapfen hat. Oder weil der Strom weg ist. Kerzen haben wir keine mehr, die haben wir aufgegessen.

Mutti hofft, Herr Altmann wird uns noch ein paar Kerzen für Weihnachten schenken. Obwohl Mutti nicht mehr im

Kühlhaus arbeitet, ruft Herr Altmann oft bei Mutti auf Arbeit an und fragt, wie es ihr geht. Herr Altmann ist jetzt der neue Chef im Kühlhaus. Zusammen mit einem sowjetischen Ingenieur. Nicht mehr dem vom Anfang, einem anderen, den ich nicht kenne.

Großmama und mir gefällt Muttis Arbeit als Fürsorgerin gar nicht. Immer sollen wir zeitig ins Bett gehen! Und tun wir das nicht, dürfen wir uns nicht unterhalten. Es war viel schöner, als Mutti noch im Kühlhaus arbeitete! Kam sie nach Hause, haben wir uns viel erzählt und viel gelacht! Ich würde zu gern wissen, wie es war, als Mutti zwölf Jahre alt war! Was sie da gern getan hat, woran sie Spaß hatte, worüber sie sich geärgert hat! Nichts! Mutti hat keine Zeit zum Erzählen! Und Großmama weiß es nicht mehr. Einfach vergessen. Komisch. Kann ich mir nicht vorstellen, daß ich das Jahr 1945 vergesse! Bestimmt erzähle ich meinen Kindern und Enkelkindern davon!

Warum Mutti nun wieder als Fürsorgerin arbeitet, das hat einen besonderen Grund: Sie war ja bis 1933 Fürsorgerin in Weißstein. 1933 wurde aber Adolf Hitler zum Führer Deutschlands gewählt. Und weil Mutti Sozialdemokratin war, durfte sie nun nicht mehr Fürsorgerin sein. Das hat Hitler so bestimmt. Und viele Sozialdemokraten hat er auch verhaftet und in Gefängnisse gesperrt. Deshalb reiste Mutti schnell von Weißstein fort zu ihren Freundinnen Maria und Ilse nach Berlin. Die waren auch, glaube ich, Fürsorgerinnen. Fragen kann ich ja Mutti nicht, fragen stört. Und auch im Jahr 1933 bin ich in Berlin geboren. So war das damals. Und deshalb will Mutti jetzt wieder Fürsorgerin sein.

Ja, meine Weihnachtsgeschenke habe ich beinahe fertig. Für Mutti die Socken und vier selbstgemalte Bilder. Die können wir dann in der Küche über dem Sofa aufhängen, denn sie haben richtige Holzrahmen! Die habe ich im Kaufhaus

Günther gekauft. Rahmen aus hellem Holz. Aber weil ich sie gern dunkel haben wollte, hat mir Herr Eberlein gezeigt, wie man Holz ohne Farbe und Beize dunkel bekommen kann. Nämlich mit übermangansaurem Kali. Das wir zum Gurgeln nehmen und das in Wasser aufgelöst lila aussieht. Aber bestreicht man Holz damit, wird das Holz braun.

Vier Märchenbilder habe ich gemalt. Und damit die Farben nicht abgehen oder heller werden, habe ich die Bilder nach dem Malen mit Kraftkleber überstrichen. Nun sehen die Bilder aus wie lackiert. Mutti hat den Kleber zwar gerochen. Stinkt ja auch ganz schön! Aber Herr Eberlein und ich haben Mutti veräppelt. Wir haben gesagt, Herr Eberlein hätte Schuhe repariert. Schwierig war das mit dem Weiß. Ich habe kein Weiß, und es gibt auch noch keine Farben zu kaufen. Da kam mir eine Idee! Zahnpasta! Ich mußte sie ein wenig dick aufmalen, damit sie hält. Mutti wird staunen, wenn sie die Bilder bekommt!

Für Großmama baue ich eine große Weihnachtslaterne aus schwarzem dickem Papp-Papier und buntem Leuchtpapier. Sie hat vier Seiten und deshalb vier Bilder. Die kann man natürlich nicht malen. Die muß man aufmalen als ein Gerüst aus schwarzen dicken Balken. Nur diese Balken dürfen bleiben, alles andere schneidet man mit einer Schere heraus. Und dahinter klebt man das rote oder blaue oder grüne oder gelbe Leuchtpapier. Voriges Jahr zu Weihnachten hatte ich eine kleine Laterne gebastelt, für Mutti. Dieses Jahr bastle ich eine große, für Großmama. Meist sitze ich bei Herrn Eberlein, wenn ich schnipsle oder klebe. Denn Großmama darf ja nichts davon merken.

»Was muß ich tun, damit du auch für mich so eine schöne Laterne baust?« fragt mich Herr Eberlein, der Frau Sommers Schuhe repariert.

Er repariert für alle Leute im Haus und für andere Leute

kaputte Schuhe. Er arbeitet ein paar Tage in der Woche bei einem Schuster. Die anderen Tage arbeitet er bei uns. Er hat sich von Großmama den Dreifuß aus Eisen geborgt, der noch von Großpapa ist. Und Frau Sommer hat ihm einen Hammer von Herrn Sommer verkauft. Auch einen Anzug, für Weihnachten. Weil Herr Eberlein da Besuch bekommt. Von einer anderen Freundin seiner Frau, die in Thüringen wohnt. Die Marta hat er rausgeworfen. Für immer.

Ja, was soll Herr Eberlein für mich tun? Ich überlege und überlege. Was ist denn wichtig? Da fällt es mir ein! Auf dem Boden habe ich ein Paar uralte Schuhe von Großmama gefunden. Sehr, sehr, sehr kaputt. Die Sohlen haben Löcher, ein Absatz ist ganz schief. Ich hole sie.

»Kann man die noch reparieren?« frage ich.

Herr Eberlein sagt: »Aber selbstverfreilich, meine Guutste! Würde meine Guutste mal wieder ein paar Weihnachtslieder auf dem Klavier spielen? Mußt du nicht sowieso üben für deine Klavierstunde?« fragt er mich und grinst mich an.

Er weiß genau, daß ich nicht mehr zum Klavierunterricht gehe. Aber er foppt mich gern damit. Das ist mir nicht gerade angenehm. Ich bin nämlich an einem Nachmittag, als ich zum Unterricht nach Zschieren gehen sollte, einfach im Waldpark spazierengegangen. Es war mir so gräßlich, zu dieser Quasseltante zu laufen und dort immer wieder dasselbe zu spielen! Ja, und wer steht da auf einmal im Waldpark vor mir? O Gott! Die Großmama! Da hat es gleich geklatscht! Und so laut habe ich Großmama noch nie schimpfen hören! Daß Mutti viel arbeiten muß, um Geld zu verdienen! Daß Mutti möchte, daß ich etwas Schönes lerne, was Großmama nie lernen konnte! Daß Mutti viel Geld ausgibt für meinen Unterricht und ich Borschtwisch gehe einfach nicht hin! Klatsch! Noch mal klatsch! Großmama war so wütend auf mich, daß sie nicht einmal mit mir nach Hause ging! Ich mußte allein gehen! Da habe ich mich richtig schlecht gefühlt.

Aber Mutti hat gar nicht geschimpft. Sie hat sich nur gewundert, warum ich ihr nicht gesagt habe, wie das bei meinen Klavierstunden zugeht. Zwingen will mich Mutti nicht, wenn ich keinen Spaß am Klavierspielen habe. Und sie hat mich abgemeldet bei dieser Lehrerin.

»Aber du spielst doch gern Klavier, stimmt's?« fragt Herr Eberlein.

»Klar«, sage ich.

»Man hört das nämlich, wenn einer spielt, ob er gern spielt oder nicht«, meint er.

Weil noch so viel Zeit bis zum Weihnachtsfest ist, habe ich für Mutti und Großmama noch mehr Geschenke fertig bekommen. Für Mutti gestrickte Fausthandschuhe, für Großmama einen gehäkelten weißen Kragen für ihr braunes Kleid. Ich habe es in den Schulpausen gelernt, wie man so etwas macht. Und ich habe Engel ausgesägt und bemalt und lackiert. Das hat mir Herr Eberlein gezeigt, das Sägen mit der Laubsäge.

Für Mutti und Großmama haben Hans-Martin und ich noch ein besonderes Geschenk. Eigentlich sollte es mir Hans-Martin nicht verraten, daß Onkel Franz im Garten einen Kirschbaum umgesägt hat. Der Kirschbaum war noch nicht besonders alt und trug schöne große Knapskirschen. Aber Onkel Franz weiß, daß Mutti und Großmama und ich immer frieren. Und daß es zu wenig Kohlen gibt. Da will Onkel Franz uns das Kirschbaumholz schenken. Und zersägen und hacken dürfen es Hans-Martin und ich!

In den Wochen vor Weihnachten sind in allen Stadtteilen von Dresden Weihnachtsfeiern vom Staat. Kinder bekommen dort Geschenke und ein Weihnachtsessen. Kinder bis 14 Jahre. Aber uns kleine Oberschülerinnen hat man einfach vergessen!

Wir sind ins Rathaus gegangen und haben gesagt, daß wir auch Kinder sind, obwohl wir schon die Oberschule besuchen. Oberschule heißt das jetzt, nicht mehr »Höhere Mädchenschule«.

Die Frauen im Rathaus sagen: wir sollen in die Leubener Volksschule gehen und dort mit den Kindern feiern!

Schon am nächsten Morgen um zehn findet die Weihnachtsfeier in der Leubener Volksschule statt. Die Turnhalle ist ausgeschmückt mit Tannenzweigen. Tische und Stühle sind aufgestellt. Auch auf den Tischen liegen Tannenzweige. Vorn bei den Schweberingen ist eine kleine Bühne aufgebaut. Dort stehen ein hoher Weihnachtsbaum und ein Klavier. Und ein Puppentheater.

Große Mädchen spielen etwas auf dem Klavier und der Flöte vor. Dann singen wir alle Weihnachtslieder. Nach dem Musikprogramm fängt das Festessen an. Es gibt Malzkaffee-Ersatz und richtigen Kuchen! Etwas später bekommen alle einen Teller voll Kartoffelsalat mit einem halben Würstchen!

Nach dem Festessen verteilt der Weihnachtsmann die Geschenke. Jedem Kind gibt er eine Tüte Bonbons, ein paar Kekse und ein besonderes Geschenk. Die kleinen Kinder bekommen ein Spielzeug. Wir Oberschülerinnen eine Einkaufstasche aus Wachstuch. Und das alles umsonst vom Staat!

Dann spielen einige Lehrer ein Kasperstück vor. Es ist sehr lustig! Wirklich, eine herrliche Weihnachtsfeier! Und ohne Alarm! Ohne Angst vor Bomben!

Das richtige Weihnachtfest feiern wir aber nicht mit dem Staat. Das feiern wir privat.

Unseren Weihnachtsbaum kaufen Mutti und ich in Zschachwitz. Eigentlich zwei Bäume, weil Mutti und ich verschiedener Meinung sind, welcher schöner ist. Ich möchte einen kleinen, Mutti einen großen.

Großmama findet meinen Baum schöner. Herr Eberlein kauft Mutti den großen Baum ab. Er hatte jahrelang keinen Weihnachtsbaum. Und dieses Weihnachten will er mit seiner neuen Freundin feiern. Er fragt Mutti, ob sie bei uns übernachten darf. Klar, darf sie, meint Mutti.

»Wenn wir einige Kugeln übrig hätten und etwas Silbertau, dafür könnte ich ihnen Kerzen besorgen!« sagt er. Klar, können wir! Und Kerzen brauchen wir immer!

»Wenn möglich, weiße«, sagt Großmama.

Herr Eberlein hat aber keine weißen für irgendwas anderes eintauschen können. Er bringt uns vier rote Kerzen. Zwei behält Großmama gleich für Quarkkeulchen. Die anderen stellen wir in Muttis roten Leuchter, in den eigentlich vier Kerzen müßten.

Unseren Weihnachtsbaum schmücken wir mit Kugeln und Silbertau und weißen Kerzen. Die hat uns Herr Altmann gebracht. Der Weihnachtsbaum steht in diesem Jahr in der Küche, nicht wie sonst in der Stube. Auch die Weihnachtslieder singen wir in der Küche, ohne Klavier, denn wir haben keine Kohlen, um den Stubenofen zu heizen. Und dann wickeln wir unsere Geschenkpakete auf und staunen und freuen uns!

Mutti und Großmama sehen ganz froh aus. Und ich sicher erst! Was ich alles bekommen habe! Einen Wintermantel aus Herrn Sternbergs Joppe hat Mutti heimlich genäht! Wann hat sie das nur gemacht? Und da sind Bücher von Mutti und Zeichenpapier von Großmama, sogar ein Nähkästchen aus Pappe und eine richtige Mundharmonika! Die hat Mutti in Klingenthal gekauft, damals im November. Als sie Herrn Sternberg suchen wollte. Und was ist das für ein großes Paket? Es ist ein Buch mit Bildern von deutschen Malern.

»Das Buch gehörte Herrn Sternberg«, sagt Mutti, »ich habe es für dich behalten!«

Ich nicke und freue mich und schlage es auf. Und erschrecke ganz fürchterlich. Das Foto mit dem kleinen Fox! Mutti hat es für mich behalten! Dabei habe ich es mir doch selbst zum Behalten genommen! O Gott! Ich beichte Mutti gleich alles. Ist das Beste so!

Mutti sagt nur: »Da behalte ich es eben für mich!«

Eine prima Mutti!

Und sie hat noch ein ganz besonderes Weihnachtsgeschenk für mich! In den letzten Monaten hatte Mutti nie Zeit, mir eine wichtige Frage zu beantworten: Wie war es damals, als sie zwölf Jahre alt war, so alt, wie ich heute bin?

Mutti gibt mir das Tagebuch, das sie über mein Leben schreibt. Ein bißchen komisch finde ich das ja, daß sie immer noch über mich schreibt, als wenn ich nicht selbst Tagebuch schreiben könnte! Aber in ihr Tagebuch, das mein Tagebuch sein soll, da hinein hat sie über ihre Sommerferien in Burkhardswalde bei ihrem Großvater Hiller geschrieben. Dieser Großvater Hiller, der Großmama-Linas Pflegevater war, also mein Pflege-Urgroßvater, bekam im Jahr 1900 vom König ein Ehrenzeichen und eine Urkunde, weil er Mitglied der Freiwilligen Feuerwehr in Burkhardswalde war.

Am ersten Weihnachtsfeiertag gehe ich früh schnell einmal zu Christa-Maria, um zu sehen, was sie bekommen hat. Christa-Maria hatte eine ganz tolle Weihnachtsüberraschung! Ihr Vati war gekommen! Ein wenig fremd kommt Christa-Maria mir vor, so mit Vati. Weil ich meinen doch nicht habe.

Bei Christa-Maria in der Stube brennt der Weihnachtbaum. Sie haben elektrische Kerzen. Christa-Maria hat einen gestrickten Pullover geschenkt bekommen und Schuhe und Süßigkeiten. Aber ihr schönstes Geschenk ist der Vati.

Sie hat ihm das schon gesagt vom Klavier. Daß sie gern eins haben möchte. Der Vati hat einen Fotoapparat und fotografiert Christa-Maria und mich vor dem Weihnachtsbaum. Er sieht ganz anders aus, als ich gedacht hatte. Ich hatte ja nur Fotos gesehen. Christa-Maria sieht ihm ähnlich, die Augen vor allem. Die haben das gleiche ganz helle Blau.

Als ich von Christa-Maria zurück bin, gehen wir nach Nikkern. Auch hier steht in der Stube ein Weihnachtsbaum, aber mit Kerzen aus Wachs. Und unter dem Baum liegt für jedes Kind ein winziges Stückchen Schokolade. Das essen wir gleich auf. Ich habe gar nicht mehr gewußt, wie Schokolade schmeckt!

Für unsere kleine Großmama wartet im Schuppen von Onkel Franz ein Bündel dicker Baumstämme. Es ist mit einer Wäscheleine zusammengebunden. An der Wäscheleine hängt ein Schild: »Für die kleine Großmama aus Leuben!«

Großmama reißt die Augen weit auf. »Wie soll ich denn das mit nach Hause nehmen?« fragt sie.

Hans-Martin sagt: »Wenn Schnee liegt, dann bringe ich das Holz mit dem Schlitten zu dir!«

»Was! Du?« Großmama sieht Hans-Martin zweifelnd an. Hans-Martin ist doch ein Jahr jünger als ich!

Da hebt Hans-Martin unsere Großmama hoch und trägt sie aus dem Schuppen, obwohl die schimpft und schimpft.

»Merkst du nun, was ich für Muskeln habe?« fragt Hans-Martin, als er Großmama wieder heruntergelassen hat.

Tante Luisa ruft zum Mittagessen. Es gibt richtigen Braten aus Fleisch! Wie der schmeckt! Nach dem Essen sagt Onkel Franz: »So, nun haben wir Molli aufgegessen!«

Mir wird ganz elend. Ich habe Molli gegessen! Molli, mit dem wir im Sommer gespielt haben! Unser lustiger, lieber Spielfreund Molli! Den haben wir gegessen?

Onkel Franz hätte das lieber nicht sagen sollen. Obwohl es die Jungen gewußt haben, daß es Molli ist, unser Braten, sind sie nun auch traurig wie Janni und ich. Onkel Franz will uns wieder zum Lachen bringen und baut mit Günter das Kaspertheater auf.

Hans-Martin winkt mich ins Kinderzimmer. Er hat wieder ein Geschenk für mich! Wieder aus einer Villa, aus einer anderen. In Zeitungspapier hat er es eingewickelt. Es ist ein dickes Notenbuch mit einem roten Ledereinband. Sonaten von Mozart, lese ich.

»Kannst du das brauchen?« fragt Hans-Martin.

»Klar!« sage ich und drücke ihn.

Das Kasperstück heißt: »Kasperle und das Äffchen«. Hans-Martin, Janni, Mutti und Großmama und ich sind die Zuschauer. Onkel Franz und Günter die Spieler. Tante Luisa wäscht in der Küche auf.

Eine hübsche Geschichte! Das Äffchen sitzt auf dem Dach eines Hauses und wirft etwas herunter, genau auf Kaspers Kopf. »Aua!« schreit Kasper.

Wir lachen. Da kracht es schon wieder auf Kaspers Kopf.

»Aua! Du verflixtes, verteufeltes Äffchen! Ich werde dich fangen!« schreit Kasper und versucht, am Haus hochzuklettern aufs Dach. Aber immer wieder rutscht er ab.

Das Äffchen lacht den Kasper aus. Endlich schafft es Kasper, aufs Dach zu kommen und das Äffchen festzuhalten. Er zeigt dem Äffchen seine Beule und schimpft.

Das Äffchen sagt: »Ich mache eigentlich nur Dummheiten, weil ich so schrecklich allein bin!«

Wo das Äffchen denn hergekommen ist, will Kasper wissen.

»Aus dem Zoo!« sagt es.

Früher hat es dort in einem großen Haus gewohnt. Mit vielen anderen Affen. Bis dann das große Feuer kam. Da sind alle weit, weit fortgesprungen vor Angst. Da hat das

Äffchen seine Affenmutti und seinen Affenvati und seine Affengeschwister verloren! Das Äffchen weint nun.

Kasper tröstet es und verspricht: »Wir werden deine Affeneltern und Geschwister suchen! Und was meint ihr, liebe Kinder«, fragt Kasper uns alle, »ob wir die Eltern und Geschwister des Äffchens finden?«

»Ja!« rufen wir alle.

Eine spannende Geschichte! Und sie ist nicht einmal ganz erfunden! Den ganzen Sommer über saß bei Onkel Franz auf dem Dach des Hauses wirklich ein kleiner Affe! Er turnte auf den Bäumen im Garten herum, mauste Aprikosen und Kirschen und warf die Kerne vom Dach. Hans-Martin und Günter haben versucht, das Äffchen zu fangen. Sie können gut auf Bäume klettern, weil neben dem Garten gleich das Nickerner Wäldchen ist. Dort sind die Bäume höher als Gartenbäume. Und so ein paar lumpige Armbrüche machen den Jungen nichts aus! Aber das Äffchen ließ sich einfach nicht fangen. Eines Tages verschwand es im Nickerner Wäldchen und kam nicht wieder. Damals waren alle traurig. Jetzt sind wir neugierig, wie die Geschichte weitergeht.

Natürlich findet Kasper die Eltern und Geschwister. Nach vielen Abenteuern. Was Kasper in seine kleinen Holzhände nimmt, muß einfach gelingen!

Als das Kasperstück zu Ende ist, wird es draußen schon dunkel. Tante Luisa und Janni zünden die Kerzen am Weihnachtsbaum an. Onkel Franz stimmt seine Gitarre, Günter seine Geige. Dann spielen sie Weihnachtslieder, und wir singen dazu. Onkel Franz kennt auch die Lieder, die Hitler verboten hatte. Er spielt auch die ein wenig falsch. Großmama sieht glücklich aus.

»Großmama, du hast uns etwas versprochen!« sagt Janni und stellt sich vor sie hin.

Großmama weiß genau, was Janni meint. Aber sie tut so, als wenn sie sich nicht erinnern könnte. Janni flüstert ihr etwas ins Ohr.

»Was!« ruft Großmama aus. »Das soll ich versprochen haben? Aber sie hat doch gar keinen Schlafanzug mit!«

»Doch!« rufe ich. »Den habe ich heimlich in deine Tasche gesteckt!«

Wir springen in der Stube herum, daß die Kerzen flackern.

SCHNEE UND GROSSMAMAS SCHÖNSTES WEIHNACHTSGESCHENK
26. Dezember

Am nächsten Morgen, als ich erwache, muß ich mich erst besinnen, wo ich bin. Hans-Martin und Günter schlafen noch. Ich rutsche aus dem Bett und schleiche zum Fenster. Es ist ja so hell im Zimmer! Bestimmt liegt Schnee!

Ja, wirklich, unten der Garten ist verschneit! Schnee auf dem Rasen, auf den Zweigen der Bäume! Und Schnee fällt vom Himmel über den Garten und den Wald. Ich schaue in den Schnee hinaus, der herabschwebt. Mir ist, als würde ich auch schweben. Aber nach oben.

Ich krieche in Hans-Martins Bett zurück. Wir haben gestern Abend Lose gemacht, bei wem ich schlafen darf. Hans-Martin hat mich gewonnen.

Kalt ist es im Zimmer der Jungen. Hans-Martin hustet. Er blinzelt. Gleich ist er munter, als er mich sieht.

»Es schneit!« flüstere ich.

Da ruft Onkel Franz schon von unten: »Aufstehen zur Schneeballschlacht!«

Und Janni stürmt zu uns ins Zimmer.

Hans-Martin und ich rutschen die verschneite Straße entlang. So richtig geht das Rutschen nicht, weil der Schnee zu frisch ist. Außerdem stört der vollgeladene Schlitten, der ist zu schwer. Mit der Wäscheleine hat Onkel Franz die Baumstücke auf dem Schlitten festgebunden. Immer noch schneit es so dicht, daß wir nicht einmal die Häuser und Bäume am Straßenrand richtig erkennen. Die Hänge und Berge gibt es überhaupt nicht mehr. Erde und Himmel sehen aus wie eines. Es ist, als wären wir zwei allein auf der Welt, Hans-Martin und ich.

An der Windmühlenstraße sagt Hans-Martin zu mir: »Setzt dich oben auf die Baumstämme und lenke! Ich bremse von hinten!« Die Windmühlenstraße geht ziemlich bergab. Das gibt Spaß! Bloß gut, daß uns Mutti und Großmama nicht sehen!

Schnell sind wir unten in Niedersedlitz. Mein Gesicht brennt, und auf unseren Mützen haben wir noch Schneemützen. Sicher sehe ich so rot aus wie Hans-Martin, so rot und vergnügt!

Früher, als ich noch in Nickern wohnte, spielte Hans-Martin immer das Baby für mich. Weil ich so gern ein Baby haben wollte. Das Zimmer, in dem Onkel Franz und Tante Luisa schlafen, war damals unser Wohnzimmer. Ich kann mich noch erinnern, wie Hans-Martin und ich im Wohnzimmer unter Großmamas Tisch saßen. Wir hatten ihre Schere gemaust und schnitten uns Löcher in die Strümpfe. Mit Hans-Martin kann man herrliche Dummheiten machen! Aber auch schön malen oder basteln oder bauen! Günter ist ein bißchen ernster als Hans-Martin. Aber auch störrisch manchmal, so daß Tante Luisa ihn haut. Er hat Musik lieber als Malen. Er kann Gitarre spielen und Mandoline und Geige und ein bißchen auf dem Klavier. Hans-Martin und ich wollen heiraten, wenn wir groß sind. Aber nur, wenn Hans-Martin keine Frau findet und ich keinen Mann! Dann gehen wir zusammen nach Afrika! Weil es dort immer warm ist und man kein Holz und keine Kohlen braucht!

Großmama und Mutti sind überrascht, als wir mit unserem Schlitten vor der Haustüre stehen.

Zusammen schleppen wir die Stämme in unseren Keller.

Nachdem wir Mäntel und Schuhe ausgezogen haben, sagt Großmama. »So, Kinder, nun ruht euch erst einmal richtig schön aus!« Aber Hans-Martin bindet sich schon seine Arbeitsschürze um, die er mitgebracht hat.

»Hast du den Kellerschlüssel?« fragt er mich. Und zu Großmama sagt er: »Jetzt geht es los! Da wirst du Augen machen!«

Großmama macht jetzt schon Augen. Ängstliche. Sie will uns nicht in den Keller lassen.

»Das muß doch nicht gleich heute sein!« versucht Mutti, uns von unserem Plan abzubringen, »heute, zum zweiten Weihnachtsfeiertag!«

»Komm!« sagt Hans-Martin zu mir.

»Sei wenigstens du vernünftig!« bittet Mutti mich. »Hans-Martin bleibt doch eine ganze Woche bei uns!«»

»Los jetzt!« mahnt Hans-Martin.

Besorgt trippelt Großmama hinter uns her die Treppe hinunter. Aber wir drängen sie mit Gewalt aus dem Keller. Und wir verbieten Großmama und Mutti für zwei Stunden das Wiederkommen!

Nun geht es richtig los! Hans-Martin baut die Stämme auf unseren Sägebock. Ich halte die Stämme fest. Hans-Martin sägt.

Nach zwei Stunden kommt Mutti, um uns zum Mittagessen zu holen. Wir haben alle Stämme zersägt. Mutti und Großmama staunen.

Nach dieser anstrengenden Arbeit schmeckt das Mittagessen noch einmal so gut. Großmama hat Kartoffelbrei mit Beefsteak und Sauerkraut gekocht. Mein Lieblingsessen nach Bohneneintopf. Nachdem wir gegessen haben, sagt Hans-Martin: »Los! Jetzt zerhacken wir die Rollen!«

»Das könnt ihr doch morgen tun!« meint Mutti. »Spielt ein bißchen mit Plastelina! Ihr habt doch immer so gern Fleischer oder Wurstverkäufer gespielt!«

»Plastelina!« sagt Hans-Martin verächtlich.

Hans-Martin zerhackt die Holzrollen auf dem Hackklotz mit dem Beil. Die Holzscheite fliegen im Keller herum. Ein herrlicher Krach! Ich versuche die Scheite zusammenzuholen. Dabei muß ich immer wieder die Arme oder Hände über den Kopf oder vor mein Gesicht halten, damit mich die Scheite nicht treffen. Ein paar treffen doch, aber nicht schlimm. Wir lachen darüber. Auch Hans-Martin bekommt auch manchmal ein Stück Holz an den Kopf oder den Arm.

Als wir alles Holz zerkleinert und an einer Wand aufgeschichtet haben, holen wir Mutti und Großmama in den Keller. Jetzt dürfen sie uns bewundern. Wir sind richtig naßgeschwitzt und schmutzig an den Händen und in den Gesichtern.

Aber Großmama umarmt ihre Dreckferkel, wie sie uns nennt, und sagt: »Das ist mein schönstes Weihnachtsgeschenk!«

Dann schrubben Mutti und Großmama in der Badewanne ihre beiden Dreckferkel. Sogar die Haare waschen sie uns. Wir lassen uns von ihnen auch waschen und abtrocknen. Wir spielen: Wir sind noch ganz, ganz klein!

Ich sage: »Ich könnte mich immerzu freuen! War das heute ein schöner Tag!«

Hans-Martin sagt: »Und so eine schöne Arbeit! Schade, daß wir schon fertig sind!«

Und Großmama sagt stolz: »Was habe ich doch für tüchtige Enkelkinder!«

Hans-Martin flüstert mir ins Ohr: »Ich habe eine Idee, was wir morgen tun!«

»Was denn?« frage ich.

BRIEFE

SOMMERFERIEN IN BURKHARDSWALDE

aufgeschrieben von Mutti-Elisabeth für mich

Meine Mutter Lina lebte von ihrem fünften Lebensjahr an in Burkhardswalde bei ihren Pflegeeltern. Sie erzählt, daß sie zu Hause viele Kinder waren und daß eines Tages die Pflegeeltern Hiller gekommen wären und sich ihr Pflegekind selbst ausgesucht hätten. Hillers waren mit Linas Eltern verwandt. Die Wahl fiel auf die kleine Lina.

Vater Hiller hatte in Burkhardswalde die Schmiede. Später, als er älter geworden war, hat er die Schmiede verkauft und sich daneben ein schönes Haus bauen lassen. Die Pflegemutter betrieb darin eine kleine Gemischtwarenhandlung. In Linas Kindheit hatten die Kinder wenig Zeit zum Spielen, es gab noch keine rechten Puppen, keine Puppenwagen, keine Bären, keine Puppenstuben und Eisenbahnzüge, wenigstens auf dem Dorfe nicht. Die Kinder wurden vielmehr mit nützlichen Arbeiten beschäftigt. Sie mußten schon tüchtig im Haushalt mit zupacken, mußten in Hof und Feld mit helfen. Lina hatte als Schulmädchen die Aufgabe, Socken und Müffchen für den Laden zu stricken.

Der Pflegevater war sehr streng und verlangte unbedingten Gehorsam. Eine freie Meinungsäußerung kam bei ihm gar nicht in Frage. Kinder, überhaupt jüngere Personen, hatten sich ohne Widerrede dem Alter zu fügen. Die Pflegemutter war verständnisvoller. Sie starb aber sehr früh, Lina war ungefähr 18 Jahre alt. Lina mußte von ihrer Stellung in Meißen nach Hause kommen, das Geschäft allein weiterführen und ihren Pflegevater, der in allem sehr peinlich und genau war, betreuen. Das ist nicht leicht für sie gewesen. Sie hat überhaupt nach ihrer Schulentlassung nichts zu lachen gehabt. Eine Zeit lang war sie bei einem Bäcker in Stellung. Da hieß es früh um vier Uhr aufstehen, und abends war auch nicht so bald Feierabend, so daß Lina damals nur den einen Wunsch hatte: einmal richtig ausschlafen zu dürfen. Auch in ihrer Stellung in Meißen hatte sie tüchtig und viel arbeiten müssen.

Nachdem sie nun ein Jahr lang wieder in Burkhardswalde war, kam Vater Hillers Schwester, Tante Reche, ins Haus und übernahm Geschäft und Haushalt. Sie war gemütlich und gut zu leiden. Übrigens mußte Lina sowohl ihre richtigen Eltern, als auch ihre Pflegeeltern mit »Sie« anreden. Als jedoch Lina später mit ihrem Bräutigam Fritz Schäfer nach Burkhardwalde zu Besuch kam, sagte Fritz zu Vater Hiller gleich »Du« zu ihm, worauf auch Lina fortan »Du« sagte.

Burkhardswalde ist so schön, daß Lina, als sie dann nach Dresden in Stellung kam und nur zwischen Steinhäusern am Neumarkt leben mußte, mächtiges Heimweh hatte und am liebsten ausgerissen und wieder heim gelaufen wäre.

Wir, ihre Kinder Elisabeth und Franz, haben Burkhardwalde sehr gern gehabt und schöne Tage dort verlebt. Mit

Mutter Lina sind wir oft dort zu Besuch gewesen, als Schulkinder in den Ferien fast jedes Jahr. Tante Reche verreiste dann nach Görlitz zu ihrer Pflegetochter, und Mutter Lina hatte mit dem Geschäft, dem Vater Hiller und uns eine Menge Arbeit, so daß bei ihr in den Ferien von Erholung keine Rede sein konnte.

Desto besser aber erholten wir uns. Wir hatten auf der großen Wiese hinter dem Haus eine Badewanne stehen, in die wir, wenn uns der Sommertag zu heiß wurde, springen und uns erfrischen konnten. Wir durften die Hühner füttern, Ährenlesen gehen, und was das Schönste war, mit Kirschen pflücken. Großvater Hiller hatte alle Kirschbäume um den Friedhof herum gepachtet. Und was waren das für Kirschen! Schwarze, feste, knallige und saftige Herzkirschen, wie man sie nirgends zum Verkauf erhielt! Beim Pflücken wurden dann natürlich die schönsten Früchte in den Mund gesteckt, und da eine immer schöner als die andere war, wurde es für den Kindermagen oft zuviel, so daß es zuweilen recht schmerzhaftes Bauchweh gab. Dann mußte Mutter Lina oder die gute Tante Reche Tee kochen und Diät anordnen.

Da wir uns während unserer Ferien von früh bis abends im Freien aufhielten und nur zu den Mahlzeiten im Hause waren, wurde ich braun wie ein kleiner Neger. Franz hingegen wurde nur rot, aber nicht braun.

Abends nach dem Essen und nachdem wir frisch gewaschen waren und Strümpfe und Schuhe angezogen hatten – tagsüber liefen wir barfuß –, durften wir noch bis acht Uhr draußen bleiben. Die Erwachsenen saßen dann im Gärtchen oder unterhielten sich am Tor. Die Kinder aber trafen sich meist am Gasthof, und es spielte die ganze Dorfjugend: Angebrannt – erlöst. Das war ein lustiges Leben! Es gab dort herrliche Schlupfwinkel, wo einen niemand aufstöbern konnte. Wenn es aber dann schon stark dämmerte, hieß es eintreiben, und nach all der Sonne und dem Fröhlichsein war selbstverständlich der Schlaf immer ein gesegneter und dehnte sich des morgens oft bis zehn Uhr aus.

In der Kuhle am Kaltofen bin ich oft Brombeerpflücken gewesen. Ganz zerkratzt an Ellbogen und Beinen bin ich nach Hause gekommen. Es hat mir aber in meinem ganzen Leben noch keine Marmelade so gut geschmeckt wie diese, die Tante Reche mir aus den selbstgesuchten Brombeeren gekocht hat.

Wir pflückten nicht nur Brombeeren, sondern auch Lindenblüten. Die große Linde war unten hohl und eine kleine Bank eingebaut. So daß man traulich darin plaudern konnte. Als Franz einmal beim Lindenblütenpflücken oben auf der Leiter stand – es war der Abend eines Tages, an dem die Kirschen ganz besonders gut geschmeckt hatten –, entleerte sich sein Magen auf den unter ihm pflückenden Mann.

Franz hatte in Burkhardswalde keine Spielkameraden. Es gab keine kleinen Jungen in der näheren Nachbarschaft. So war er gezwungen, mit uns Mädchen zu spielen. So auch eines Tages beim Kreisspiel »Ist die schwarze Köchin da«. Lauter Mädels und er der einzige Junge, und ausgerechnet der einzige Junge mußte die schwarze Köchin sein! Als er nun so im Kreise stand und alle Mitspielenden sangen: »Da steht sie ja, da steht sie ja! Drum wird sie auch recht ausgelacht!«, da war es denn doch um seine Fassung geschehen, und er flüchtete tief empört über die Niedertracht des weiblichen Geschlechts, und kein noch so eindringliches Zureden konnte ihn in Zukunft bewegen, wieder ein Kreisspiel mitzumachen.

Nur beim Ährenlesen hielt er noch Kameradschaft mit den Mädchen. Mit einem Tragkorb ging es frühzeitig schon hinaus aufs Feld, und dann wurde tüchtig gelesen bis Mittag, zwischendurch gab es herrliche Fettschnitten zum Frühstück. Die heimgebrachten Weizenbündel wurden gewogen und als Hühnerfutter verwendet. Großvater Hiller gab uns meistens dafür eine Belohnung von 3 oder 5 Mark, Silbergeld natürlich.

Mit zwölf Jahren bin ich das letzte Mal und allein in den Ferien in Burkhardswalde gewesen. Großvater Hiller war schon gestorben, und Tante Reche verreiste nach Görlitz. Im ganzen Haus befand sich nur eine kleine ausgewachsene Bekannte: Emilchen. Mit ihr habe ich mich prächtig verstanden. Wir haben zusammen tüchtig gefuttert und die Vorräte aufgegessen.

Als ich von diesem Ferienaufenthalt braungebrannt und glückstrahlend im weißen Kleid nach Hause kam, war Mutter Lina über den Kontrast des nicht nur braunen, sondern auch etwas schmutzigen Halses zum weißen Kleide entsetzt. Es war eben vor lauter Erleben nicht Zeit zum Waschen gewesen, wenigstens nicht zum gründlichen Waschen!

BRIEFE VON ONKEL HEINZ AN MICH

Im Westen, den 15. Dezember 1943
Meine liebe kleine Aini!

Deinen lieben Brief habe ich mit großer Freude erhalten, und ich danke Dir recht innig dafür. Du sollst nun auch nicht lange auf Antwort warten, und ich will Dir gleich schreiben. Du glaubst gar nicht, was Du mir für eine Freude bereitet hast, und die hübsche Umrahmung des Briefels hat mir sehr gut gefallen, leider ist nun Onkel kein talentierter Zeichner wie Du, und ich möchte mich nicht vor Dir schämen zu brauchen, dann erlasse mir das Zeichnen, gelt? Also Du übst schon fleissig Weihnachtslieder, ich bekomme diese doch hoffentlich einmal zu hören, wenn ich auch nach Weihnachten erst auf Urlaub komme, denn dann besuche ich Dich ja, das ist für mich Ehrensache.

Sieh, meine liebe Aini, wie Du heute Papier und Lumpen sammelst, so sammelte ich im letzten Weltkrieg auch, und ich muß schon sagen, daß Ihr tüchtige Racker seid und sehr fleißig wart, da müssen wir Soldaten aber uns sehr anstrengen, um Euch gleichzukommen. Wenn wir alle so helfen, da kann der Führer ganz beruhigt sein, dann wird bald dem Tommy und den Amerikanern sowie dem Rußki die Puste ausgehen.

Nun in 3 Tagen sind die Weihnachtsfeiern, dann gibt es noch allerhand für Dich zu schaffen, denn ich weiß, Du wirst für Mutti und Oma bestimmt was Feines für den Gabentisch haben. Auch im Heim wird doch noch allerhand zu tun sein, und wie ich meine kleine Aini kenne, wird sie Oma tüchtig zur Hand gehen, da ja Mutti im Büro arbeiten muß. Du wirst mir ja auch Weihnachten darüber berichten. Gelt? Was da Dein Adventskalender alles zu Tage gefördert hat, ist ja allerhand, und es war für Dich bestimmt eine große Freude, habe ich recht? Ich kann Deinen Wunsch um Schnee völlig verstehen, denn zu einem echten deutschen Weihnachtsfest gehört er einmal dazu, na der liebe Gott wird sich schon dazu bereit erklären.

Auch bei uns hier ist es sehr kalt, leider haben wir kein Thermometer, so daß ich Dir die Kältegrade nicht mitteilen kann. Ja, meine kleine Aini, wollen wir hoffen, daß wir das nächste Weihnachtsfest zusammen in der Heimat feiern können und zwar im Frieden. Nun lasse Dir vom Christkind was Schönes bescheren, und wenn Du am Heiligen Abend die Weihnachtslieder spielst, dann denke einmal an Deinen Onkel Heinz, der an diesem Abend besonders an Dich denken wird. Für heute aber sei Du innig gegrüßt und nochmals herzlichst bedankt
 von Deinem Onkel Heinz.

Im Westen, den 23. 4. 44

Meine liebe kleine Aini!

Schon lange warte ich auf Dein liebes Briefel, aber leider ist es bis heute noch nicht in meinem Besitz. Hoffentlich ist es nicht verlorengegangen, dies wäre doch sehr schade. Hier ist der herrlichste Frühling, und alle Bäume haben das Blütenkleid angelegt, man vergißt bei diesen schönen Anblick direkt, daß Krieg ist.

Wie sieht es denn in der Heimat aus? Ist da auch alles schon soweit? Wenn alles gut geht, komme ich in 3 Monaten in Urlaub, und wenn da schönes Wetter ist, dann machen wir einen netten Ausflug. Gelt? Mir geht es soweit gut, was ich auch von Dir hoffe. Nun setze Dich mal hin und schreibe Deinem Onkel einen schönen Brief, gelt? Vielleicht kannst Du auch mal ein kleines Bild malen. Ich selbst kann nicht zeichnen und deshalb schicke ich Dir ein kleines Foto von mir mit, damit Du mich nicht vergißt! Für heute aber sei Du innig gegrüßt

von Deinem Dich liebenden Onkel Heinz.

Im Westen, den 8. 5. 44

Meine liebe kleine Aini!

Herzlichen Dank für Dein liebes Briefel, worüber ich mich sehr gefreut habe und überhaupt Dein schönes Gedicht, was Du mir da mit geschickt hast. Du bist ja ein Tausendsassa! Ich kann Dir versichern, daß mir Dein selbst verfaßtes Gedicht sehr gut gefallen hat. Auch das beigefügte Bildchen hat mir sehr große Freude gemacht und auch gut gefallen. Es ist sehr lieb von Dir, wie Du immer an Deinen Onkel Heinz denkst, auch meine Gedanken weilen oft bei Dir. Weißt Du noch als ich beim letzten Urlaub bei Dir war und Du und Deine liebe Mutti Kaspertheater spieltet? Siehst Du, wenn man soweit von der Heimat ist, in einem fremden Land, dann sehnt man sich sehr nach der Heimat und wenn dann ein Brief kommt aus der Heimat, dann kommt ein Stück von ihr zu uns in den Bunker, da kommen dann all die schönen Tage, die man daheim verleben konnte, wieder vor Augen, und man erlebt alles noch einmal.

So bleibe weiter meine kleine fleißige Schreiberin, denn

Du machst mir damit eine große Freude. Ich habe heute Nachtdienst und während ich an Dich schreibe, liegst Du in Deinem Bettel und träumst schön. Vielleicht ist bald der Krieg aus und ich kann dann öfters mit Dir, Deiner lieben Mutti und Oma beisammen sein, grüße sie herzlich von mir und sei auch Du innigst gegrüßt von

Deinem immer an Dich denkenden Onkel Heinz.

BRIEF VON ONKEL GERT AN SEINE MUTTER, MEINE TANTE BERTHEL

*Diesen Brief habe ich dreimal gelesen,
weil er mir so gefallen hat.*

Im Osten, den 26. Juli 1941

Meine liebe Mutter!

Nun ist es Dein zweiter Geburtstag, den ich im Felde verlebe. Hoffentlich kommen meine Wünsche noch rechtzeitig. Auf jeden Fall wünsche ich Dir von Herzen alles Gute, vor allem Gesundheit, und daß wir recht bald gemeinsam die Friedensfeier starten lassen können.

Den Verhältnissen entsprechend geht es mir noch gut, als menschliches Gewohnheitstier lernt man bald, die Dinge zu nehmen, wie sie sind, und versucht mit jeder Situation fertig zu werden, obwohl unser jetziges Leben mit menschlicher Würde kaum noch etwas gemein haben dürfte.

Oft schon habe ich gedacht, Ihr müßtet uns einmal hier hausen sehen. Ihr würdet den Kopf schütteln, und ich glaube, nicht einen einzigen Bissen essen oder Schluck trinken, und in unseren »Betten« würdet Ihr, soweit Ihr Euch überhaupt hinlegt, kein Auge zutun. In Frankreich war es schon manchmal schlimm, aber hier spottet es jeder Beschreibung. Wir liegen in einer alten Holzbude, Fenster fehlen zum Teil ganz, zum Teil sind sie nur noch halb da. Die Türen hängen nur noch an einer Angel. Durch die Wände kann man den freien Blick in die Natur genießen. Den Anstrich innen ersetzen die Fliegen vollständig. Zu Tausenden und Abertausenden sitzen und schwirren sie herum. Seit ich hier bin in Rußland, habe ich meine Mütze weder bei Tage noch bei Nacht kaum eine Minute abgesetzt, weil man das Fliegengrippeln einfach nicht ertragen kann.

Soeben gab es eine Scheibe Schweizerkäse zum Abendbrot und Frühstück morgen (etwa 100 Gramm), das hättest Du sehen müssen. Vom Käse war vor Fliegen buchstäblich nichts zu sehen. Während ich schreibe, sitzen auf meinen Händen mindestens 20 Stück, ja unter der schreibenden Feder laufen sie seelenruhig hinweg. Bis in die Jackenärmel verkriechen sie sich. Wenn uns einmal die Wut packt, nehmen wir jeder ein Tuch, eine Drillichjacke oder was wir erwischen und schlagen wütend um uns, das sieht aus, als wären wir im Irrenhaus, aber helfen tut es nichts, höchstens hat man damit seine Wut einmal ausgelassen.

Die Verpflegung ist auch sehr knapp bemessen, außer

Brot. Es gibt für den ganzen Tag von früh 5 Uhr bis 11 Uhr abends 35 Gramm Butter und 100 Gramm Wurst oder Käse oder 2 Eier. Wurst sind allerdings meist nur 80 Gramm. Das Mittagessen mag angehen, doch ist es immer dasselbe im Wechsel: Erbsen, Bohnen und Linsen. Nichts anderes. Nur morgen ist mal ein Feiertag, wir haben Weizen geschnappt und diesen gegen ein Kalb eingetauscht, das morgen vertilgt werden soll. Alles freut sich schon darauf.

Zu kaufen gibt es immer noch nichts, für Geld ist praktisch nichts zu haben, nur allenfalls beim Bauer im Tauschwege. Für 1 Päckchen Tabak kann man viel haben, schon 15 Eier oder einige Liter Milch. Aber wo Tabak hernehmen? Aus Heeresbeute erhalten wir wenigstens zeitweise etwas Wodka. Der reine Spiritus, er schmeckt auch so. Ich habe nun folgenden Versuch gemacht, hoffentlich klappt es. Ich habe mir Heidelbeeren gesucht und sie gezuckert (Zucker ist gemaust) dem Wodka zugesetzt. Das ganze steht in der Sonne und soll einige Wochen stehen bleiben. Nur muß man aufpassen, daß einem die Flasche nicht geklaut wird. Ich hoffe so ein einigermaßen trinkbares Etwas zu erhalten.

Ja, so helfen wir uns. Nun staune, sogar Rührei habe ich mir von meinen 2 Eiern gemacht. Etwas Fett habe ich mir eingespart, und einige Stücke alten Speck noch von Radebeul, mehr schwarz als weiß, hatte ich noch. In einem kleinen Grabenloch wurde ein Holzfeuer entfacht, im Kochgeschirrdeckel das Fett zerlassen, der Speck auf Zeitungspapier auf einem Stein klein geschnitten, die Eier hineingeschlagen, etwas Salz darauf und mit dem Taschenmesser feste gerührt. Ich sage Dir, das war ein Göttermahl, und gerochen hat es, daß man sich daran schon ergötzen konnte! So leben wir, so leben wir … primitiv und einfach. Nun weißt Du so ungefähr, wie das freie Soldatenleben gelebt wird. Zu Hause ist es da doch schöner. Doch es hilft nichts, wir müssen durchhalten, einmal nimmt es doch ein Ende. Dir, liebe Mutter

zum Schluß nochmals alles Gute zum Geburtstag, bleibe gesund und sei vielmals herzlichst gegrüßt
von Deinem Sohn Gert.

BRIEFE VON ONKEL GERT AN MUTTI-ELISABETH

Im Osten, den 18. 12. 43

Meine liebe Lisbeth!

Mit Schrecken stelle ich fest, daß Weihnachten so dicht vor der Tür steht. Die Umstände hier haben bisher noch keinen Festgedanken aufkommen lassen und werden es wohl dieses Jahr auch kaum so recht.

Der Kampf im Osten ist schwer, wenn er auch wahrscheinlich augenblicklich nur sekundäre Bedeutung hat. So dürft Ihr Euch auch nicht daran stoßen, wenn Ihr manches nicht begreifen könnt und möglicherweise noch manches Stück aufgegeben werden müßte. Es liegt nicht daran, daß Deutschland schwach wäre. O nein. Wenn auch zur Zeit im Osten sehr wenig Truppen sind und es oft ein Rätsel ist, daß diese wenigen Truppen dem ungeheuren Aufwand der Russen noch so standhalten. Es hat alles seine Gründe, und es besteht keinerlei Grund zur Besorgnis.

Übers Jahr wissen wir mehr, vielleicht sind wir dann schon wieder daheim zu friedlicher Arbeit. Vielleicht ist uns der Frieden näher, als wir zu glauben wagen. Noch einmal gilt es, die Zähne zusammen zu beißen, fest und hart. Schweres und Schwerstes mag noch einmal kommen, aber wir werden es schaffen, und Deutschland wird die letzte Schlacht schlagen zu unseren Gunsten. Was liegt daran zu entbehren, wenn man den guten Glauben haben kann, daß diese Entbehrungen nicht umsonst sein werden?

Ich habe diesen Glauben und alle meine Kameraden mit

mir. Wenn wir auch oftmals fluchen und schimpfen, das gehört zum Handwerk, auch, daß wir manchmal Stunden haben, wo wir müde sind. Mit Schwäche hat das nichts zu tun.

Na, und Du, meine liebe Lisbeth, was machst Du denn eigentlich Gutes? Ob Briefe von Dir unterwegs sind, oder hast Du mich in der langen Zeit vergessen? Noch habe ich die Hoffnung nicht aufgegeben, wenn uns die Post erreicht, einige Zeilen von Dir vorzufinden.

Sollten meine Zeilen, die ich einem Urlauber mitgebe, noch rechtzeitig ankommen, so wünsche ich Euch allen herzlichst ein recht, recht frohes Fest bei allseitig bester Gesundheit. Fürs neue Jahr aber möge sich unser aller Wunsch nach einem baldigen Frieden erfüllen. An diesen Tagen werde ich in Gedanken bei Euch sein.

Viele liebe, herzlichste Grüße, insbesondere an Dich, meine liebe Lisbeth

Dein Gert.

Im Osten, den 24. 12. 43

Meine liebe Lisbeth!

Genau zu Weihnachten erhalte ich Euer Päckchen. Wie soll ich Euch die Freude danken, die Ihr mir damit gemacht habt? Wochenlang saßen wir ohne Post, und nun kamen gleich 18 Säcke zum Fest! Die strahlenden Gesichter der Landser kannst Du Dir vielleicht vorstellen. Das ist ein Weihnachtsfest! Weißt Du, was ich gleich machte? Ich hatte noch einen kleinen Rest Bohnenkaffee, rin in den Trinkbecher, mit einem Beilstiel alles zerstoßen, kochendes Wasser drauf, und zu diesem göttlichen Getränk Euer Gebäck! Ein besseres Weihnachten kann ich mir gar nicht wünschen. Was stört die Bomberei der Russen dabei? Etwas Zuckerrübenschnaps ist noch da, den stifte ich, der andere stiftet selbstgemachten Kartoffelsalat, und der dritte hat einige Eier organisiert, da gibt es Spiegelei dazu.

Ainis Brief habe ich vor einiger Zeit – wir waren grade unterwegs – erhalten. Durch die Verhältnisse bin ich leider nicht zur Beantwortung gekommen. Aini soll mir deshalb nicht böse sein. Ich habe mich sehr über ihre lieben Zeilen gefreut, die – der lieben Lisbeth zur Beruhigung – bestimmt nicht »unmöglich« waren, im Gegenteil, mich riesig angenehm berührten. Sage Aini bitte vielen Dank dafür! Wie herzlich einen Landser so unschuldig-kindlich geschriebene Kinderzeilen berühren, könnt Ihr nicht ermessen. Drum lasse Aini bitte die Freude. Aus der Rolle fällt sie nicht, da brauchst Du wirklich keine Angst zu haben.

Ich mußte unterbrechen und schreibe heute früh am 25. 12. weiter. Den Heiligabend habe ich recht nett verlebt, erst 1 Stunde mit der Kompanie, dann mit 2 Kameraden in meinem Quartier. Ein alter Ukrainer mit Frau und Tochter (20 jährig und sehr hübsch!!!) waren auch dabei. Ich habe viel Interessantes von ihnen hören können über das stalinistische Rußland. Dinge, die ich früher für übertriebene, deutsche Propaganda hielt, wurden mir mehr als richtig und wahrheitsgemäß bestätigt. Als ich auf meiner Mundharmonika einige Weihnachtslieder spielte, liefen dem alten Mann die Tränen nur so über die Backen. »Nemetzki karascho, karascho!« (Deutsche gut, gut!) hat er uns an diesem Abend mehr als hundert mal bestätigt. Seine größte Angst ist, die Russen könnten weiter vordringen und sie wieder den Russen in die Hände fallen. Sie geben bald das Letzte, nur um uns hier zu behalten, es ist rührend. So wurde uns dieses Weihnachten ein recht innerliches Fest. So schließe ich denn meine Zeilen mit vielem Dank an Euch alle, wünsche Euch ein recht glückliches, gesundes Neues Jahr und bleibe mit den herzlichsten Grüßen, besonders an Dich, meine liebe Lisbeth

Euer dankbarer Gert.

RÜCKSEITE DER POSTKARTE, DIE ONKEL GERT FÜR MICH MALTE

6. März 1943

Liebe kleine Aini!

Eine ruhige Stunde ließ mir die Zeit, mich mit Dir im Zeichnen zu messen und Dir damit gleichzeitig zu danken für Deine mir bisher gesandten Zeichnungen. Hoffentlich bereite ich Dir damit auch soviel Freude, wie Du mir bereitet hast. Leider habe ich keine richtigen Farbstifte hier und mußte mir mit farbigen Tintenstiften behelfen.

Bei Euch daheim fängt sicher schon der Frühling an, und die ersten Blümchen gucken schon vorsichtig aus der Erde und suchen die wärmenden Strahlen der Sonne. Hier ist es leider noch nicht so weit, und Blumen gibt es überhaupt sehr wenig. Bleibe gesund, grüße Oma und Mutti vielmals, und sei auch Du herzlichst gegrüßt von Deinem Onkel Gert.

BRIEF VON ONKEL GERT AN MICH

Es ist der letzte Brief, den Onkel Gert aus Rußland an uns nach Deutschland geschrieben hat. Danach war er vermißt. Wir haben nie wieder etwas von ihm gehört.

Im Osten, den 28. 12. 43

Meine liebe kleine Aini!

Nachdem Du mir so viele liebe Grüße gesandt hast, muß ich mich doch wirklich einmal ans Schreiben machen. Wenn ich es nicht gleich bei Empfang Deiner Zeilen machte, so darfst Du nicht denken, Deine Schreiben hätten mir keine Freude gemacht, liebe Aini. O nein, ganz das Gegenteil ist wahr, ich und auch meine Kameraden haben ehrlich Freude an Deinen Zeichnungen gehabt, und Du darfst mir recht bald wieder einmal solche Freude bereiten. Ich hatte mir immer vorgenommen, Dir durch etwas Gezeichnetes von mir zu danken. Der Krieg im Osten ist aber etwas Anderes als daheim, wo man sich eine Mußestunde suchen kann, und manches, was man gern möchte, muß hinausgeschoben werden oder ganz unterbleiben. Glaubt man an so einem Ort mal länger zu bleiben und Versäumtes nachholen zu können, heißt es bestimmt plötzlich einpacken und weiter. Kommt man dann an den neuen Ort, sind keine Quartiere da, und ehe welche hergerichtet sind, geht es schon wieder fort. Also meine liebe, kleine Aini, Du siehst, es ist nicht böser Wille bei mir.

Böse bist Du mir doch hoffentlich nicht, sonst müßte ich annehmen, Du würdest mir im nächsten Urlaub den Hintern verdengeln. Ich hätte schon jetzt Angst davor, obwohl an Urlaub bei mir noch gar nicht zu denken ist. Vielleicht hat dann Deine Mutti auch noch ein Hühnchen mit mir zu rupfen, da wäre dann eine schöne Keilerei zu erwarten, und Oma würde uns allesamt mit dem Besen hinaustreiben. Das gäbe eigentlich ein Bild zum Malen, meinst Du nicht?

Wenn Deine Mutti meint, Deine Briefe seien unmöglich, dann sage ihr nur, an mich könntest Du auch Unmögliches schreiben, ich hätte es Dir erlaubt. Dabei sind Deine Zeilen gar nicht unmöglich, sondern sind sehr lieb und nett, und überdies gefällt mir das Unmögliche gerade. Also getrost weiter so, meine liebe Aini.

Hoffentlich ist Omas Schnupfen inzwischen vorüber und Deiner auch. Wenn nicht, müßt Ihr Euch Holzpfropfen machen lassen für die Nasenlöcher oder die Nase anbinden, daß sie nicht mehr laufen kann. Nun wird Deine Mutti gleich wieder sagen, was der Onkel Gert schreibt ist ja »unmöglich«. Du brauchst ihr aber diesen Brief ja gar nicht vorlesen, obwohl man seiner Mutti eigentlich alles sagen und zeigen soll, wenn man sie so recht von Herzen lieb hat. Und das hast Du doch sicher.

Wenn diese Zeilen bei Dir eintreffen, hat das neue Jahr längst begonnen und meine Wünsche kommen reichlich spät, doch sind sie deswegen nicht weniger herzlich. So wünsche ich Dir dann fürs neue Jahr alles Gute und viel, viel Freude und Gesundheit, besonders auch Deiner lieben Mutti und Oma. Uns allen aber wünsche ich einen baldigen, glücklichen Frieden, in dem wir uns gesund, froh und zufrieden wiedersehen können.

Mit vielen lieben Grüßen an Dich, Mutti und Oma bleibe ich

Dein Onkel Gert.

BRIEF DES BUTTERPRÜFERS AUS HAMBURG AN MUTTI-ELISABETH NACH DEM BOMBENANGRIFF AUF DRESDEN AM 13. FEBRUAR 1945

Barsbüttel, den 2. 4. 1945

Liebes Fräulein Schäfer!

Gestern, am 1. Ostertag, erhielt ich Ihren lieben Brief vom 21. 3. 1945. Recht herzlichen Dank für die Aufmerksamkeit. Aber, liebes Fräulein Schäfer, so sehr ich mich freute, von Ihnen ein Lebenszeichen zu haben, so niederdrückend Trauriges hatte ich doch kaum erwartet. Wie furchtbar ist doch alles, was Sie und die Ihren sowie alle Dresdener haben durchmachen müssen!

So wie Sie mir das, was das schöne Dresden mit seinen lieben Menschen hinter sich hat, schildern, so war es auch damals bei uns hier. Auch auf mich wirkt es heute noch derart niederdrückend, unser schönes früheres Hamburg heute als ein einziges Trümmerfeld zu sehen.

Genau so sieht es nun auch bei Ihnen aus, das wunderbare Dresden in Schutt und Asche. Man kann das einfach nicht begreifen, wie können Menschen so etwas überhaupt tun! Daß das auf Sie besonders seelisch einwirken muß, glaube ich, da ich Ihr gutes und für alles Schöne empfindende Herz wohl kenne. Wie müssen Sie, liebes Fräulein Schäfer, beim Anblick all dieses Elends leiden, und was mögen Sie schon gelitten haben, Sie liebes gutes Wesen! Es ist schon so, Sie denken nur immer an andere und fühlen für andere, sorgen sich um alles, und selbst bleiben Sie stets bescheiden im Hintergrund. Mich freut es, daß es Ihnen soweit gut geht und Sie vor Schaden bewahrt worden sind. Ich kann es mir vorstellen, daß Aini nicht böse darüber ist, weil sie nicht zur Schule gehen muß, Kinder sind ja alle so.

Vergessen Sie, so gut es geht, alles Traurige, und so dunkel unsere Zukunft auch scheinen mag, behalten Sie Ihr tapferes Herz! Und wenn es Ihre Zeit erlaubt, es braucht ja nicht gleich zu sein, so schreiben Sie mir bitte mal wieder. Ein wenig Sorge habe ich mir schon gemacht, als ich von dem furchtbaren Angriff auf Dresden hörte, waren doch Flüchtlinge von dort nach hier gekommen. Was uns die Zukunft auch bringen mag, und wie es für uns ausgehen möge, wer weiß, ob ich jemals wieder nach dort kommen werde, vergessen werde ich die schöne Zeit niemals wieder. Sie, liebes Fräulein Schäfer, und die kleine Aini bleiben für immer in meiner Erinnerung.

Bestellen Sie bitte recht herzliche Grüße von mir an alle, die mich kennen. Recht vielen Dank für Ihre Mühe betreffs meiner Kiste. Jetzt, da ich weiß, daß sie verbrannt ist, macht es nicht viel aus, solche Wertsachen waren ja nicht in der Kiste enthalten. Ihre Zeilen nach Danzig damals und auch nach Wolterdingen habe ich dankend erhalten. Aus Wolterdingen habe ich geschrieben, sehe nun aber, daß der Brief nicht in Ihren Besitz gelangte.

Von mir, liebes Fräulein Schäfer, gibt es wenig zu berichten. Mein kleines Heim ist bis heute verschont geblieben, trotzdem wir in den letzten Tagen einige schwere Angriffe hatten. Einige Bomben fielen in der Nähe, es ist aber bisher alles gut gegangen. Ich selber bin in meinem Dorf zur Gefangenenbewachung kommandiert, bin also direkt bei Hause. Der Krieg wird wohl nicht lange mehr anhalten, dunkel sieht es für uns aus. Trotzdem dürfen wir den Mut nicht sinken lassen. Freuen sollte es mich, wenn ich all die lieben Menschen, die ich in Dresden kennenlernte, nochmal sehen könnte. Ich glaube, ich würde dann einigen vor Freude um den Hals fallen, und unter denen wären dann auch Sie und die kleine Aini.

Nun möchte ich mein Schreiben beenden und wünsche Ihnen und den Ihren alles Gute! Möge doch alles zum Guten ausgehen! Sollte das Schicksal es gut mit uns meinen und ich Sie und Aini später mal wieder sehen, so liebes Fräulein Schäfer, würde ich mich freuen. Nun sende ich Ihnen und Aini recht herzliche Grüße! Bleiben Sie gesund und frohen Mutes!

Ihr Walter R.

BRIEFE VON TANTE KLÄRE AN MUTTI-ELISABETH NACH DEM BOMBENANGRIFF 1945

Plauen im Vogtland, 19. 2. 45

Liebe Lisabeth!

Ihr werdet schwere Tage gehabt haben, und ich hoffe sehr, daß Ihr alle drei sie gut überstanden habt. Ich mache mir trotzdem Sorgen um Euch. Laßt ein Wörtlein von Euch hören, damit ich weiß, wie es Euch geht. Für unser Plauen hatten wir Mitte Januar einen bösen Tag – viele Ruinen zeugen noch davon. Bei uns sind es nur kaputte Fensterscheiben gewesen. Aber meine Muttel wird ganz krank von der unseligen Zeit. Nachricht von meinem Paul habe ich auch noch keine. Auf dem Roten Kreuz wurde mir aber versichert, daß es sich bei ihm bestimmt um amerikanische Gefangenschaft handle. Wie lange werden wir noch so Schweres ertragen müssen – wann wird der furchtbare Krieg zu Ende sein? Das sind die Fragen, die heute stündlich über unserm Leben geschrieben stehen.

Denkt immer an uns – auch – daß ich Euch helfen möchte, wenn es in meiner Macht steht. Tausend Grüße und alle guten Wünsche sende ich Euch allen

Deine Kläre.

Plauen im Vogtland, 8. 4. 45

Meine liebe Lisabeth!

Dein Brief war trotzdem eine Freude für uns, weil er uns sagte, daß Ihr noch lebt. Wie erschüttert er uns in seinem Inhalt hat, kann ich Dir gar nicht sagen. Man findet einfach keine Worte für all das Schreckliche, was uns die Tage jetzt bringen. Und auch ich kann Dir in meinem heutigen Brief nichts Erfreuliches sagen, bis auf das Eine: Ich habe Post von meinem Paul. Er ist seit Mitte September in amerikanischer Gefangenschaft und in einem Lager bei Neu York untergebracht. Er ist gesund – arbeitet als Sanitäter im Revier und lernt sonst fleißig: englisch, Volkswirtschaft, – und betriebstechnische Fragen. Er schreibt, daß sogar Kurse laufen für mittlere Reife und Abitur und auch ein Ingenieur-Kursus. Nun sorge ich mich nicht mehr so um ihn, wenn ich auch gar nicht dran denken mag, wann er erst wieder mal bei mir sein wird.

Ich kann Dir gar nicht sagen, wie ich mich gefreut hab, als ich abends heimkam von meiner Arbeit, und ich fand diesen Brief vor. Am liebsten hätte ich jemand umarmt, aber ich war allein. Meine Muttel habe ich nämlich zu einer Tante aufs Dorf gebracht, damit sie wenigstens nachts einigermaßen

Ruhe hat. Die Zeit verlangt zuviel von unseren Müttern, die werden uns alle krank. Sonnabend und sonntags fahre ich raus zu ihr, und auch in der Woche schaue ich mal nach dem Rechten. Mit dem Rad ist es gar nicht weit. Und da wir jeden Tag ein paarmal Alarm haben, nütze ich diese Zeit immer dazu aus. Was uns die nächsten Tage bringen werden, wissen wir nicht. Heute meinen wir, die Schießerei, die wir dauernd hören, kann gar nicht bloß von den Fliegern herrühren. Auf meiner Arbeitsstelle tut sich so manches. Den ersten Tiefangriff habe ich gut überstanden. Und unsere Stadt Plauen ist auch bald nicht mehr zum Erkennen.

Ein schweres Herzeleid war uns auch schon beschieden. Bei einem schweren Angriff am 23. Februar wurde das Haus von Pauls Eltern von 2 Volltreffern getroffen und alle Bewohner verschüttet. Das Herz will einem still stehen. Am dritten Tag konnte die Mutter geborgen werden – den Vater hat man bis heute nicht finden können. Nur eine Hand – das war alles von ihm. Alle Hausbewohner wurden in einem gemeinsamen Grab beigesetzt – und nach dem Vater kann auch gar nicht mehr gesucht werden.

Es ist alles so furchtbar, man kann es manchmal kaum noch ertragen. Das Lachen haben wir ganz verlernt. Nicht einmal über das frische Grün des Frühlings, das uns die liebe Mutter Erde jetzt so reichlich schenkt, können wir uns freuen. Wir werden ja von einem Alarm zum anderen gehetzt – unser Leben spielt sich ja meist im Keller ab. Wir haben seit Wochen kein Wasser. Jedes Schmutzwasser muß doppelte Verwendung finden. An Baden oder große Wäsche ist gar nicht zu denken. Gestern Abend habe ich mich hier bei der Tante wieder einmal ganz gewaschen – das war ein seltenes Wohlgefühl. Und nachts nur das Brummen der Flugzeuge – keine Sirene –, und doch findet man keine richtige Ruhe. Die Angst um unser Daheim in Plauen läßt einem ja auch immer auf jedes Gebrumm und Gedröhn horchen. –

So – meine Liebe – ein kleines bissel weißt Du nun, wie es mir geht. Hoffentlich ist das Schicksal gnädig mit uns und bringt uns nicht noch mehr solch Sorgen und Herzeleid. Für unsere Kraft ist es bald genug. Und auf die große Frage Weshalb? und Warum? haben wir bis heute keine Antwort gefunden. – –

Laßt es Euch gut gehen und bleibt gesund in all den schweren Tagen. Hoffen wir, daß uns die nächsten Wochen eine Entscheidung bringen, die auch uns aufatmen läßt. –

Tausend herzliche Grüße und alle, alle guten Wünsche Dir, Aini und Oma

Deine Kläre und Muttel.

BRIEF VON ONKEL HEINZ AN SEINE FRAU, MEINE TANTE MILLI, NACH DEM BOMBENANGRIFF 1945

12. 3. 1945

Mein herzensgutes, liebes Mausel!

Heute erhielt ich von meiner lieben Muttel einen Brief, der mir die Gewißheit brachte, daß Du, Berthel und sie selbst nach dem schweren Angriff am Leben seid. Ja, unser Heim ist sogar noch! Die gute Muttel hielt es vor Angst nicht mehr aus und ist mit dem Rad zu uns gefahren, um zu sehen, ob alles in Ordnung ist. Dort erfuhr sie von Frau Naake, daß Du und Berthel nach Meißen seid. Ich bin ja so froh und finde Deine Maßnahme ganz richtig, daß Ihr die Stadt des Grauens verlassen habt. Was müßt Ihr Armen nur alles durchgemacht haben!

Leider habe ich von Dir noch kein Lebenszeichen erhalten und muß erst von meiner Muttel erfahren, was los ist und wo Du bist. Diesen kleinen Vorwurf muß ich Dir schon machen. Gewiß, ich kann verstehen, daß man nach diesen schweren Stunden kopflos ist und manches vergißt oder unterläßt, was man sonst getan hätte. Nun habe ich die ganze Post an Dich nach Hause gerichtet, wird diese denn Dir nachgeschickt? Den heutigen Brief sende ich nun an Tante Alma, denn dort vermute ich Euch und hoffe, daß Dich diese Zeilen gesund erreichen. Auch werde ich Dir Geld senden, daß Du mit verbrauchen sollst, denn bei diesem Durcheinander wird es wohl eine Zeit dauern, bis Du wieder Geld bekommst. Nun ist wieder ein Angriff auf Dresden gewesen, und ich hab große Sorge um meine Muttel. Euch weiß ich ja, Gott sei es gedankt, nun etwas in Sicherheit. Wenn auch alles sollte kaputt gehen, die Hauptsache, wir leben und kommen gesund wieder zusammen, das Andere können wir uns durch Fleiß wieder schaffen. Gelt? Meinst Du nicht auch?

Du kannst mir glauben, als ich den Brief meiner guten, lieben Muttel gelesen hatte, da kamen mir die Tränen, und ich habe mich mal ausgeweint. Nun, mein Mausel, sei guten Mutes und festen Glaubens, der Herrgott hat aufs Neue gezeigt, wie gut und gnädig er es mit uns meint und daß er uns in dieser schweren Zeit beisteht und uns hilft. Wir wollen Ihm immer dankbar sein und nicht müde werden, Ihn zu bitten, Er möge uns auch fernerhin seine große Gnade und Güte schenken.

Bei jeder Fahrt, die ich antrete, ob diese zur Front oder anders wohin geht, bete ich innig zu meinem Herrgott, und er hat bisher immer meine Bitten erfüllt. So wird er auch die Deinigen erfüllen. Wir müssen uns nur seiner Gnade würdig erweisen und fest in unserem Glauben sein.

Wer sieht denn mal nach unserer Wohnung? Weißt Du, was Tante Lina, Lisbeth und Aini macht? Schreibe mir nur recht bald, damit ich weiß, wie es Dir und Berthel geht. Für heute so viel, nun sei Du innigst umarmt und tausendmal herzlich gebusselt von Deinem Dich innig und

immer liebenden, Dir stets treu bleibenden und sehr frohen, dankbaren
    Schneck.

BRIEF VON MEINEM VATI AN MICH – ZWEI JAHRE NACH DEM KRIEGSENDE

                                      Am Nikolaustag 1947
Liebe Aini!
    Durch Muttis Brief erfahren wir, daß Du noch heute auf unseren Dank für Deinen so überaus netten Brief wartest. Er kam gerade zur rechten Zeit, uns alle dem Jammer unserer Unterbringung, die heute besser geworden ist, zu entheben. Soviel Freude brachte uns der Brief und vor allem Deine Zeichnungen, die wir immer wieder und auch heute noch hervorholen, um uns in Eure Gemeinschaft zu versetzen.
    Wir sehen die Freude Deiner Mutter und Deiner Oma, die wirklich stolz auf Dich sein können. Deine Korrektheit im Schreiben – Onkel Robert kann selber nicht mehr schreiben, zumindest schon sehr schlecht – ist das Herrlichste, was ich schon immer auch an Deiner Mutter zu bewundern Gelegenheit hatte. Bleib so natürlich und aufgeschlossen, Du hast später, wenn Du erwachsen bist, selbst Deine Freude daran. Wenn erwachsene Menschen sich über einen Brief derart freuen, daß sie ihn als wahres Geschenk empfinden, dann kannst Du auf Dich ganz besonders stolz sein.
    Ich danke Dir auch besonders für deine Komposition, die ich mir im Geiste vorspielte, da ja hier Musikinstrumente nicht vorhanden sind. Es klingt – das kleine Liedchen! Deine Malerei ist herrlich, und wenn wir wieder ein Heim haben werden, dürfen wir Dich dann um ein Bild fürs neue Zimmer bitten? Jetzt müssen wir erst unser Zimmer austrocknen

lassen, die Wände zu behängen, geht leider nicht. Es wäre zumindest für ein Bild von Dir, liebe Aini, zu schade. –

Gern hätten wir Dir zu Weihnachten eine Freude bereitet. Hier oben in Friesland haben weder Buchhändler noch sonstiger Handel besonderes Interesse an Kunst. Vielleicht komme ich noch mal nach Oldenburg, daß ich dort etwas Geeignetes für Dich finde als Dank, daß Du mir eine solch große Freude bereitet hast. Diesmal soll aber der Brief nicht wieder irgendwo hängen bleiben. –

Schreib nur wieder mal, Du sollst bald Antwort von uns haben.

Liebe Aini! Sei herzlichst gegrüßt – wir wünschen Dir zum Weihnachtsfeste alles Gute, vor allem Gesundheit und eine Sonderzuteilung

Dein Onkel Robert und Tante Helma.

BRIEF VON MEINEM VATI AN MUTTI-ELISABETH – ZWEI JAHRE NACH DEM KRIEGSENDE

Sie sprechen sich in Briefen mit »Sie« an.

Hbr., den 6. 12. 47

Liebes Fräulein Schäfer!

Diesmal die Antwort mit Einschreiben und als Eilbrief. Das erstere deshalb, weil der Brief an Aini Dresden nicht erreichte (schade!) und weil zweitens dieser Brief höchste Eile hat, um Ihnen zum Weihnachtsfest die besten Wünsche zu überbringen. Für Aini die Antwort und den Dank gesondert.

Ihnen, liebes Fräulein Schäfer, für Ihren ausführlichen Brief ganz besonderen Dank. Ihre Rückkehr zu Ihrer alten Dienststelle [dem Kühlhaus Dresden, zwischenzeitlich hatte Mutti-Elisabeth als Fürsorgerin beim Rat der Stadt Dresden gearbeitet] ist erfreulich und ebenso verständlich. Heute ist Fürsorgearbeit sicher außer ständigen Gewissenskonflikten, Raubbau an der geistigen Verfassung aller guten Menschen. Hinzu kommt wieder das gewaltsame Hervordrängen von Nichtskönnern und geistig belanglosen Figuren. Das, was man berechtigt kritisierte, feiert Auferstehung in ähnlich bekannter Form.

Bei uns muß als Befähigungsnachweis auch wieder die Mitgliedskarte der gerade an der Reihe befindlichen Partei vorgelegt werden. Daß doch immer die schlimmen Beamten an allem Schuld sind und ständig überwacht werden müssen! Die Arbeit in der freien Wirtschaft ist, wenn auch schwieriger, doch eine andere. Hier gilt zweifellos noch der was, der was kann. Ich glaube, ich mache auch da noch mal den Versuch, irgendwo anzukommen, da im Beförderungssektor für uns Ostvertriebene gar keine Aussichten bestehen hineinzukommen. Auf meine unzähligen Gesuche alles Ablehnungen, wegen fachlicher Nichteignung wohl kaum und wegen anderer Dinge auch nicht, da ja genügend Überprüfungen stattzufinden haben, also nur, weil wir dem Goldenen Westen unbequem sind. –

Ich mußte gerade wieder den Brief unterbrechen, weil ich einer verzweifelten Frau mit 2 kleinen Kindern Rat geben sollte, die von ihrem Bauern schändlich ausgenutzt wird, so daß die Kinder ruhig verkommen dürfen, während alle Sorge dem Schoßhündchen der Frau gilt. Man fragt sich täglich, mit welchem Recht uns diese friesischen Bauern das Leben in Armut zur Hölle machen dürfen, ohne dafür zur Rechenschaft gezogen zu werden. Überlegen es sich diese Menschen nicht, daß es sehr leicht auch umgekehrt hätte kommen können, daß sie auf die Gnade anderer angewiesen sein müßten? Ihr Mißtrauen, ihr Stolz und ihre Habgier – gepaart mit entsetzlicher Weltfremdheit und Dummheit – hilft ihnen, ihren Reichtum trotzdem noch tüchtig zu mehren.

Die Menschen um Sie, liebes Fräulein Schäfer, sind durch die Not gereifter. Die ehrenamtliche Tätigkeit als Flüchtlings-Betreuer ist aus all diesen Gründen schwierig und zur Zeit auch noch wenig erfolgsversprechend. Wir haben ja all die Schwierigkeiten am eigenen Leibe erlebt und müssen täglich neu ersehen, daß wir nur geduldet werden, sofern Arbeit für diese Bauern aus der Einweisung herausfängt. Unser Bauer samt seiner dazugehörigen Familie sieht uns seit ein paar Monaten mit etwas anderen Augen an, allerdings nach unangenehmen Auseinandersetzungen. Wir haben unser Lebtag noch keinem Menschen etwas weggenommen und werden uns arg hüten, diesem einen Bauern mit seinen 60 Stück Vieh und 9 Pferden, 6 bis 8 Schweinen usw. auch etwas abzubitten. Lieber essen wir weniger und wohnen noch bescheidener. Das letztere ist wohl kaum mehr möglich, da 12 qm (vielleicht nur 10) für 4 erwachsene Menschen recht bescheiden genug sind. Was haben wir alles schon für Rücksichten auf sie genommen! Immer wieder läßt man uns fühlen, daß wir zweitrangige Menschen sind.

Wir konnten aus diesen und anderen Gründen auch Wolfram nicht mehr weiter zur Schule schicken, weil wir eine Freistellung nicht bekamen, Geld nicht mehr hatten. Er lernt seit 1.8.47 Maurer und ist durchaus nicht unglücklich. Er setzt sich durch im Leben, obwohl uns seine Art manchmal abschreckt. Dabei ist es die einzig richtige Art im Verkehr mit den Hiesigen. Seine Ellenbogen sind kräftig und hart seine Fäuste im Geben.

Sophia war 4 Monate als Kinderpflegerin in einem Kinderheim auf der Insel Wangerooge – lag 8 Wochen wegen ihres Gelenkrheumas im Krankenhaus und fuhr am 3. Dezember als Kinderpflegerin in einen Privathaushalt an der holländischen Grenze. Hoffentlich hat sie es gut getroffen.

Dadurch, daß des Bauern Kinder, 2 ½ und 1 Jahr, täglich von früh bis abends bei uns sind, haben meine Frau und ich reichlich Arbeit, besonders weil meine Frau das ganze Haus bestrickt, benäht, beflickt (ohne Dank, wollen wir auch nicht).

Wenn ich nicht da wäre, würde es überhaupt keinen Feierabend für uns geben. Man kann tatsächlich nur am Sonntag – und das auch nur, wenn die Kinder schlafen – mal schnell einen Brief beantworten. Fremde Kinder sind eben nicht die eigenen, und denen darf um Himmelswillen nicht das geringste passieren. Vielleicht ist man auch schon zu nervös geworden. Der Bauer und seine Frau merken überhaupt nicht, daß sie Kinder haben. Nun ist am 28. XI. noch ein Stammhalter eingetroffen. Onkel Robert und Tante Helma werden eben an allen Ecken und Enden gebraucht.

Unsere Bude mit all den wenigen Dingen, die uns nicht gehören, wäre manchmal ein Objekt für Zille. Ob man nicht beinahe auch schon so eine »Type« geworden ist? Tagelang sieht man keinen Menschen, hört kein Radio, liest hin und wieder mal eine gepumpte, meistens schauderhafte Lokalpresse; Bücher gar nicht, weil Zeit und Buch fehlen – hört keine Musik – machen selbst nichts mehr – ja man verdummt – und beinahe wird noch die Hand ungelenk und unsicher der Briefstil – zudem streiken die Augen trotz Urgroßmutters Brille. –

Ja, wenn man sich hätte die Unterbringung aussuchen können! Nur zu gern – aus tausend guten Gründen – hätten wir Sie mit der bescheidenen Anfrage des »dort-bei-Ihnen-wohnen-Dürfens« belästigt. Die polnische Gestapo, die mich auf Grund der böswilligen Anzeige ständig beobachtete, ließ nichts zu. Es ging auch alles so schnell. Und ein zweites Mal hatte ich keine Lust, eingesperrt zu werden, nachdem ich das erste Mal von noch größeren Gesundheitsschäden verschont blieb. Mir reichte die erste Haft, die Folgen sind jetzt noch unabsehbar.

Man zahlt mir ab 1.8. einen Vorschuß aus einem Hilfsfonds für Beamte, der etwas über dem doppelten Richtsatz der öffentlichen Fürsorge liegt. Dafür bin ich trotzdem dankbar, brauche ich mir doch nicht mehr das Geld zum Haarschneiden zu pumpen. Es ist ein Jammer, daß man so auf den Hund gekommen ist. Wie gern würde man anderen helfen, wenn man nur irgend könnte. Das ist auch, was uns beide, meine Frau und mich, seelisch mehr als bedrückt. und besonders jetzt vor Weihnachten. Am Tage unserer Silberhochzeit war wenigstens meine Schwester bei uns und die Schwester meiner Frau und Opa Wegmann. Erinnerungen tauchten wieder auf – wie schön war doch unsere Heimat mit den Bergen und unsere gemeinsame Arbeit! –

Ein freudiger Lichtblick in all den Zeiten des wenig Erfreulichen war Ainis Brief mit ihren wundervollen Zeichnungen. Sie ist ein Mordskerl und hat uns durch ihren netten, korrekten Brief so viel ehrliche Freude bereitet, daß wir sie beide umarmt hätten, wenn sie bei uns gewesen wäre. Aini hat Talent und ist – wie ihre Mutter – mehr als intelligent, freudevoll lebendig. Vielleicht kommt bald die Zeit, daß wir auch für sie mal etwas tun können, denn ewig können wir doch nicht verdammt bleiben, arm zu sein. Tausend kleine Freuden brachte uns jedenfalls der Brief – der auch heute noch – so auch am Tage der Silberhochzeit – eifrig debattiert wurde.

Nun aber für heute Schluß. Es ist schon wieder 11 Uhr – morgen früh vor 6 Uhr sind die Kinder wieder da. Recht herzliche Grüße Ihnen, liebes Fräulein Schäfer, Aini und Oma Schäfer und alles Gute zum bevorstehende Weihnachtsfest

Ihre Familie W.

BRIEF VON MUTTI-ELISABETH AN FRAU UND HERRN STERNBERG – FÜNF JAHRE NACH DEM KRIEGSENDE

November 1950

Liebe Frau Sternberg, lieber Herr Sternberg!

Die nun beginnenden trüben Tage und zeitigen Abende bringen besinnliche Stunden, in denen Vergangenes wieder lebendig wird. So ist es vor allem eine Frage, auf die ich bisher keine Antwort gefunden habe; die Frage, wie ein Mensch seinen Tod so gewiß vorauswissen kann, wie es bei Otto der Fall gewesen ist. Seine Aussprüche:

»Ich hätte gern noch etwas gelebt«

»Kurz vor Schluß erwischt es mich noch«

»Ich überlebe Hitler nicht«

»In dem Jahr, da Totensonntag an meinem Geburtstag ist, werde ich sterben«

sind so klar und tragisch zugleich. Ist diese Vorahnung nur eine Einbildung aufgeregter Nerven und ist es ein Zufall, daß sie sich erfüllte? Hängt sie mit der Unterhaltung zwischen ihm und einem großen Graphologen zusammen, der nach Ottos Worten ihm gesagt hat, daß der Zeitpunkt, an dem sein Leben sich erhellt und schön zu werden beginnt, zusammenfällt mit seinem Tod? Nein, so hat er es ihm wohl nicht gesagt, aber er ist, nachdem er ihm Helligkeit und Freude voraussagte, plötzlich still gewesen und hat auch auf Fragen nicht mehr geantwortet. Von Graphologie und Astrologie verstehe ich zu wenig, als daß ich mir ein Urteil über die Ernsthaftigkeit solcher Vorraussagen erlauben könnte. Aber ich denke, der einzelne Mensch ist so klein und nichtig im Verhältnis zum Weltenraum, in dem die kleine Erde um die große Sonne kreist, daß ich mir nicht vorstellen kann, daß für uns kleine unbedeutende Wesen Schicksale aus den Sternen fallen können.

Diese Ahnung seines frühen Todes wurde ihm in dem Augenblick zur Gewißheit, als der Wille zum Leben in ihm am stärksten aufblühte. Es war ein Spiel des Lebens mit dem Tode. Denn Raum zu geben hellstem Licht und dunkelster Nacht zu gleicher Zeit in einer Seele, ohne zu zerbrechen, ist nur wenigen ganz Großen der Menschheit zur Aufgabe gestellt. Es war nicht viel, was ich ihm helfen konnte. Ich konnte ihn nur umsorgen, konnte mich mit ihm freuen, wenn er von seinem schönen Zuhause, von seiner sorgfältig behüteten Kindheit sprach – aber auf dem letzten Weg durfte ich ihn nicht begleiten, den ging er allein.

Viele trübe und helle Tage sind über sein Grab gegangen und auch über unseren Schmerz. Es ist etwas mehr Ruhe über uns gekommen, und ist es nicht so, daß, in der Erinnerung zu leben, der Anteil unseres Otto an dieser Erde ist?

In dieser Erinnerung fühle ich mich Ihnen verbunden und sende Ihnen herzliche Grüße

Ihre Elisabeth Schäfer.

BRIEF DES VATERS VON HERRN STERNBERG AN MUTTI-ELISABETH – 23 JAHRE NACH DEM KRIEGSENDE

Es ist der letzte Brief von Herrn Sternberg an Mutti-Elisabeth.

Wiesbaden, 13. 6. 68

Sehr verehrtes liebes Fräulein Schäfer!

Ich danke Ihnen sehr herzlich für Ihren Brief vom 10. 4. 68. Wenn ich erst heute darauf zurückkomme, so entschuldigen Sie es bitte sehr. Es ist schon so, daß ich seit dem Tod meiner Frau, die ich über 70 Jahre kannte, im Mai 60 Jahre mit ihr verheiratet gewesen wäre, im Grunde genommen allein bin. Meine Frau war über 3 Jahre krank, zuerst an einem Herzleiden und zwei Jahre an Depressionen, an denen die Vergangenheit und die Nazizeit im Wesentlichen daran beteiligt waren [die Frau war als Jüdin im Konzentrationslager Theresienstadt]. Es geschah alles, um ihren Zustand zu erleichtern, und ich hatte wenigstens eine Aufgabe. Aber die Art, wie sie vielfach halb und ganz abwesend sterben mußte, bedrückt mich immer und immer wieder, und ich werde auch niemals darüber wegkommen.

Gewiß: Es geht mir nicht schlecht, ich bin aber in der Hauptsache auf bezahlte Kräfte angewiesen, auf eine Wirtschafterin, die meinen Haushalt gut und zuverlässig führt, aber mittags nach 2 Uhr in ihre eigene Wohnung im Hause ihrer Eltern zurückkehrt, so daß ich, um nachts nicht ganz allein zu sein, eine alte Rentnerin, die im Hause wohnen kann, dazu nehmen mußte, die mir mit ihrer übertriebenen Fürsorge manchmal Ärger macht.

Über meine Schwiegertochter kann ich mich nicht gerade beklagen, sie trägt mit dem Verlust von Ludwig [der zweite Sohn des Vaters Sternberg, der ebenfalls schon verstorben ist] eine schwere Last und sucht sich durch große Auslandsreisen abzulenken. Sie stand vor einer Stirnhöhlenoperation, die gestern durchgeführt wurde. Keine einfache Sache. Ich habe vor, sie übernächste Woche zu besuchen, für mich eine gewisse Strapaze, man ist eben mit 89 Jahren nur leidlich beisammen. Es ist nicht schön, so alt zu werden, wenn mir auch die finanziellen Mittel manches erlauben, was anderen versagt ist. Ich habe schon einmal gefragt, ob ich und wie ich Ihnen eine Freude bereiten könnte, worüber Sie sich ausschwiegen, vielleicht lassen Sie davon hören.

Daß Sie in so rührender Weise meines Sohnes Otto gedachten, danke ich Ihnen von Herzen. Er stand mir menschlich viel näher als sein jüngerer Bruder, der ein Opfer seines

Ehrgeizes wurde. An sich war für Ludwig der Minutentod eine Lösung.

Ich deutete schon an, daß vielerlei Erinnerungen und Ereignisse trauriger Art an mir herumbohren, und besonders fragt man sich, wozu man eigentlich noch da ist.

Ich glaube, Ihnen so allgemein ein Bild gegeben zu haben, danke Ihnen nochmals herzlich für Ihr Gedenken und grüße Sie herzlich

Ihr alter Sternberg.

BILDNACHWEIS

Ausschnitt aus dem Gemälde von Johann Christian Claussen Dahl »Dresden bei Mondschein«, veröffentlicht in *Dresden – Antlitz einer Stadt*. Ein Bild- und Kalenderwerk für das Jahr 1948, Herausgeber Erhard Bunkowsky
Foto Seite 9

Deutsche Fotothek Dresden / Sächsische Landesbibliothek
Fotos Seite 78, 92, 93, 164 aus Bild-Dokumentation ... *oder Dresden*

M. Lauffer – aus Bildband *Die Straßenbahn in Dresden*
Fotos Seite 73, 240

Bildbericht Schaarschuch
Fotos Seite 151, 152

Heinz Kröbel – Dokumentations-Bildband *Verbrannt bis zur Unkenntlichkeit*
Fotos Seite 85 (2)

Postkartensammlung Siegfried Treppnau
Foto Seite 27 (Das ehemalige Kgl. Lehrerinnenseminar wurde 1938 in »Clara-Schumann-Schule Dresden-Johannstadt« umbenannt)

Der Freiheitskampf – Dresdner Zeitung
Fotos Seite 108, 109 (16. April 1945 – Gebrauchsanweisung für Panzerfäuste)

Dokumentations-Bildband *Chronik 1945*
»Die Militärgouverneure der vier Siegermächte auf dem Titel der *The Illustrated London News* vom 16. Juni 1945«,
»Die Welt feiert den Sieg über Deutschland«
Fotos Seite 125, 131

Zwei Kinderzeichnungen von Aini Schäfer (1947)
Fotos Seite 95, 96

Leider konnten in einigen Fällen die Urheber der Fotos nicht ermittelt werden. Berechtigte Ansprüche werden selbstverständlich im Rahmen der üblichen Vereinbarungen abgegolten. Alle übrigen Fotos entstammen dem Privatarchiv von Aini Teufel

INHALTSVERZEICHNIS

1. EIN SOMMER, IN DEM MAN DEN KRIEG BEINAHE VERGESSEN KANN

Heute soll ich anfangen, eine Wasserratte zu werden	9
Ein Sonnentag in der Heide mit Luftschutzalarm	17
Tante Millis Geburtstagsüberraschung	21

2. DIE NEUE SCHULE

Die Clara-Schumann-Schule	27
Die Englisch-Stunden in der neuen Schule und Grossmamas Geburtstagskuchen	31
Der erste Luftangriff auf Dresden	38
Die Nummer 120 zaubert sich Träume	42
Zu Hause bei Mutti und Großmama	48

3. DAS SECHSTE WEIHNACHTEN IM KRIEG

Der Weihnachtsabend	57
Weihnachtsfeiertage	62
Winterferien	69

4. FASCHING

Ich ärgere mich	73
Der zweite Bombenangriff	81
Der Tag danach	85
Ist unsere Stadt nun gestorben?	92

5. FRÜHLING IN DRESDEN

Luftschutzausrüstungen	99
Osterwasser holen	104
Ein Tagesangriff auf Dresden und Hitlers Geburtstag	108
Russen oder Amerikaner?	111

6. DAS ENDE DES ZWEITEN WELTKRIEGES

Vom Tod Adolf Hitlers	117
Der Räumungsbefehl	121
Die Russen kommen	124

7. DIE ERSTEN RICHTIGEN FRIEDENSTAGE

Herr Altmann kommt vom Volkssturm zurück	135
Im Kaufhaus Günther	139
An der Pirnaer Landstraße	141
Die Russen und wir	151

8. DIE ARBEIT UND DIE SCHULE BEGINNT WIEDER

Das antifaschistische Komitee und die Faschisten	161
Ich sehe mein Dresden wieder	164
Alex und die Waldparkschule	173
Mein Geburtstag	177

9. SOMMERFERIEN

Entnazifizierung und Streuselkuchen	183
Mit Onkel Paul an der Elbe	191
Sommerfest	204
Mein Garten	206
Holzholen mit Großmama	211

10. DIE SCHULE BEGINNT WIEDER

Die Dobritzer Schule und die Kühe	219
Die Schillerschule und Muttis Reise	226
Weihnachtszeit	239
Schnee und Großmamas schönstes Weihnachtsgeschenk	252
Briefe	257
Bildnachweis	291